Cento gocce di vita

di Ferdinando Leonzio

**ZeroBook
2019**

Titolo originario: *Cento gocce di vita* / di Ferdinando Leonzio

Questo libro è stato edito da ZeroBook: www.zerobook.it.
Prima edizione ebook: giugno 2017
Edizione book: luglio 2019
ISBN 978-88-6711-122-0

Tutti i diritti riservati in tutti i Paesi. Questo libro è pubblicato senza scopi di lucro ed esce sotto Creative Commons Licenses. Si fa divieto di riproduzione per fini commerciali. Il testo può essere citato o sviluppato purché sia mantenuto il tipo di licenza, e sia avvertito l'editore o l'autore.

Controllo qualità ZeroBook: se trovi un errore, segnalacelo!
zerobook@girodivite.it

Indice generale

Introduzione..11
    Una piccola biografia..13
    Due immagini..22
CENTO GOCCE DI VITA..25
    1 – La sirena...25
    2 - Ricordi di mio padre......................................27
    3 - Rosa Giudice Vacirca....................................29
    4 – Il maestro Cultrera..32
    5 – Ancora la Vacirca..34
    6 – Mio nonno..36
    7 - Il primo gatto...40
    8 – La pistola...41
    9 - Il bambino nel cesso.....................................44
    10 - I fumetti...46
    11 - Mio cugino Carlo...47
    12 - La saggezza nel vespasiano......................49
    13 - La formica...51
    14 - La bicicletta...52
    15 - Turi Saya...54
    16 - Mio zio Turi..58
    17 – Il naso..61
    18 – La cresima..63
    19 – Rimandato..64
    20 - Seconde nozze..68
    21 - La „Leontina"...70

22 - Marcello..72
23 – Il Centro Studi..74
24 - L'Innominato...76
25 – Il gelato 79
26 - Delfo D'Anna 80
27 – Un socialista al liceo..81
28 – Agnosticismo..85
29 – Come divenni socialista..88
30 - La pillola antidepressiva.......................................90
31 – Il libero arbitrio...92
32 - Paolo Messina 93
33 – L'oratoria...95
34 – L'università...97
35 – Passato, Presente e Futuro..................................99
36 - L'amore..101
37 - Mario Ferrauto..105
38 - Guido Grande..107
39 – Fermata a Lentini...109
40 - La nonna con la pistola......................................111
41 - La corda dell'impiccato......................................114
42 - Le notti di Lentini...116
43 – I Fratelli Spada...117
44 – In 12 minuti..119
45 – Resistenza!..121
46 – Fuga per Rimini..122
47 – Cecoslovacchia...126
48 - La laurea...131

49 – Venga, professore...!..133
50 - Il mio matrimonio..136
51 – Lo zio pescivendolo..138
52 – I prestiti..139
53 - Il primo figlio...142
54 – Sex-socialismo...145
55 – Addio, nonna!...147
56 – Coabitazione..148
57 - Mia moglie..151
58 – Alessandro Tribulato..151
59 – Discorso sulla morte..152
60 - Turi Martello..155
61 – Un amico a destra...158
62 - Marilli e l'Aldilà...159
63 - La notte di Losanna...162
64 - Il prof. Dufour..165
65 - Turi Mangiameli..169
66 – L'eredità del nonno...172
67 – Un politico di razza...175
68 – I dati catastali..177
69 – Medicina e chirurgia 180
70 – Il cerotto...182
71 – Gatto e caffé..184
72 – L'ultimo colloquio...186
73 – Mia madre...188
74 – Le sedie..191
75 – Il perdono...192

76 - Alfio Mangiameli...195

77 – Silenzio!..198

78 – Il nono favore...201

79 – L'ernia..204

80 – La pensione...206

81 – La chiave della Storia...208

82 – Chiudete le finestre!..212

83 - Il prof. Pattavina...214

84 – Il fiore di Castiglia..216

85 – La nipotina...218

86 – Pippo, amico mio..219

87 – L'ultima sigaretta..222

88 – Una strana amicizia..225

89 – Il cuore...229

90 – Il diritto di amare..231

91 – L'umorismo..234

92 – Anche Enzo se ne va..237

93 – Il primo aereo..239

94 – Come sopravvivere...242

95 – Bratislava...246

96 – Addio a Lentini?..251

97 – Le cose che ho amato...253

98 - Esilio..255

99 - ...e morte..258

100 - Solitudine...261

Curriculum...266

Nota di edizione..**277**

Questo libro..277
L'autore..277
Le edizioni ZeroBook..278

Introduzione

Le „cento gocce di vita" del titolo di questo libro altro non sono che 100 momenti della mia ormai lunga vita. Si tratta di episodi, importanti e meno importanti, comici, divertenti, seri e anche tragici, ma soprattutto personali. A chi potrebbe interessare una simile lettura? „Al solo autore", direte voi, „e al massimo ai suoi figli". Se è per questo potrei rispondere: „Neppure a quelli". A loro credo importino poco queste cose.

Ma la mia risposta all'osservazione dei lettori è un'altra. Io dico che tutte le storie sono personali, nel senso che parlano di singole persone e sopratutto che sono scritte da singole persone. Alcune storie, però, riescono ad assumere rilevanza universale, in quanto i loro autori hanno avuto la capacità di trasfigurare vicende e personaggi legati ad un tempo e ad un luogo specifici, cogliendone i caratteri universali e trasferendoli così, slegati dal loro tempo e dai loro luoghi, in una realtà superiore che riesce a parlare ai lettori di tutto il mondo e di ogni epoca.

Le vicende raccontate nei poemi omerici, aventi, fra gli altri, come protagonisti Achille ed Ettore non sono la storia personale di due valorosi combattenti della guerra fra greci e troiani, ma la metafora, grazie al genio dell'autore, di valori universali e coinvolgenti, quali l'onore, l'ambizione, l'amicizia, l'amor patrio, la famiglia, ecc.

Così come il „Romeo e Giulietta" di Shakespeare, non è la cronaca di un amore sfortunato fra due giovani di Verona. È un affresco bellissimo che descrive con rara efficacia passioni che coinvolgono l'intero genere umano, come l'odio e l'amore.

Sia chiaro, per carità, che non sono così presuntuoso da paragonarmi ai due geniali autori. Ho solo voluto fare un esempio, per meglio spiegare i miei intendimenti nel pubblicare questo lavoro.

Quelli che potrete leggere sono fatti accaduti al sottoscritto, ma che potrebbero accadere a chiunque di voi. Ogni fatterello accennato, infatti, vuole trasmettere un messaggio, un pensiero, un modo di vedere, vuole coinvolgere il lettore, spingendolo a fare le sue considerazioni e a guardarcisi dentro come in uno specchio

Mi sono dunque voluto cimentare in quest'impresa letterariamente piuttosto ardua, tutta giocata in un mix di linguaggio e di psicologia, quasi per realizzare una sfida con me stesso. In ciò sono stato aiutato dal fatto che le „gocce di vita" che trovate nel libro sono assolutamente vere e realmente accadute e quindi di immediato impatto col comune sentire.

Inoltre a me pare che la vita offra assai più spunti narrativi della fantasia. Le cose realmente vissute sono capaci di sommovere l'animo di chi le racconta e di chi le ascolta, mentre quelle create a tavolino richiedono solo uno sforzo cerebrale. Le prime sono vive e palpitanti; le altre sono spesso solo belle e luccicanti. Le prime possono coinvolgere, le seconde solo suscitare ammirazione.

Proprio per questo, mentre in alcuni casi i nomi indicati sono quelli reali che ciascuno potrà riconoscere, in altri ho ritenuto di indicare le persone con una sigla o con uno pseudonimo. Perché questo libro non vuole aggredire né urtare la sensibilità di nessuno. Vuole solo suscitare qualche riflessione non banale sulla vita umana.

Se ci sono riuscito spetterà a voi dirlo.

Ferdinando Leonzio

Una piccola biografia

Sono nato a Lentini, in provincia di Siracusa, il 12 dicembre 1938, ma mio padre – così mi sarà detto – preferì „dichiararmi" il 2 gennaio 1939, al fine di ritardare di un anno il futuro servizio militare.

Mia madre era Maria Anna Magrì, maestra, figlia unica di Ignazio e di Giuseppina Randazzo; ma in casa era chiamata Anna, diminutivo „Nittuzza", per volontà di sua madre, che così aveva voluto esprimere il suo rancore verso la suocera Maria Russo (donna Maruzza), da cui era stato preso il primo nome.

Mio padre Evelino Leonzio, figlio di PL e di Giuseppina Cicero, era nato da una relazione adulterina, per cui il padre, ricco proprietario di agrumeti, in base alle leggi fasciste di allora, non l'aveva potuto riconoscere, pur tenendolo presso di sé in affidamento. In casa lo chiamavano Giovanni, anzi Giovannino, ed era il figlio prediletto di suo padre, dei quattro che aveva, soprattutto per i brillanti risultati da lui conseguiti negli studi.

I due giovani, Anna e Giovannino, si innamorarono, ma quando le due famiglie, prima legate da profonda amicizia, divennero acerrime nemiche, essi decisero di fare la classica *fujtina* per metterle di fronte al „fatto compiuto". Il padre di lui, però, personaggio generoso ed altruista, ma burbero ed irascibile, reagì male e ruppe anche col figlio „traditore", arrivando addirittura a diseredarlo. Cercherà di rimediare qualche anno dopo, alla vista del nipotino (il sottoscritto), ma la morte lo colse improvvisamente prima che potesse farlo.

Quando io nacqui mia madre aveva 19 anni e mio padre quasi 23. La mia famigliola rimase ospite dei miei nonni materni, mentre mio padre, pur studiando per arrivare alla laurea in legge (conseguita da sposato), cominciò a lavorare dando lezioni private e logorandosi i polmoni con l'intenso lavoro.

Colpito dalla tubercolosi, nella seconda metà del 1946, cioè a 30 anni, già orfano di padre e di madre, fu ricoverato in un ospedale di Catania, dove fu lasciato praticamente solo, fino alla morte avvenuta nell'aprile 1947.

Quella morte segnerà la mia vita più di quanto io allora non sospettassi, anche perché, nella casa in cui vivevo, nessuno mi parlava mai di mio padre: il suo nome e quello dei suoi parenti erano diventati quasi tabù.

Di lui non mi rimanevano che pochi e forse per questo incancellabili ricordi e un vuoto affettivo che cercherò per tutta la vita e a tutti i costi di colmare, anche abbassando, a volte, le difese costituite dalla pura ordinaria razionalità. Della sua famiglia non mi rimase nulla, tranne il rapporto col suo fratello maggiore Turi.

Quando avevo 13 anni mia madre, che nel frattempo aveva vinto il concorso di maestra elementare, senza informarmi preventivamente, si fidanzò con un suo collega di Nicolosi (CT), di quattro anni più anziano, essendo nato nel 1916, come mio padre. Non feci storie né capricci riguardo a quella nuova e inaspettata unione, come i bambini e gli adolescenti, con mille malizie, sanno fare quando un genitore si risposa; anzi fui abbastanza maturo da ritenere che mia madre, rimasta vedova a 27 anni, avesse diritto, a 32 anni, di rifarsi una vita.

Subito dopo il matrimonio – fu l'unica volta che ne parlammo – mia madre mi chiese se volevo andare con lei e suo marito a Niscemi (CL), la sede che, come maestra, le era stata assegnata.

Risposi di no, che volevo restare a Lentini, dove erano la mia scuola, i miei amici, la mia vita.

L'anno dopo, il 23 agosto 1953, nacque mio fratello Alfio Barbagallo, oggi ginecologo in pensione.

Rimasi dunque con i nonni materni, per i quali ero il figlio maschio che non avevano avuto, soprattutto per volontà della nonna Peppina, perché lei temeva moltissimo il dolore di un secondo parto e forse anche perché non amava per niente il marito, sposato per volere dei suoi genitori.

Rimasi con loro anche quando mia madre e suo marito, dopo aver vissuto alcuni anni a Niscemi prima e a Caltagirone (CT) poi, ottennero il trasferimento a Lentini e andarono ad abitare in una casa in affitto.

Gli anni in cui vissi coi nonni furono anni di solitudine, compensata solo dall'immensa libertà di cui godevo, specialmente negli anni universitari, quando mi ero ormai liberato dalla „schiavitù" dell'orario scolastico e dei compiti per l'indomani.

Gli anni più belli furono comunque quelli fra i 13 e i 22 anni. Essi mi segnarono sotto diversi aspetti. La madre di mia nonna materna, la mia bisnonna, Ciccia Munzù in Randazzo, mi regalò una gatta, che mi fece innamorare per sempre di quei domestici felini; mio cugino Turiddu Adagio mi insegnò ad andare in bicicletta e a rilegare, sia pure in maniera rudimentale, libri e giornali; si sviluppò in me la passione per i fumetti, sostenuta dall'amicizia col noto collezionista Turi Saya; ai miei primi amici, Gianni Zacco e Turiddu Scatà, si aggiunsero Cicciuzzo Lanteri, Carmelino Russo, Nino Lanzafame, Nello Di Mauro e tanti altri; già socialista a 15 anni, a 18 mi iscrissi al PSI, dove conobbi l'ing. Carlo Cicero e l'avv. Filadelfo Pupillo; nacque poi la mia amicizia con Enzo Tondo e Nuccio Scatà, Lucio Arcidiacono, Melo Conti, Carlo Cocilovo, Pippo Centamore ed altri ancora; a scuola intrecciai un'amicizia fraterna con Delfo D'Anna, Nuccio Sgalambro, Marcello Cavarra, Totò Cicero, Giuseppe Cosentino, Nino Tribulato. Una vita, come si vede, ricca all'esterno per numero e solidità delle amicizie, ma arida all'interno.

Una svolta nella mia vita avvenne alla soglia della maggiore età, quando presso la mia abitazione (quella dei nonni) venne ad abitare una famiglia di cui faceva parte una bella ragazza 18enne. Una rapida intesa si instaurò fra noi, dapprima fatta di sguardi e poi sostenuta dall'aiuto di un comune amico, DM, che si assunse l'onere di recapitare ai due una corrispondenza destinata a durare cinque anni. Convinto di aver trovato quello che avevo sempre cercato, un amore sincero cioè, non mi posi domande su nulla e mi gettai a capofitto in quel rapporto. Ci incontrammo credo tre volte, a Carlentini, in una chiesa e alla presenza della sorella maggiore di lei. Credo che la madre della ragazza abbia elaborato una sua strategia in proposito, ma allora non lo capivo. Dopo questi fugaci e „innocui" incontri, lei mi scrisse che fra noi non poteva più continuare così: o fidanzamento ufficiale o niente. Qui feci l'errore forse più grosso della mia vita. Allora fidanzamento significava solo periodo di conoscenza prematrimoniale fra i fidanzati, in quanto i matrimoni erano prevalentemente decisi da persone diverse dagli interessati, i genitori in particolare. L'aggettivo „ufficiale" comportava che il padre del pretendente (nel caso mio, mia madre) si recasse a casa della ragazza e ne chiedesse – per il figlio - la mano ai suoi genitori. Era una richiesta assurda quella della ragazza (credo imbeccata dalla madre), ma io non me ne accorsi. Ero ancora studente universitario, avevo appena compiuto 21 anni, dovevo, dopo la laurea, trovare lavoro, ecc.: tempi lunghissimi, proposta inopportuna.

Io, ormai inebriato dall'aver finalmente colmato il vuoto affettivo che da sempre mi tormentava, anziché dire: „Per ora non posso" e lasciare alla ragazza la decisione se continuare o meno il nostro rapporto, mi presentai a mia madre. Ero convinto - povero allocco - che essa mi avrebbe accontentato, per due motivi: 1) Perché anche lei si era sposata, anzi era addirittura „fuggita", per amore, con uno ancora studente, mentre io mi sarei laureato prima del matrimonio. 2) Perché io ero stato comprensivo con lei, quando aveva deciso di risposarsi, e non l'avevo ostacolata per nulla e non mi ero atteggiato a "orfanello abbandonato".

La mia si rivelò una pura illusione che mi rovinerà per sempre. Quando mia madre ebbe sentito la mia richiesta, fece un balzo dal letto in cui si era seduta e da allora fu la fine per il rapporto fra noi due. Lei rivelò una concezione proprietaria della prole: i figli erano suoi, perché lei li aveva partorito e dunque chiunque glieli volesse „portare via" era, né più né meno che un ladro. Io dunque per lei ero solo un oggetto, i miei sentimenti non contavano! Non fu però il suo deciso no a segnare fra noi una rottura che mai più sarà sanata, ma il modo in cui quel no fu concretizzato. Da allora essa esercitò su di me un accanito terrorismo psicologico, mettendomi contro i miei nonni e tutta la sua parentela vicina e lontana, facendomi sorvegliare tutto il giorno, offendendo la ragazza per calpestare il più possibile i miei sentimenti, tormentandomi senza tregua, provocandomi un „riflesso condizionato", per cui, quando la vedevo arrivare, sentivo una violenta contrazione intestinale. A 22 anni, oltre ad aver perso l'affetto di ogni familiare, contrassi una malattia che mi accompagnerà fino alla morte e che, un giorno, mia moglie, causa indiretta di quel male, oserà mettere in dubbio! Era una malattia psicosomatica, certo non mortale, tanto è vero che sono vissuto fino ad ora e non ho alcuna intenzione di andarmene e anzi sono abbastanza lucido da scrivere queste note dolorose. Si tratta della colite spastica, che consiste, ad intervalli sempre più ravvicinati, man mano che l'età avanza, in un alternarsi continuo di stipsi e di diarrea assai debilitanti fisicamente e psicologicamente. La sua caratteristica peggiore è la sua imprevedibilità: non sai mai quando arriva, sicché essa finisce per condizionarti, ti impedisce di programmare alcunché, di fare lunghi viaggi, ti condiziona la vita. È , come l'amore di Dante per Beatrice, *una cosa che intender no la può chi no la prova.*

Fui costretto a convivere con questo male, in un clima privo di ogni serenità, ormai odiato dai nonni con cui vivevo, lontano dalla ragazza che per cinque lunghi anni non trovò mai una sola occasione per incontrarci, timorosa sì di scontrarsi con la furia di mia madre, ma anche prudente per evitare che le male lingue potessero far dubitare „la gente" della sua illibatezza. Ebbi momenti di disperazione, come quando, furioso per una violenta quanto inaspettata lite con mia madre, decisi di mandare tutto al diavolo e di fuggire a Rimini, dove un amico mi avrebbe aiutato a trovare un posto da cameriere in un ristorante. Devo al caso e al mio caro e fraterno amico Ciccio Vinci se quella fuga disperata non fu realizzata.

Fu in quegli anni di giovinezza buttati via, in cui gli studi, in un ambiente fortemente ostile , fatalmente si allungarono, che lessi in un giornale l'annuncio di una ragazza slovacca, studentessa in lingue, che cercava un corrispondente italiano per meglio esercitarsi nella nostra lingua. La corrispondenza, nata per motivi culturali, prese presto una piega sentimentale. Durò cinque anni. La lasciai cadere quando già sposato e con un figlio, mi resi conto che l'apprendere, per qualche imprevedibile caso, di questa mia condizione, da me mai comunicatale, poteva procurare alla ragazza una grande delusione e farle del male.

Quando finalmente mi laureai, mia madre non mi regalò neanche un pacchetto di sigarette, ma le cose per me cambiarono, grazie all'intervento assai deciso del fratello maggiore di mio padre, che da bambino, dopo la morte del fratello, si era offerto di adottarmi e che era diventato, per mio solo volere, il mio padrino di cresima. In lui, senza saperlo, io cercavo mio padre.

Dunque potei finalmente fidanzarmi, seppure a condizioni umilianti. Poi trovai lavoro come insegnante e potei finalmente sposarmi, coronando, come si suol dire, il mio "sogno d'amore".

Il rancore sordo e inesauribile di mia madre contro di me e di mia moglie però non si fermò mai, provocando continue liti. Mia madre arrivò perfino a diseredarmi parzialmente, donando tre appartamenti a mio fratello e solo uno a me, che più volte tuttavia mi richiese indietro.

Nel frattempo si incrementò il mio impegno nel PSI, per il quale, nel 1970 e nel 1975 fui eletto consigliere comunale, diventando anche per tre volte assessore. La mia esperienza politica l'ho descritta nel mio primo libro *Una storia socialista* e non mi soffermerò perciò a raccontarla. Dico solo che dalla politica ho ricavato essenzialmente due cose: un mare di collere che non augurerei a nessuno, ma anche un grande arricchimento culturale ed umano, che altrimenti mai avrei potuto raggiungere. L'impegno politico, continuato anche dopo lo scioglimento del PSI, cessò solo quando esso cedette il passo alla storia e alla ricerca storica.

Con la morte di mia madre (1987), per la quale comunque piansi, si chiuse un capitolo doloroso della mia vita e se ne aprì un altro non meno duro.

Già all'indomani del funerale notai in mia moglie un improvviso cambiamento, i cui caratteri si andarono accentuando man mano che il tempo passava.

Io sono sempre stato convinto che l'amore è come un particolare tipo di occhiali che ci nascondono i difetti delle persone amate e ci mostrano solo i loro pregi. Se quegli occhiali si appannano o si rompono addirittura, ci appare una realtà assai diversa da quella creduta prima e la vita in comune si illumina di un'altra luce, di una luce fredda, lunare.

Mia moglie diveniva sempre più scontrosa, burbera, indifferente, poi scostante, lontana... Mai un gesto o una parola, non dico di amore, ma di semplice affetto; anzi le liti divennero sempre più frequenti. Eravamo troppo diversi in molte cose. Pian piano fra noi finì tutto, cessammo di essere una coppia; il suo mondo, quello della sua famiglia di origine, da cui non si era mai realmente staccata, divenne tutto per lei. Il mio ruolo, infine, era diventato solo quello di sostenere economicamente la famiglia e di sbrigare qualche pratica fastidiosa.

Avevo pensato che, una volta sposatosi il mio figlio maggiore, laureatosi brillantemente anche il minore, essendo io andato in pensione a 59 anni, avendo lasciato il logorante impegno politico attivo, insomma essendomi liberato da molti lacci, la vita futura mi avrebbe finalmente sorriso. Pia illusione anche questa. Il maggior tempo libero e quindi la possibilità di meglio riflettere su quanto mi accadeva attorno, mi consentirono di aprire gli occhi, soprattutto circa l'indifferenza e l'avversione di mia moglie nei miei riguardi, poi sfociati apertamente in rancore.

Quella fin troppo lunga riflessione fu inframezzata da varie punte acute di crisi coniugale, come quella volta in cui mi recai da mio fratello, single e benestante, per chiedergli ospitalità, ritenendo di non poter più vivere con mia moglie, ospitalità che egli mi rifiutò, per non far consolidare – così mi disse –la frattura fra noi coniugi; o come quell'altra volta in cui, dopo l'ennesima lite, proposi a mia moglie una separazione consensuale; ma quando, dopo aver messo per iscritto l'accordo fra noi prima raggiunto, glielo sottoposi, lei si rifiutò di firmarlo.

Nel dicembre 2010 le cose precipitarono, perché fu allora che acquisii piena coscienza del fallimento definitivo del mio matrimonio. Avevo ormai 72 anni e una salute già pregiudicata, essendo divenuto anche cardiopatico.

In quelle condizioni anche il solo pensare di potermi rifare una vita era veramente arduo. La piena certezza della inutilità dei sacrifici affrontati per realizzare quel matrimonio che – così credevo – mi avrebbe finalmente portato quell'amore che avevo inseguito per tutta la vita; la consapevolezza che invece quell'amore era definitivamente naufragato assieme al matrimonio e che era obiettivamente impossibile, in quelle condizioni, poter in qualche modo rimediare, mi fecero precipitare nella più cupa disperazione.

Non so perché, forse per aggrapparmi disperatamente alla vita, scrissi alla mia amica slovacca di un tempo. Era nubile. Anche lei, dopo oltre 40 anni di silenzio!, era sul punto di scrivermi, anche lei aveva conservato le mie lettere. Mi incoraggiò a vivere ed io decisi, dopo tanto tempo, di conoscerla personalmente. Sarei tornato – avevo lasciato scritto a mia moglie - dopo due mesi, per organizzare al meglio la nostra situazione sia per gli aspetti economici che per quelli sociali. Ma dopo poco tempo mi giunse notizia che mia moglie aveva presentato domanda di separazione giudiziale, che i miei due figli, fattisi miei giudici inflessibili, si erano schierati contro di me.

Da allora è cominciato il mio esilio in terra slovacca, ma senza mai perdere la speranza di recuperare il rapporto coi miei figli, fino a quando anche questa illusione è caduta. Poi è venuta la decisione di affidare i miei ricordi a queste note.

Due immagini

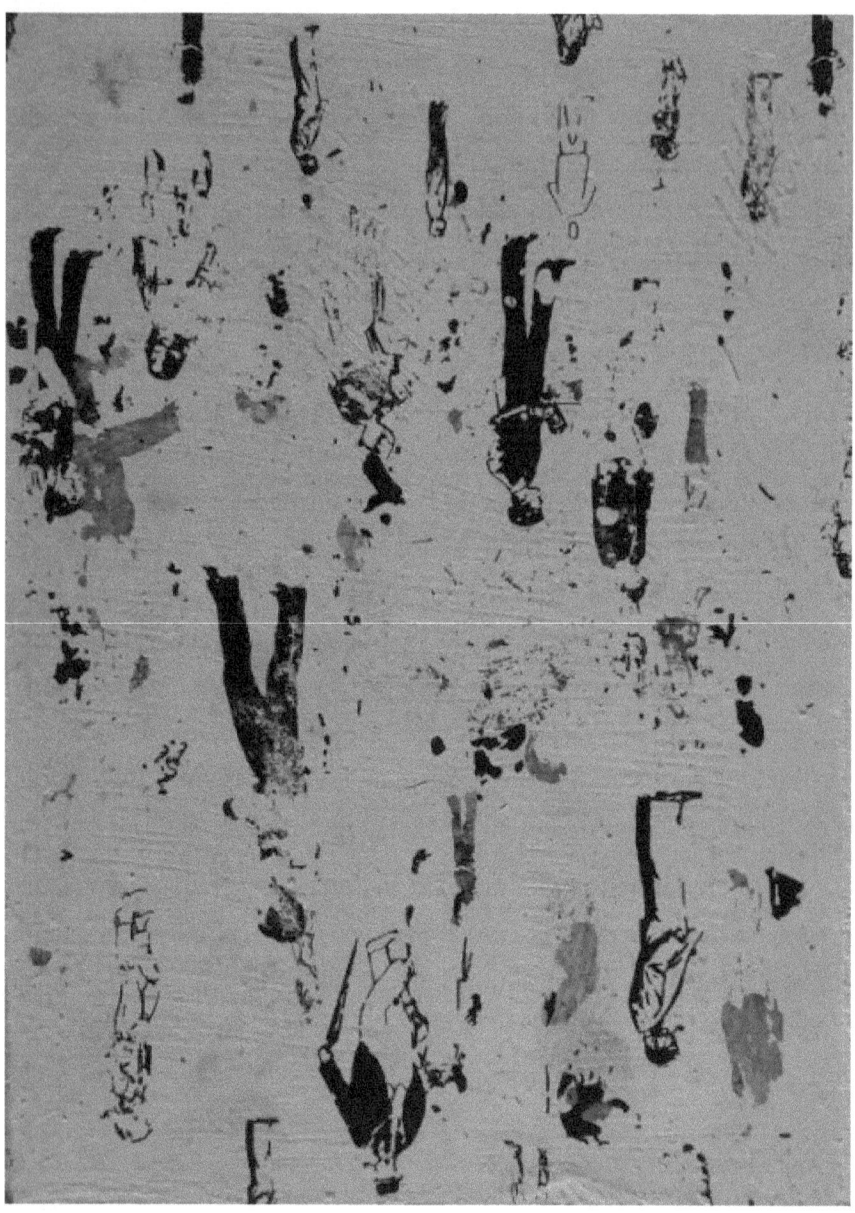

Disegno (riportato come sfondo della IV di copertina dell'edizione cartacea 2016) realizzato dall'artista Carlo Maglitto, appositamente per questo libro.

CENTO GOCCE DI VITA

1 – La sirena

Lo sbarco che gli anglo-americani si apprestavano ad effettuare in Sicilia nel luglio del 1943 fu preceduto da una serie di incursioni aeree. A Lentini non ci furono danni significativi, ma la paura che esse suscitavano, quando i bombardieri si dirigevano verso Catania o altrove, era veramente tanta, in una popolazione già avvilita dalla miseria e dalla penuria di generi alimentari. Gli antifascisti lentinesi, mai domi, rialzavano la testa ed intensificavano le loro cospirazioni. Mio nonno, di notte, ascoltava, con la sua vecchia radio, i bollettini di guerra provenienti da Londra e da Mosca e segnava, spostando delle puntine, sulla grande carta geografica dell'Europa, attaccata ad una parete dello studio, l'avanzata dell'Armata Rossa verso occidente.

All'avvicinarsi degli aerei alleati, le sirene che dall'inizio della guerra erano state sistemate nei vari quartieri della città cominciavano a urlare come impazzite e la loro voce stridula e straziante era subito seguita da un intenso movimento di persone che correvano verso i rifugi antiaerei. Il nostro era situato in una grotta, allora esistente in via Paradiso, molto vicina alla nostra abitazione. Ogni famiglia aveva il suo angolo cui doveva andare in caso di bisogno; a terra i miei avevano collocato un materassino per consentire a chi non ce la faceva più di distendersi. Io, come ipnotizzato, guardavo, sulla parete cui stava appoggiato il nostro giaciglio di emergenza, due file di cimici, una che saliva e l'altra che scendeva, in una marcia incessante verso chissà quale meta.

A tormentare i rifugiati si aggiungevano inoltre i pidocchi, pronti a cercare alloggio fra i capelli di chiunque.

Qualche volta, però, mentre le donne spaventate correvano verso il rifugio, mio nonno mi prendeva in braccio, mi portava nel balcone che si affacciava su via Lazio e mi mostrava il cielo che pochi attimi dopo veniva oscurato da un numero indefinito di superfortezze volanti che andavano a consegnare il loro messaggio di morte: - Guarda, guarda lassù, li vedi gli apparecchi? – Ed io – avevo ancora quattro anni – indirizzavo il mio ditino verso quei mostri volanti, il cui ronzio diventava via via più forte. Non avevo paura, li guardavo stupito, e guardavo anche nella viuzza sottostante gli ultimi passanti correre affannati verso il rifugio, verso la salvezza. Non avevo paura e da allora non ne ebbi mai più.

Come quella volta, quindici anni dopo, ad Agnone Bagni, la spiaggia dei lentinesi. Facevo il bagno in un orario in cui non c'era nessun bagnante, quando tutti pranzavano o facevano il pisolino pomeridiano. Ero arrivato ad una notevole distanza dalla riva, dove non si toccava e dove nessuno avrebbe potuto sentirmi, quando fui preso da atroci crampi ad entrambi i polpacci. Impossibile nuotare. Capii subito che lasciarsi prendere dal panico avrebbe causato certamente la morte. Rimasi calmo e tornai a riva, nuotando all'indietro con le sole braccia.

O come quell'altra volta, vent'anni dopo, quando decisi di rientrare a casa mia, mentre tutti, compresi i miei familiari, rimanevano in macchina, terrorizzati da una possibile ripresa del terremoto che ci aveva colto in piena notte. Tornai a casa sulla base di un „ragionamento" folle e razionale nello stesso tempo:- Il palazzo in cui si trova il mio appartamento è in cemento armato, mi dissi, ed è stato costruito tenendo conto delle prescrizioni antisismiche. Se il terremoto sarà lieve resisterà benissimo. Se invece il sisma sarà tanto forte da abbattere quel palazzo, non ci sarà macchina o luogo aperto che ci potrà salvare.

Nell'uno e nell'altro caso non c'è motivo di starsene rannicchiato in macchina, senza nessun comfort. Dunque rientrai, feci colazione e accesi il televisore, forse unico tra i miei concittadini. Poi ritornò la normalità.

2 - Ricordi di mio padre

Ricordo pochissime cose di mio padre. E non solo perché quando morì ero ancora piccolo, ma soprattutto perché mia madre e i suoi genitori misero una cura particolare per farmelo dimenticare. Non mi parlavano mai di lui e della sua famiglia. Io ho visto i volti dei miei nonni paterni per caso, grazie a delle vecchie fotografie alle quali nessuno aveva fatto caso. Della nonna paterna, Cicero Giuseppina, per molto tempo non seppi neanche il nome. E anche adesso non ne so quasi nulla. Ma io mio padre non l'avevo dimenticato, non potevo: i pochi ricordi che ho di lui si sono impressi nella mia psiche come ferri roventi.

Un giorno di chissà quale anno egli parlava con mia madre, nella stanza loro assegnata. Stava seduto su una poltrona e mi teneva in braccio. Ad un certo punto lo toccai nella sua guancia sinistra, la cui impronta si stampò nella mia mano destra per sempre, suscitando una memoria tattile vivissima; sicché, di tanto in tanto, anche ora che sono vecchio, percepisco la stessa sensazione di quell'episodio „insignificante" di oltre 70 anni fa.

Il giorno del suo funerale ancora nessuno mi aveva detto che era morto, a 31 anni non compiuti, di TBC a Catania, abbandonato in un ospedale. Qualche tempo prima la nonna mi ci aveva portato, perché lui mi potesse vedere da lontano, ma allora mi parve un estraneo, perché mancava da casa da parecchi mesi. Quella mia casa, di solito così triste per le continue liti tra i suoi abitanti, quel giorno era molto animata: mia madre e mia nonna stavano buttate su un letto matrimoniale, piangenti, esposte alla vista di chiunque; una folla di vicini girava liberamente per le stanze e dal balcone che si affacciava sulla minuscola Via Lazio, io potevo vedere una piccola folla che via via si ingrossava... La pietosa signora Maci, amica di mia nonna, ad un certo punto mi prese da parte e cucì sul mio pullover un bottone nero, dicendomi che quello era il segno che tutti i politici dovevano portare. In effetti mio nonno Ignazio, vecchio e coerente antifascista, era un politico assai conosciuto nella Lentini del dopoguerra. Ma io capii di cosa in realtà si trattasse: era il marchio degli orfani, di cui in quel momento entravo a far parte, anche se quell'idea tarderà un po' a entrarmi nella testa.

Quando ripresi ad andare a scuola, mentre percorrevo a grandi balzi la grande scalinata detta „la salita della Madre di Dio", un' anziana parente che viveva in una delle case abbarbicate ai suoi lati, mi gridò, come spesso faceva: - Come sta tuo padre?- Ed io, come al solito, forse per esorcizzare quel pensiero che, senza accorgermene, mi aveva devastato il cuore, sempre correndo, forse fuggendo, le risposi, come avevo fatto sempre in precedenza: „Sta meglio!". Infatti non era ancora morto dentro di me.

Me ne resi conto, qualche mese dopo, quando, dopo un banale litigio con un coetaneo, questi, con la crudeltà che solo i bambini sanno avere, mi sputò in faccia la cruda verità: „Io il padre ce l'ho e tu no". Era vero. E quella perdita mi aveva segnato per tutta la vita. Provavo una sottile emozione e un affetto filiale, per tutti i suoi amici e colleghi, come l'avv. Nigroli e il prof. Messina, quando mi fermavano per strada e mi chiedevano: „Sei il figlio di Giovannino?". E poi fra loro: „Somiglia molto a suo padre...". La stessa emozione in seguito poi cominciai a provarla per i suoi coetanei, per quelli che"potevano" essere, per età, mio padre.

Intanto la maestra, a scuola, mi insegnava a scrivere la paternità, allora obbligatoria nei documenti ufficiali: non più figlio DI...., come gli altri miei compagni, ma FU Evelino.

Adesso mi spiego perché, fra miei amici più cari, in età adulta, ci sono state molte persone assai più anziane di me, come Turi Saya, Alfio Serratore, Turi Martello, Turi Mangiameli.

Per molti anni mio padre lo rividi in sogno, un sogno ricorrente, sempre uguale, che non aveva bisogno di interpretazioni, tanto ne era evidente il significato. Sognavo di passeggiare nella centrale via Garibaldi della mia città, in una sera primaverile. Una comitiva di amici la percorreva, divisa in due file di tre-quattro persone ciascuna, chiacchierando amabilmente. Mio padre stava nelle prima fila, qualche passo avanti rispetto a quella in cui stavo io. Ad un certo punto, io chiedevo al mio vicino, più anziano di me: „Ma mio padre non era ..." , senza osare pronunciare l'orribile parola. „No, mi rispondeva quello. C'era stato un errore, è vivo, è proprio vivo...". E provavo una grande gioia, pari al dolore che sopravveniva al risveglio...

3 - Rosa Giudice Vacirca

Non ricordo il perché i miei genitori, nonostante fossero l'uno professore e l'altra maestra, abbiano ritardato quasi un mese per mandarmi a scuola, che allora cominciava il 1° ottobre. Per fortuna sapevo già leggere e scrivere le vocali. Detto questo, debbo subito aggiungere che scelta migliore non potevano fare per quanto riguardava l'insegnante cui affidarmi. Fu mio padre – questo lo ricordo bene – ad accompagnarmi alla porta dell'aula della 1a classe elementare della scuola „Vittorio Veneto" in cui insegnava la maestra Rosa Giudice Vacirca. Allora – e per molto tempo ancora sarà così -, si usava scegliere direttamente l'insegnante a cui affidare il proprio figlio, senza alcun altra incombenza burocratica. La maestra Vacirca, vedova, era la seconda moglie di un tale Giudice, il cui cognome aveva aggiunto al suo da nubile. Da esso aveva avuto un figlio, Aldo, poi divenuto chimico, di alcuni anni più grande di me. Aldo era stato alunno di mio padre e da ciò era probabilmente derivata la sua amicizia con la „signora maestra", come la chiamavamo tutti.

Alla fine del breve colloquio tra lei e mio padre, svoltosi sulla soglia dell'aula, la maestra mi disse: "Vai a sedere lì, vicino a quel bambino, dove c'è un posto libero.

Era il terzo banco della fila centrale e il bambino si chiamava Pippo Grasso, accanto al quale passai i meravigliosi primi quattro anni della mia carriera scolastica. Lui diventerà sarto. Sono anni ormai che non lo vedo. Ma anche adesso che siamo nonni, quando ci incontriamo, ci abbracciamo.

Per Rosa Giudice Vacirca l'insegnamento era soprattutto una missione. Era una maestra di vita, dalle grandissime qualità umane, era soprattutto un'educatrice. Ancora oggi ci sono, a 70 anni di distanza!, suoi ex alunni che la vanno a trovare al cimitero. Un giorno ci andrò anch'io se Nino La Ferla, il vicecapoclasse, mi ci accompagnerà. Io l'ho amata come una seconda mamma e lei mi ha ricambiato. Era molto contenta che io avessi imparato a memoria la lunga poesia „Il giuramento di Pontida" (*L'han giurato, gli ho visti in Pontida/convenuti dal monte e dal piano./ L'han giurato e si strinser la mano/cittadini di venti città*) che un giorno mi fece recitare davanti alla sig.ra Castiglia, sua collega dell'aula accanto alla nostra, nella quale studiava quello che un giorno sarebbe diventato un mio carissimo amico, Marcello, che eccelleva nelle materie scientifiche.

Fra i miei compagni di classe ce n'erano taluni davvero messi male, come uno soprannominato *Taddarita* (pipistrello) vestito di stracci e deriso da tutti e un altro che veniva scalzo a scuola, con i piedi tutti sporchi...A molti anni di distanza, oggi capisco che sta lì l'origine di quella che sarebbe stata la mia scelta irreversibile per il socialismo. „Socialismo o barbarie" disse un'altra Rosa, la celebre Luxemburg, e quella era una vera barbarie.

Mi è rimasta impressa nella memoria quella volta in cui la maestra ci fece fare un breve dettato. I suoi alunni erano quasi tutti bravi. Alla fine la maestra passò fra i banchi e ad uno ad uno corresse ogni compito, assegnandogli un voto, da 1 a 10. Il minimo voto assegnato era il 7 e poi tanti 8, 9 e 10. Ma quando arrivò al banco del bambino scalzo, forse presa dalla sua naturale correttezza professionale, gli assegnò un voto basso, un 3 o un 4, non ricordo. Solo a lui. Il bambino, ancora una volta schiacciato dalla vita ostile che gli era toccata, scoppiò a piangere. Il suo pianto dirotto richiamò subito la maestra alla brutale realtà del dopoguerra e forse anche all'ingiustizia di una società che permetteva quelle condizioni di vita. Fu un attimo, e il suo grande cuore ebbe la meglio su tutto il resto: „Bambini, questo compito è annullato, non vale, bisogna rifarlo". Il bambino scalzo ebbe anche lui un bel 9 e tutto si aggiustò. Almeno per quel giorno. Episodi come questo mi hanno insegnato a trattare i miei alunni con la stessa umanità, maschi e femmine, ricchi e poveri, ed essi l'hanno capito. Anche stamattina, dopo almeno vent'anni che non ci vediamo, mi ha scritto una mia ex alunna di Francofonte. Un'altra che vive e lavora a Siracusa mi vuole bene come un padre. Ciò mi rende orgoglioso e mi fa felice. È sempre una gioia sapere che c'è qualcuno che ti ama, per te stesso, senza alcun fine o condizionamento...

Un giorno la maestra scrisse alla lavagna due frasi: „Mangiare per vivere/Vivere per mangiare" e ci spiegò che il cibo non era e non poteva essere lo scopo della vita, ma solo lo strumento necessario per poter vivere. La vita aveva assegnato all'uomo altre e più elevate finalità.

Un'altra volta chiesi il permesso di uscire per andare in bagno. Quando tornai trovai la maestra vicina alla porta dell'aula, che era socchiusa, mentre di solito stava ben serrata. Volendo fare il bambino educato, le chiesi: „Signora maestra, devo chiudere la porta o lasciarla aperta?" Risposta: „Non c'é bisogno che tu lo chieda, le porte si lasciano come si trovano: aperte se sono aperte, chiuse se sono chiuse".

Con questi piccoli insegnamenti di ogni giorno la maestra Vacirca entrava nel cuore dei suoi alunni per non uscirne mai più.

4 – Il maestro Cultrera

Avevo appena terminato il quarto anno dei cinque del ciclo delle scuole elementari e mi apprestavo ad affrontare il quinto ed ultimo, assieme ai miei compagni e alla nostra maestra. Ma durante le vacanze estive maturò qualcosa di traumatico per molti bambini della città.

A Lentini esistevano allora due scuole elementari: quella da me frequentata, la scuola *Vittorio Veneto* nel quartiere „Sopra fiera", così chiamato perché in passato vi si teneva una fiera di animali, e quella detta *Monastero* nel quartiere „Badia", allocata in un ex monastero di suore, dirette da una madre badessa. Due scuole, ma un solo direttore.

Al (nuovo?) direttore, tale Crimi, passò per la testa di fare un'innovazione che faceva a pugni con la pedagogia, forse in base al motto *scupa nova scrusciu fa* (la scopa nuova fa rumore).

Egli dunque decise di dividere la città in due zone, ognuna delle quali faceva capo ad una delle due scuole elementari, e stabilì che ogni bambino, senza eccezione alcuna, doveva frequentare la scuola del cui territorio faceva parte la sua abitazione. Di per sé il provvedimento poteva essere anche potabile se fosse stato applicato gradualmente, cominciando dalla prima classe, per estenderlo poi, anno dopo anno, a tutte e cinque le classi. Ciò in base a un principio, ben noto a tutti gli operatori scolastici di ogni ordine e grado: quello della „continuità didattica", in base al quale, per il migliore rendimento scolastico, per quanto possibile, ogni alunno deve poter frequentare il corso dei suoi studi con gli stessi insegnanti e con gli stessi compagni. Ma Crimi fu inflessibile: il provvedimento andava applicato subito e a tutti.

Io che abitavo in una zona di mezzo fra le due scuole, ma per qualche metro più vicina al *Monastero*, fui costretto, d'un sol colpo, a cambiare scuola, insegnante e compagni di classe, a cui ero molto affezionato. Potete immaginare quale trauma fu per me, che da poco più di un anno avevo perso il padre, e per molti bambini nelle mie stesse condizioni. Piansi molto. È possibile che non si sia ancora capito che quello dell'insegnamento non è un mestiere come un altro? Che per farlo non basta la preparazione culturale, ma ci vuole umanità, comprensione, amore per il proprio lavoro? Non basta – lo dico „dall'alto" della mia lunga esperienza di insegnante – conoscere gli argomenti del programma.

Gli alunni di IV della maestra Vacirca (alla quale fu assegnata una prima classe) vennero sparsi ai quattro venti ed io fui catapultato, esterrefatto e spaurito, in una quinta classe affidata al maestro Cultrera, nella scuola *Monastero*. Mi ci volle più di un mese per acquistare dimestichezza col maestro e coi compagni. Se la maestra Vacirca aveva rappresentato per i suoi alunni la madre virtuosa e amorevole, il maestro Cultrera incarnava la figura del padre autorevole, ma saggio, nel cui petto però batteva un cuore affettuoso.

Quando entrai in sintonia con lui l'intesa tra noi divenne perfetta e quello fu l'anno scolastico in cui diedi, in assoluto, il meglio di me stesso. Il mio quaderno, che ancora conservo, era pieno di 9 e di 10. Inoltre conobbi un nuovo compagno di scuola, che era anche mio vicino di casa, Nuccio Sgalambro, col quale feci tutti gli studi, fino al diploma. Un giorno egli diventerà un noto cardiologo e, in tale veste, mi salverà la vita.

Nel corso dell'anno scolastico – avevo allora 10 anni - fu indetto un concorso-premio per il migliore componimento di italiano. Arrivai primo e il diploma, con annessa medaglia, lo conservo ancora, come il più prezioso dei miei cimeli.

Il maestro aveva una sola figlia, più o meno della mia età, la quale, data la rigida separazione dei sessi anche a scuola, frequentava una classe femminile. Ella veniva di tanto in tanto a trovare il padre; si sapeva di lei che studiava il piano, come si usava allora per molte ragazze di buona famiglia. La rivedrò una sola volta, oltre 60 anni più tardi, nello studio della mia brava commercialista, di cui era la madre.

5 – Ancora la Vacirca

Il sistema scolastico di allora (1950), adottato in epoca fascista, prevedeva che, per accedere alla Scuola Media, i ragazzini, conseguita la licenza elementare, dovessero sostenere un „esame di ammissione" alla Scuola Media (triennale), la cui „licenza" .e solo quella, avrebbe potuto aprire l'accesso agli istituti superiori e quindi all'università. Gli altri bambini che non sostenevano gli esami di ammissione o non li superavano, avrebbero potuto al massimo frequentare i corsi di avviamento professionale, per poi entrare nel mondo del lavoro. Poiché per sostenere gli esami di ammissione occorreva una preparazione a parte, i bambini dovevano frequentare la mattina la scuola elementare e il pomeriggio l'insegnamento privato, nonché fare i compiti a casa per ambedue i corsi. Ciò comportava uno sforzo psico-fisico per quei bambini, che praticamente dovevano studiare tutto il giorno, ma anche per i loro genitori, che dovevano pagare gli insegnati privati. In concreto, ciò significava che potevano continuare gli studi solo i figli della borghesia o quelli provenienti da famiglie disposte ad ogni sacrificio pur di far studiare i figli. Gli altri, i figli dei lavoratori, a Lentini i figli dei braccianti, spesso disoccupati o mal pagati, potevano dirsi fortunati se riuscivano a conseguire la licenza elementare, perché spesso erano avviati, a otto-nove anni!, al lavoro di raccolta della frutta, o delle segherie, o presso qualche artigiano che gli insegnava il mestiere di barbiere, sarto, falegname, ecc. dandogli per paga un'elemosina settimanale. Una scuola evidentemente classista.

Io provenivo da una famiglia piccolo borghese, ma di condizioni economiche non molto brillanti. Mia madre, vedova, aveva trovato un posto precario di insegnante d'asilo comunale, non pagata nei mesi estivi. Ma io ero destinato lo stesso agli studi superiori. Occorreva dunque trovare un insegnante privato. Io non ebbi esitazione: la maestra Vacirca, che mi mancava tanto. Ma la maestra era un tipo particolare di insegnante. Si seppe infatti che lei faceva lezioni private a pochi, senza onorario, ma solo a quelli scelti da lei. Quando mia madre andò a parlarle si ebbe un rifiuto, perché, disse la maestra, il programma lo aveva iniziato da più di un mese, gli altri tre bambini erano più avanti di me e perciò non si sentiva di scombussolare tutti i suoi piani didattici. Tutto quello che mia madre, dopo lunghe insistenze e puntando sull'affetto che la Vacirca mi aveva in passato dimostrato, poté ottenere fu che la maestra mi avrebbe preso in prova per alcuni giorni, per vedere se ero in grado di mettermi alla pari con gli altri. Gli altri tre bambini provenivano dall'élite lentinese: una era Lea Giudice, figlia del direttore del Banco di Sicilia, un'altra ragazza era figlia del farmacista Di Gaetano, e il terzo era addirittura un nobile, Alfio Magnano di S. Lio, al quale prestavo i miei fumetti passandoglieli attraverso le sbarre del cancello della sua casa nobiliare in Via Roma. Quando, dopo circa una settimana, mia madre andò a prendersi la risposta, un po' timorosa di dovermi procurare un'altra delusione, non fece in tempo a parlare, perché la maestra l'anticipò: „Certo che lo prendo Ferdinando!".

Alla fine del corso di lezioni, poiché la maestra non voleva essere pagata da nessuno, mia madre volle regalarle un grosso gallo, ancora vivo. Molti anni dopo, già padre di famiglia, la incontravo ogni tanto al vecchio mercato della frutta: „Buongiorno, signora maestra!" E lei, ormai anziana pensionata, mi faceva un buffetto sotto il mento, come si fa coi bambini: „Come stai, Ferdinando?".

Dei circa duecento partecipanti agli esami di ammissione, in base alla votazione finale, mi classificai secondo.

Il primo fu il figlio del direttore Crimi.

6 – Mio nonno

Mio nonno materno (l'altro non l'ho conosciuto), Ignazio Magrì, in un certo senso prese il posto di mio padre, quando questi si ammalò e poi morì. Ero forse per lui il figlio maschio che la moglie non gli aveva dato, in parte perché temeva moltissimo i dolori del parto e in parte perché, quel marito sceltole dai suoi genitori, l'aveva sposato senza amore.

Figlio di un carrettiere vigoroso e benestante era emigrato giovanissimo, assieme al fratello di sua madre, don Gaetano Russo, in Argentina, dove aveva imparato il mestiere di falegname e si era appassionato alla musica lirica frequentando il teatro *Colon* di Buenoa Aires.

Si era anche avvicinato alla cultura laica e socialista leggendo il giornale *L'Asino* di Podrecca e Galantara e le vigorose poesie anticlericali di Lorenzo Stecchetti, alcune delle quali conosceva a memoria. Ritornato dalla prima guerra mondiale, della cui violenza disumana a volte mi parlava, aveva aderito al PSI e, nel 1920, era stato eletto consigliere comunale (lo sarà ancora nel 1946 e nel 1960). Nel 1921 era stato uno dei 13 socialisti che avevano rotto col sindaco Castro e poi fondato il partito comunista a Lentini. Durante il fascismo era rimasto in disparte, senza mai però piegarsi al regime e alle sue organizzazioni e rimanendo in contatto con i suoi ex compagni, in particolare con Delfo Nigro, segretario della sezione clandestina del PCI.

Per me è stato, fra le altre cose, una fonte di primaria importanza per le mie ricerche storiche; ma, soprattutto, quello che ho appreso da lui è stato il valore dell'onestà, praticata fino al sacrificio, nello stile dei vecchi socialisti, come il suo ex compagno-rivale Castro, che da sindaco, quando andava in missione per conto del Comune, si portava la colazione da casa, per non far gravare la spesa del vitto sul bilancio comunale. Fui dunque contagiato dalla sua onestà , per la quale l'ammiravo molto.

Era visto dagli altri come un uomo saggio, capace di pronunciare „sentenze" di un certo peso. Un giorno disse ad un suo avversario politico, in pieno Consiglio Comunale: „L'intelligenza non è obbligatoria!" e la frase fu ricordata per molto tempo. Amava anche dire: „L'esperienza si fa quando non serve più".

Una delle sue fisime era quella di pranzare alle 12 esatte, né un minuto di più, né uno di meno. Un giorno degli anni sessanta- era allora assessore all'annona e sapeva tutto del mercato locale – ritornato a casa all'ora fatale, trovò in un angolo un grosso melone di più di 10 chili. „Cos'è questo?", chiese alla moglie. E quella, con noncuranza: „L'ha portato un fruttivendolo, dicendo che è per l'assessore". Vidi allora quel vecchio, già stanco (si alzava prestissimo) e affamato, affezionato come non mai a quell'ora del pasto principale, caricarsi quel peso per lui enorme e traballante avviarsi a piedi verso il mercato per restituire all'incauto donatore l'ambiguo regalo . Al ritorno una lite furiosa con la moglie, alla quale intimò di non accettare mai nulla da persone che avessero, anche lontanamente, a che fare, con le sue funzioni pubbliche. Per me una lezione di vita.

Il suo difetto principale era l'avarizia: risparmiava su tutto. Negli ultimi anni, la moglie, pur ormai semi-paralizzata, lo sorvegliava strettamente. Un giorno egli andò a urinare e lei sentì il rumore della piscia che cadeva sul water, ma non quello della catinella dell'acqua, che egli invece voleva risparmiare, pur costando allora pochissimo. „Tira la catinella!" gli intimò ad alta voce; e lui, contrariato dall'essere stato scoperto, rispose umile, sperando di essere graziato: *Ppì ddu sbrizzi...* (Per poche gocce...).

Forse faceva capolino l'arteriosclerosi, come quella volta in cui lo sorpresi a spiegare alla moglie quello che vedevano nel vecchio televisore che mia madre (loro figlia) gli aveva regalato, avendone comprato uno nuovo. Dunque le diceva: „Peppina , ma tu pensi davvero che lo Stato abbia da spendere milioni di lire per pagare tutti questi attori? È lo stesso, unico attore, che si traveste e fa tutte le parti!". O come quell'altra in cui lo vidi mettersi di soppiatto in tasca dei pezzetti di pane in una tazza che io mi ero preparato per farmi una zuppa di latte.

Quando io ruppi con mia madre, sua unica figlia amatissima, si schierò con lei senza se e senza ma, e prese a odiarmi dal profondo del cuore.

Non mi affrontò mai direttamente per i miei contrasti con mia madre. Solo un giorno mi scaricò in faccia, all'improvviso, come una staffilata, una delle sue frasi lapidarie: „A furca è fatta ppì cu si voli appennirì" (la forca è fatta solo per coloro che si vogliono impiccare: come dire: „chi è causa del suo mal pianga se stesso").

Un giorno degli anni settanta, già sposato e con un figlio, quando ero assessore (per il PSI) e la nonna era già morta, alcuni suoi vicini di casa vennero a cercarmi trafelati „Venga subito, corra, suo nonno sta molto male!" Lasciai subito di curare la cosa pubblica per quella privata e corsi alla casa dei nonni, quella in cui mia madre mi aveva partorito, in una parete della quale mio padre aveva scritto: „Oggi alle ore 6 è nato mio figlio Ferdinando". Lo trovai ansimante: respirava a fatica. Il medico più vicino era il dott. Ciancio, che io allora non conoscevo, il cui studio trovai aperto, con molti pazienti in sala d'attesa. Entrai, senza bussare, nello studio in cui egli stava visitando: „Presto, dottore, venga, il nonno sta molto male". Il medico capi' il mio stato d'ansia e corse con me a casa del malato. Una breve visita e una sola prescrizione: „Immediato ricovero all'ospedale". Una nuova corsa in piazza, dove chiamai un taxi. Per strada incontrai un amico in macchina, DL. „Per favore, vai a casa di mia madre in via Etnea e dille che il nonno è ricoverato all'ospedale". Lasciai il nonno al pronto soccorso nelle mani di bravi medici, che riuscirono a rianimarlo. Erano passati non più di 15 minuti da quando i vicini mi avevano chiamato! Quando andai a trovarlo, mi disse che aveva la pancia gonfia „come un tamburino", perché lui, sofferente di stipsi, si faceva il clistere ogni mattina, ma all'ospedale non l' aveva potuto fare.

I medici mi dissero che era spacciato, il suo cuore non avrebbe retto che qualche giorno. Mi fece pena quell'uomo che pur mi aveva allevato, ma non pensavo che mi odiasse così tanto. Decisi di dargli un'ultima soddisfazione. Parlai col mio caro amico Carmelo Baudo, allora segretario della sezione comunista, per chiedergli di andarlo a trovare. Baudo ci andò e gli presentò il sentito omaggio che la sezione faceva a uno dei fondatori del loro partito e lui ne fu molto soddisfatto.

Poco prima di morire lasciò a suo genero Nino Barbagallo, secondo marito di mia madre, le cose più preziose che aveva: la pistola ereditata dalla guerra, il suo prezioso orologio da tasca *Longines*, la medaglia d'oro di „Cavaliere di VittorioVeneto", data dal governo a tutti gli ex combattenti della prima guerra mondiale.

A me, il figlio maschio che non aveva avuto, nulla. Il suo odio per me l'aveva accompagnato fin sulla soglia dell'umana esistenza. L'odio è un sentimento forte come l'amore, se non di più.

7 - Il primo gatto

Fu la mia bisnonna, donna Ciccia Munzù, madre della mia nonna materna, quando avevo ancora 8-9 anni, a regalarmi un gatto, una femmina. Mi innamorai subito di quell'animale, che presi ad accudire con continuità e con affetto, anche perché ne ero ricambiato.

Con la sua gravidanza, di cui allora non cercavo spiegazioni, ebbe inizio una dinastia di gatti che durerà più di vent'anni.

Gli ultimi due, una coppia, si chiamavano Pina e Gino. Da allora ho sempre molto amato i gatti, perché essi sono esseri liberi, che possono scegliere se amare o no un umano. Se sì, essi lo fanno con trasporto, affidandosi con fiducia al loro amico (la parola „padrone" sarebbe fuori luogo). Un amore, il loro, voluto, e quindi assai più prezioso di quello dei cani, servili anche coi padroni che li trattano male, perché essi hanno la fedeltà verso l'uomo nella loro più intrinseca natura, a cui evidentemente non possono sottrarsi.

Quando abitavo, ormai senza gatti in una casa in affitto al secondo piano, nella strada sottostante spesso vedevo aggirarsi una gattina macilenta e perennemente affamata che frugava fra i rifiuti, nella speranza di trovare qualcosa. Spesso lasciavo cadere dal balcone un salsicciotto o un pezzo di salame, che lei subito divorava, affamata com'era chissà da quanto tempo. Un giorno le buttai un pezzo di pollo, ma lei non lo mangiò: lo mise tra i denti e si diresse trotterellando verso il cortile condominiale che stava dall'altra parte della strada. Incuriosito da questa reazione inconsueta volli vedere dove andava a parare. Ebbene, il suo obiettivo era una piccola alcova dove l'aspettavano i suoi cuccioli, anch'essi affamati. Lei, così magra e denutrita, si era privata del cibo per portarlo alla sua prole!

Una lezione per certe madri cosiddette „umane" che abbandonano i propri figli, esponendoli a probabile morte o, se raccolti da altri, ad una vita senza calore in qualche orfanotrofio. *Chapeau*, come dicono i francesi. Alla gattina, sia chiaro.

8 – La pistola

Il mio nonno materno, appassionato di musica lirica e membro autorevole del "Comitato pro-musica" di Lentini, ogni domenica pomeriggio della stagione musicale, mi portava, quand'ero bambino, alla villa *Gorgia* a sentire il concerto settimanale della banda municipale. Ci andavamo con largo anticipo per prendere i posti migliori, nelle panchine più vicine al palco. Per l'occasione, comprava un pacco di arachidi e me ne passava alcune, ma una alla volta e con largo intervallo, per il chiaro intento di farle durare più a lungo. Nell'attesa mi raccontava storie dei paladini di Francia, popolate di eroi, di belle fanciulle, di biechi traditori ed anche di giganti. Un giorno mi disse, forse per sorprendermi: „Io posso sconfiggere un gigante con due sole dita". „Ma che dici, nonno, mi prendi in giro? Come potresti fare? Il gigante è molto più alto e forte di te!". Dopo averla tirata un po' per stuzzicare la mia curiosità, mi svelò il mistero: „Con la mia pistola, per la quale bastano due dita per premere il grilletto". Aveva ragione. Le armi da fuoco hanno rivoluzionato le guerre e le conquiste. Grazie ad esse gli europei hanno sterminato gli indigeni delle Americhe, molto più numerosi dei colonizzatori bianchi, ma senza le loro armi.

Winchester contro frecce: così ha vinto la „civiltà".

La sua pistola era, credo, quella che l'esercito gli aveva lasciato al momento del congedo, dopo la prima guerra mondiale. Benché non avesse svolto, durante il fascismo, nessuna attività politica, non si era mai voluto piegare al regime e per questo era stato sempre sotto l'occhio vigile della polizia e della milizia. Durante la guerra, perciò, dovette subire due perquisizioni, che avvenivano di notte e all'improvviso. Una di esse fu particolarmente drammatica. Non appena sentita l'intimazione, in casa, in pochi secondi si diffusero confusione e paura, perché la pistola era tenuta in un cassetto dell'armadio, senza sicura e senza precauzione alcuna. Se i fascisti l'avessero trovata, avrebbe passato guai grossi: il confino e forse anche il carcere. La nonna ebbe un lampo di genio: nascose la pistola, carica e senza sicura, nel suo petto, forse fidando nel rispetto che i siciliani, fascisti o meno, hanno per le donne. Il gesto di frugare nel petto di una donna, sia pure per motivi di sicurezza, un tempo aveva scatenato la guerra dei *Vespri*, con cui i siciliani avevano posto fine al dominio angioino nell'isola. Lo stratagemma fu utile, ma mancò poco che la nonna, già paurosa per sua natura, non se la facesse sotto.

Molti anni dopo – avevo vent'anni ed ero studente di giurisprudenza – mentre studiavo nella stanza d'ingresso – udii nascere e presto ingigantirsi una lite fra il nonno, che stava nel balcone della stanza vicina e il giovane abitante dell'appartamento sottostante, che stava sulla strada. In pochi secondi la lite trascese e l'uomo di sotto, un trentenne spavaldo e baldanzoso, colto da improvviso furore, si alzò dalla sua sedia, fece il giro del palazzo, inforcò di corsa le scale che portavano nella nostra casa, con una spallata sfondò la porta d'ingresso. In pochi secondi capii la situazione: un energumeno di trenta era deciso a picchiare un vecchio di settanta. Corsi alla porta d'ingresso e mi trovai di fronte a lui nel momento in cui la sfondava.

Ero deciso a sbarrargli il passo, per non farlo arrivare dal nonno, ma lui era assai più forte di me e pressava, pressava per eliminare l'ostacolo umano che ritardava la sua vendetta. Ci sarebbe presto riuscito, ma improvvisamente la sua forza calò di colpo e la sua pressione si fece debole, poi debolissima...Stupito, girai gli occhi e vidi, dietro di me il nonno, che in quei pochi secondi era andato a prendere la sua pistola e che ora la puntava sull'aspirante aggressore: „Vieni, vieni avanti", gli diceva. Ma il forzuto trentenne non venne avanti, anzi andò indietro, infilò la porta in senso inverso e sparì. Mio nonno per alcuni giorni uscì di casa con la pistola in tasca. Poi non ce ne fu più bisogno.

Ancora una volta la tecnica aveva avuto il sopravvento sulla forza bruta.

Quella pistola, che il vecchio rivoluzionario stalinista aveva tenuto con sé – senza mai denunciarla - forse, chissà, non si sa mai, ci fosse stata una rivoluzione; quella pistola che, ormai, più che un'arma, era un cimelio storico, anche se perfettamente funzionante, egli non la lasciò al suo figlio spirituale, al nipote che aveva allevato con tanto amore e poi gratificato di altrettanto odio. La lasciò, come già ricordato, al suo secondo genero, lontanissimo non solo dal partito comunista, ma da ogni forma, anche sbiadita, di sinistra.

9 - Il bambino nel cesso

Anche prima della rottura il rapporto con mia madre non fu sempre facile. Aveva momenti di trasporto, ma era spesso burbera e autoritaria più che autorevole. Ricordo che un giorno- avrò avuto 8-9 anni - mi trovavo a casa di mio cugino Carlo, con cui giocavo spesso, proprio accanto alla nostra abitazione. Lei doveva uscire e portarmi con sé, in uno di quei noiosi incontri fra donne, in cui mi toccava, magari per ore, il ruolo della „bella statuina". Quando finì di agghindarsi, mi chiamò dall'ingresso della porta di casa, con una voce che sembrava foriera di imminenti reprimende: „Scendi che è tardi!". Quel tono, che non ammetteva repliche, e che io ben conoscevo, mi intimidì a tal punto che mi girai di scatto per precipitarmi in fondo alle scale, dove lei mi attendeva scalpitante. Nel girarmi di corsa non mi accorsi di un ostacolo. Andai a sbattere il naso su uno dei durissimi pomi di rame di cui era ornato il letto della zia Vannina. Senti un dolore acutissimo, ma non dissi nulla, forse per evitare rimbrotti. Il mio bel naso greco rimase deturpato per sempre di una piccola gobba di cui lei nemmeno si accorse. Quando lo tocco mi ricordo sempre di come me l'ero fatta.

Ricordo che durante la mia infanzia non si usava sempre la luce elettrica per l'illuminazione in casa. Spesso si ricorreva a lumi alimentati ad olio o ad alcool; oppure alle candele. E poiché allora, siamo pur sempre nel dopoguerra (1948) non si buttava nulla, si utilizzavano i mozziconi delle candele e i fondi di lumini per fare nuove candele. Io avevo imparato quella piccola „arte", che non so perché, forse perché era un lavoro a suo modo creativo, mi piaceva tanto. Si metteva la cera residuata sopra una fonte di calore finché non diventava liquida e poi si faceva raffreddare; quando era ancora morbida si metteva attorno ad un rudimentale stoppino e tutto era fatto.

Un giorno, rimasto solo in casa, mi venne l'idea di fare quel bel lavoro. Come posto scelsi il davanzale di una finestra. Ma, quando cominciai, un folata di vento portò la fiamma ad una delle imposte. Spensi immediatamente quel piccolo incendio, ma non riuscii a cancellare le tracce dall'imposta bruciaccata. Mentre il mio cervello lavorava freneticamente per trovare una soluzione che mi potesse salvare, ecco che sentii rincasare madre e nonna, due che quando si arrabbiavano erano piuttosto pericolose. Ebbi appena il tempo di mettermi al riparo chiudendomi a chiave dentro la piccola stanza col water. Da lì sentivo le urla delle due e le loro minacce, nonché i perentori inviti a lasciare il mio improvvisato rifugio. Uscii dopo un paio d'ore, quando le cose si erano un po' calmate.

Molti anni dopo, quando mia madre combatteva senza esclusione di colpi perché lasciassi la mia futura moglie, un giorno mi disse: „Ti ricordi quel giorno in cui ti sei chiuso nel cesso per la paura? Allora sì che mi temevi, mentre ora vuoi fare di testa tua e non mi obbedisci più".

Ed io a lei: „E tu, che come maestra ed educatrice, dovresti conoscere la psicologia infantile, non ti vergogni di aver fatto paura ad un bambino e addirittura te ne vanti?". Tacque, senza replicare.

10 - I fumetti

Il mio primo contatto con i fumetti avvenne grazie a mio padre. Ricordo che, già da un paio d'anni prima che morisse, egli mi comprava il *Corriere dei piccoli*, le cui storie consistevano in una sequenza di quadretti disegnati, che illustravano il racconto a rima baciata: *Qui comincia l'avventura /del signor Bonaventura*. Il fortunato Bonaventura di Sto (Sergio Tofano) era appunto il personaggio principale, ma c'erano anche Sor Pampurio, Pier Cloruro dei Lambicchi e tanti altri. Seguì un intermezzo e poi, a otto anni, venne il mio primo fumetto vero e proprio, cioè con le nuvolette, un albo di *Ipnos* di Bonelli e Cossio. Quel poco che mia madre mi dava come „paghetta" lo spendevo in fumetti, accumulandone pian piano un discreto numero. In quel periodo frequentavo quasi giornalmente il piccolo negozio di generi alimentari di mio nonno, situato proprio di fronte alla Camera del Lavoro. Lì vicino c'era una sartoria, con il „mastro" e i suoi apprendisti. A uno di essi, soprannominato „Caliddu", di 4-5 più grande di me, prestavo i miei fumetti. Fu lui a farmi conoscere un altro accanito lettore suo coetaneo, Turi Saya, agrumaio interno con la passione dei fumetti, coltivata ininterrottamente fino alla morte. Da Turi appresi la possibilità dello scambio fra lettori-collezionisti. Lo scambio poteva essere „per leggere", che non era altro che un reciproco prestito, o „per sempre" , un vero e proprio baratto, assai diffuso in città. Conobbi infatti così altri collezionisti, come un tale Abramo, Santino Sgroi e tanti altri di cui non ricordo il nome. Non potei però mai avvicinare i più grandi collezionisti di Lentini come Peppino il Messinese, o il futuro ambasciatore Antonio Neri, o il noto fotografo Alfio Toscano, di cui si diceva che possedesse 50 serie a fumetti! Un mito, nel suo campo.

Ne accumulai quasi tremila in varie raccolte complete. *Tex*, che rimarrà il mio preferito, *Sciuscià, Nat del Santa Cruz, Capitan Miki, Forza John, Akim,*

Kinowa, Morgan il corsaro...Conobbi molti altri eroi sia italiani come *Fulmine* e *Pantera Bionda* che americani, come *Gordon, Mandrake, L'Uomo mascherato, Topolino, Paperino* e tanti altri.

Attorno ai 15 anni collezionismo e lettura di fumetti cessarono quasi di colpo, soprattutto per via dell'ostracismo del dominante perbenismo che li dipingeva come fuorvianti per la gioventù e li catalogava come lettura per bambini e per scimuniti. E a 15 anni non si vuole essere, né apparire, né come gli uni né come gli altri. A ciò si aggiungeva il fattore tempo: la scomposta e pedante pesantezza degli studi liceali e la mediocrità didattica di molti insegnanti non lasciavano il tempo di coltivare alcun hobby.

11 - Mio cugino Carlo

L'amicizia fra me e mio cugino Carlo, di un anno più giovane, risale alla primissima infanzia. Suo padre, dipendente comunale assegnato all'ufficio „anagrafe bestiame" e il mio nonno materno erano figli di due sorelle: Alfia e Maria , detta Maruzza, la maggiore, appartenenti alla famiglia Russo. Ambedue si chiamavano Ignazio, probabilmente in omaggio al loro nonno materno. Più che alla parentela, allora comunque valorizzata al massimo, la nostra amicizia era dovuta al fatto di abitare ambedue nella piccola via Lazio, il che, per quei tempi era quasi una convivenza, visto che si entrava e usciva dalle abitazioni dei vicini, liberamente, anche senza motivi validi. Fummo compagni di giochi inseparabili fino a quando il padre, che aveva un diploma di maestro, vinse un concorso per segretario comunale, in seguito al quale fu destinato a prendere servizio in un paio di paesini della Liguria. Partirono dapprima il padre di Carlo, sua madre Vannina e la sorellina Alfina di pochi anni, che portava il nome della nonna.

La loro casa fu lasciata alla famiglia del fratello di Vannina, Alfio Lo Castro, sposato e con un figlio. Carlo fu affidato temporaneamente agli zii, per consentirgli di completare l'anno scolastico. Io avevo quasi 13 anni.

Finito l'anno scolastico, i nostri destini si separarono: mia madre si risposò, si trasferì a Niscemi con la sua nuova famiglia, mentre Carlo fu catapultato in Liguria, in un ambiente a lui sconosciuto e, in un certo senso, ostile. Il nostro legame era però molto forte: rimanemmo uniti per molti anni ancora attraverso contatti epistolari.

Nel 1961, per il desiderio di evadere un po' dal solito ambiente, gli manifestai il mio desiderio di passare un periodo in qualche cittadina della Liguria. A quel punto non ci fu verso e dovetti cedere alle sue insistenze di andare proprio nel paesino in cui lui abitava, Vallecrosia, in provincia di Imperia. Ci andai col mio, ormai inseparabile, amico Turi e tutti e due fummo ospitati dagli zii. Lui, purtroppo, in quel periodo non era in casa, in quanto lavorava in un campeggio, situato poco oltre il confine di Ventimiglia.

La corrispondenza continuò un poco, anche dopo quel viaggio (ho ancora la foto di lui con la moglie in viaggio di nozze), poi più nulla, per anni. Fino al 2015!

Di lui sapevo solo che era diventato insegnante di educazione fisica, che aveva lasciato Vallecrosia per Torino...Notizie vaghe, lontane.

Un giorno del 2015, a Bratislava, girovagando col computer, lessi il suo nome, trovai il numero del suo cellulare...Chiamai senza che nessuno rispondesse. Quando mi ero già rassegnato, squillò il mio telefono. Che sorpresa fu per lui, dopo 50 anni!

Da allora ci scriviamo, ci raccontiamo le nostre storie. Lui ha alle spalle un matrimonio fallito, due figlie, una vita avventurosa, è diventato quasi contemporaneamente psicoterapeuta ed artista (poesia, pittura), ha, ormai da 16 anni, per compagna una dottoressa ungherese, anch'essa amante del bello, assieme alla quale gestiste una villa, in cui essi ospitano soprattutto stranieri e artisti.

Per quanto mi riguarda ho trovato in lui una voce amica, la cui solidarietà, specie in un periodo in cui ero respinto e maltrattato da quelli che dovevano essere i miei affetti più cari, mi è stata di grande conforto.

Questa piccola vicenda mi ha confermato in un'opinione che avevo da tempo. Ognuno di noi, nel corso della vita si lega a vari tipi di amici: i compagni d'arme, i colleghi di lavoro, le amicizie occasionali. Ma quelle più solide, le cui radici sono penetrate nel profondo dell'anima, sono quelle contratte nell'infanzia e nell'adolescenza. Ciò mi ha fatto pensare a dei vecchi amici, come Gianni Zacco e Carmelino Russo, i cui destini sono stati tanto diversi dal mio; eppure, quando ci incontriamo ci assale una gioia immensa, come se il bambino che è in noi venisse su e riprendesse il gioco interrotto settant'anni fa. Settant'anni senza mai l'ombra di uno screzio. Aveva ragione Cicerone nel sostenere che l'amicizia, dopo la sapienza, è il bene più prezioso.

12 - La saggezza nel vespasiano

Negli anni '50 erano assai diffusi in città i gabinetti pubblici, che i più anziani chiamavano pudicamente "vespasiani". Uno di essi era situato in Via Roma, in un punto molto vicino alla piccola Via Lazio, in cui era la mia abitazione, esso era anche al centro del quartiere in cui gli adolescenti della mia comitiva facevano i loro interminabili giochi. Per non essere costretti a tornare a casa per fare i loro bisognini, interrompendo così la partecipazione ai giochi, tutti noi ragazzini ci servivamo di quel provvidenziale servizio igienico. Per la verità chiamarlo "servizio igienico" è eccessivo. Esso era ricettacolo della più svariata „clientela": anzitutto gli avvinazzati avventori della vicina taverna, ma anche i venditori ambulanti di frutta, verdura, uova, lumache, che spesso venivano da fuori città e non avevano dove andare per liberarsi di... certi pesi.

Un giorno, entrato nel vespasiano, il mio sguardo si posò su un distico scritto su una parete:

„Amare senza essere amato/ è come stuiarsi il culo senza aver cacato". A parte il linguaggio poco fine e semi-dialettale, fui colpito da quell'espressione scritta forse da un utente che, mentre compiva...il suo dovere quotidiano, si rivelava filosofo a tempo perso.

Ho riflettuto a lungo sulla saggezza di quella frase ed ho veramente capito, grazie ad essa, quanto sia inutile l'amore non corrisposto. Cos'è poi l'amore? Intorno a questo quesito si sono sbizzarriti in molti, senza tuttavia trovare una risposta universalmente accettata, forse perché si tratta di un sentimento personalissimo. Spesso ci troviamo a dire: „Ma cosa ci trova in quello/a?", senza riflettere sulla soggettività del bello, anche in campo amoroso. Penso comunque di non sbagliarmi nel dire che caratteristica fondamentale dell'amore è l'attrazione psico-fisica per una persona. Ma quell'espressione trovata nel vespasiano mi suggerisce di aggiungere che amare significa anche innamorarsi dell'amore. Dell'amore altrui, intendo. Per questo il Poeta lo definì magistralmente *corrispondenza d'amorosi sensi*. Corrispondenza, non amore a senso unico, che non ha alcun senso. Né si può pensare di inculcare l'amore nella persona prescelta.

I sentimenti, l'amore, come l'odio, la simpatia e l'antipatia sfuggono ad ogni razionalità. Si può costringere una persona a sposarsi o a concedersi, ma mai ad amare. Nessuno può comandare i propri sentimenti. Ecco perché, quando provavo una qualche simpatia per una ragazza che mi sarebbe piaciuto corteggiare, se mi accorgevo di infastidirla piuttosto che interessarla, giravo i tacchi e lasciavo perdere. Bisogna inoltre distinguere l'amore dal puro atto sessuale. La sessualità è certamente la componente centrale di un rapporto sentimentale, ma non la sola. Ci sono la stima, l'affetto, la sintonia...Ma queste cose da sole, senza la sessualità, non bastano a tenere in piedi un rapporto. In gioventù l'attività sessuale è prevalentemente guidata dagli ormoni, dall'istinto primordiale; il che significa che da giovani si possono avere rapporti intimi senza amore. Ma con l'andar del tempo le tempeste ormonali si fanno meno intense e la sessualità comincia ad avere un senso solo se sostenuta dall'amore, cioè – come dicevo - da una complessa attrazione psico-fisica. Il sesso nell'amore è esaltante; quello senza amore può anche essere ridicolo o perfino disgustoso.

Per motivi di curiosità...scientifica, mi trovai un giorno a guardare in una stanza dal buco della serratura. Sul grande letto stavano due tizi: una prostituta e il suo cliente. Io vedevo la schiena di lui, tutto preso dalla sua „battaglia", mentre si affannava sopra di lei. Lei, supina, teneva in una mano una mela, cui ogni tanto dava un morso. Il contrasto nel comportamento dei due evidenziava la ridicolaggine della situazione. Aveva ragione, eccome, il filosofo del vespasiano!

13 - La formica

Avrò avuto 11-12 anni. In quel giorno di caldo estivo, finito il pranzo, cui avevano partecipato degli ospiti, mi distesi a terra, nel piccolo balcone di casa che si affacciava su Via Lazio, per riposare e vincere la mia solitudine (ero l'unico bambino fra i commensali), immergendomi nella lettura dei miei amati fumetti. Ad un certo punto però sentii uno strano rumore in un orecchio: un insetto, una formica si seppe dopo, mi era entrato dentro e passeggiava indisturbato sul timpano, provocando un rumore che gli altri non sentivano, ma che per me era così forte da essere davvero insopportabile. Accorsero in molti e tutti si provarono – senza riuscirvi – a liberarmi del tormentoso fastidio che mi stava facendo impazzire. Dopo una mezz'ora di quello strano tormento, uno degli ospiti, Nello Maglitto, personaggio assai noto in città, dottore in Legge e in Scienze Politiche, ebbe l'idea geniale.

Accese una sigaretta e soffiò un'intensa nuvola di fumo nel mio orecchio. La formica, sentendosi soffocare in quel tunnel con una sola via d'uscita, si affrettò a cercare aria respirabile e l'istinto la guidò verso l'uscita. Il che mi procurò immediato sollievo.

Quella piccola intuizione mi aveva salvato da chissà quali conseguenze.

14 - La bicicletta

Era una vecchia, solida bicicletta di mio nonno, che egli usava in gioventù per i suoi spostamenti, specialmente collegati alla sua attività di proprietario di una segheria. Ma non sapevo usarla. Essa era custodita nell'abitazione, a piano terra di via Lazio, di sua madre, la mia bisnonna donna Maruzza Magrì, nata Russo, sorella dell'imprenditore agrumicolo Gaetano Russo. Ad insegnarmi, intorno agli 11 anni, fu Turiddu Adagio, giovane barbiere di cinque anni più grande, parente della mia nonna materna e dunque mio. Devo essere stato un allievo piuttosto duro, se fu necessario oltre un mese per imparare una cosa che altri imparavano in una o due sedute. In compenso, quando finalmente riuscii a stare in sella senza cadere di fianco,divenni quasi un acrobata che sulla bicicletta poteva fare qualunque contorsione. Ma quello che maggiormente ricordo è il senso di libertà che la bici mi dava. Con quel „cavallo d'acciaio" potevo andare dove volevo. Essa divenne per molto tempo la mia compagna inseparabile in quasi tutte le mie uscite di casa. Con essa andavo fuori città, fino al fiume San Leonardo, sulla strada per Catania o al torrente Seggio, corso d'acqua puramente lentinese, dove mi fermavo a guardare estasiato l' acqua che fluiva ininterrotta, come lo scorrere del tempo. Ho sempre ammirato i corsi d'acqua: anche oggi, ormai avanti negli anni, mi fermo spesso a guardare le acque del Danubio che lambiscono Bratislava.

A cavallo della bici, lungo strade solitarie o poco frequentate, acceleravo la corsa e sentivo il vento infilarsi tra i capelli e accarezzarmi il viso, al posto di mio padre e di mia madre che non potevano più farlo.

Quando arrivai al Liceo, a causa degli studi molto impegnativi che assorbivano tutto il mio tempo, fui costretto, pian piano, a lasciare la mia amata bicicletta, come già era accaduto per l'altra mia passione, i fumetti. Ormai piccolo uomo, dopo un certo tempo la vendetti a don Alfio Spagnolello, ex meccanico di biciclette e custode dei locali della società sportiva, col quale avevo stretto un'affettuosa amicizia. Un uomo di grande spontaneità, di grande saggezza e di grande esperienza umana, che avrebbe potuto essere mio padre.

Quando terminai gli studi liceali e quindi vennero meno il vincolo degli orari e l'impellenza dei compiti per l'indomani, la passione per la bici riaffiorò prepotente, ma non avevo certo i mezzi per comprarne una nuova. Mi venne incontro il mio caro amico Carmelino Russo, che ne aveva una molto ben tenuta, che egli aveva usato per recarsi al lavoro di agrumaio esterno, svolto in gioventù. Egli generosamente me la regalò ed io potei riprendere le vecchie abitudini, con maggiore abilità ed esperienza di prima. La bisnonna era già morta e la sua casa era stata data in affitto; dunque misi la bicicletta in un piccolo locale, sempre a pianterreno, che il nonno aveva prestato al mio patrigno perché lui ci potesse tenere lezioni private. Un giorno mi recai a prendere la bicicletta per fare una delle mie solite escursioni, ma non la trovai. Non seppi mai dov'era finita.

La bicicletta è però rimasta una delle mie passioni, perché legata al senso di libertà che essa mi dava, tanto più che io non guidavo la macchina. Con essa talvolta penetravo di notte nelle buie strade della periferia cittadina e mi sembrava di identificarmi nell'infinito e nell'eterno della natura, come accadeva al Leopardi, quando, con la fantasia, guardava oltre la siepe...

15 - Turi Saya

Il lettore mi perdonerà se, per una volta, una „goccia" della mia vita sarà rappresentata da uno scritto non inedito. Quello che segue è il testo, pubblicato – col titolo *Sono passati due anni, e non mi sembra vero* - sul noto giornale lentinese *La Notizia*, in occasione del secondo anniversario della morte di Turi Saya, uno dei miei amici più cari. Esso fu scritto con il cuore, e per questo, con lo stesso affetto, io ora lo ripropongo a voi.

000

Da bambino frequentavo il piccolo negozio di generi alimentari che mio nonno gestiva in via Conte Alaimo, proprio di fronte alla Camera del Lavoro: ricordo ancora quando, al posto del vecchio „Dopolavoro" fascista, il pittore socialista e vecchio antifascista Peppino Aliano dipinse la nuova denominazione che vi si vede ancora oggi. A destra della bottega (*putìa*) c'era il negozio Pupillo, dove oggi si vendono oggetti di pelletteria e dove allora si vendeva materiale per calzolai (*scarpari*): cuoio, chiodi, ecc. Dall'altro lato c'era, invece, una delle tante sartorie per uomo, nella quale lavoravano il sarto, cioè il maestro (*u mastru*) e i suoi apprendisti (*i giuvini*). D'estate tutti sedevano all'aperto, per avere più fresco e più luce. Uno dei lavoranti era soprannominato *Caliddu*: non chiedetemi il nome, perché non lo so.

Avevo allora circa dieci anni e da poco avevo cominciato a comprare qualche giornalino a fumetti – il primissimo fu un albo di *Ipnos* – che portavo con me per leggerlo cento volte quando mio nonno era occupato e non sapevo che fare. Caliddu, che era più grande, penso avesse una quindicina d'anni, spesso me li chiedeva in prestito. Un giorno, forse per ringraziarmi, mi disse: „Io ho un amico che ha molti fumetti; se vuoi te lo presento, così potrai fare scambi con i suoi". Lo scambio di fumetti era allora un passatempo che andava diffondendosi in città, in un tempo – parlo all'incirca del 1946-47 – in cui c'erano pochi svaghi e pochi soldi; esso consentiva di moltiplicare il materiale da leggere attraverso continue permute, che si sviluppavano a margine del collezionismo vero e proprio, in cui cominciavano ad emergere personaggi divenuti poi leggendari nel settore, come Antonio Neri e Carmelo Toscano.

Accettai dunque con gioia la proposta e l'indomani vidi spuntare un ragazzo di cinque anni più grande di me che si chiamava Turi Saya. Lui già lavorava come operaio („agrumaio interno", ma in seguito diventerà *mastru* e qualche volta anche *capumastru*), nei magazzini di arance e dunque si vedeva poco durante la *campagna agrumaria*. Ma d'estate era più libero e si poteva dedicare anima e corpo alla sua più vera passione: i fumetti. Quella passione la trasmise a me e lui stesso la coltivò per tutta la vita. Il collezionismo e lo scambismo ebbero il loro periodo d'oro dalla fine della guerra, quando gli editori italiani poterono riprendere la produzione e l'importazione (in particolare dagli USA) di fumetti, fino ai primi anni '50, per affievolirsi poi sensibilmente, sotto l'attacco di un bigotto moralismo che faceva discendere tutti i mali della gioventù dai fumetti: un ipocrita moralismo che provocava anche sofferte autocensure e dolorose chiusure, di cui il caso più famoso fu quello della celebre tarzanide *Pantera Bionda*.

Il fumetto, quando non faceva da supporto, secondo l'opinione dei benpensanti, alla delinquenza giovanile, era considerato dai più - ed a questo giudizio purtroppo contribuiva anche la scuola - una lettura per bambini o per scimuniti.

Turi, come tutti, risentiva molto di questo clima da inquisizione psicologica ed era cosciente del „rischio" che correva: quello di non essere capito dai suoi coetanei, che, diventati giovanottini con i primi pruriti adolescenziali, ambivano a essere considerati „maturi".

Proprio per questo va sottolineato un merito indiscusso di Turi: egli fu l'unico in città che durante gli anni bui dell'ostracismo al fumetto, non interruppe mai l'attività collezionistica. E di ciò fu psicologicamente ripagato quando, a sfatare i vecchi pregiudizi verso quella che era un'autentica forma d'arte, negli USA e in Francia da sempre riconosciuta come tale, intervennero scrittori del calibro di Elio Vittorini, di Umberto Eco, di Oreste Del Buono, di Carlo Della Corte, seguiti poi da tanti altri.

La passione di Turi non era mai declinata e la sua biblioteca era sempre ben fornita. Io spesso gli chiedevo in prestito il prestigioso *Gordon Flash*, albo gigante a colori, con i celebri disegni di Alex Raymond, pubblicato dall'editore Nerbini negli anni 30 e poi ripreso nel 1946-47, con un finale apocrifo oggi rarissimo, vista la difficoltà di reperire, in quel periodo, gli originali americani.

Quando finalmente il fumetto, sotto spinte culturali così autorevoli, poté uscire allo scoperto; quando fu finalmente assodato che esso poteva stare agevolmente accanto a tutti gli altri mezzi di comunicazione come il cinema, la radio, la televisione, la pittura e la letteratura; quando fu finalmente assodato che con questi strumenti si potevano creare opere-spazzatura, ma anche autentici capolavori; allora Turi si immerse con ancora più impegno nel collezionismo e la sua passione „ contagiò " molti altri. Sorsero, col nuovo clima, le riviste di critica fumettistica, le riviste d'autore, le cosiddette *fanzine* (*fans magazine*, ossia riviste fatte da appassionati del settore) e soprattutto le mostre. Turi fu pienamente dentro tutte queste esplosioni di entusiasmo fumettistico. Io visitai, assieme a lui quattro volte la notissima mostra di Lucca. Lui ci arrivava carico di una pesantissima valigia contenente il „materiale" da vendere, per poi essere riempita da quello che comprava. E la sua collezione privata si impreziosiva sempre più. Al punto che una volta fu chiamato, come unico espositore, in una manifestazione tenuta nei locali dell'ex Upim.

Fu lui a farmi iscrivere all'Anaf, l'associazione nazionale degli amanti del fumetto. Era lui che mi raccontava i retroscena delle mostre, degli editori, degli autori, dei mercanti, di tutto il mondo del collezionismo nazionale, nel cui giro era ormai entrato.

Il suo fumetto preferito era il famoso *Gim Toro*, le cui gesta si dipanavano per molte serie, la prima delle quali, la *serie gialla*, comprendeva ben 75 numeri. Ebbene, egli ne conosceva a memoria i titoli ed io sempre me ne stupivo, ogni volta che gli chiedevo di elencarmeli!

Era più che naturale dunque che la nostra comune avventura, che da una ventina d'anni si era arricchita della collaborazione di un altro appassionato, si tramutasse in amicizia personale. E così fu. Sono innumerevoli le vicende, tristi ed allegre, noiose o divertenti, snervanti o rilassanti che abbiamo vissuto assieme.

Ed ecco che improvvisamente, proprio come facevano alcuni editori, quando interrompevano, a volte senza darne preavviso ai lettori, una collezione non redditizia, Turi se n'è andato, e ci ha lasciati soli. Forse egli ora vive e discorre con i personaggi del suo *Gim Toro*:

la Vipera Bionda, Colui che sa, Sembilang il Solitario, Bourianakis il Greco, il Kid...

La sua vita non fu sempre facile: fu un grande lavoratore, un buon padre di famiglia, un cittadino esemplare, originario, come molti altri lentinesi, di Giampilieri, un fedelissimo propugnatore di quella nuova cultura della comunicazione portata dai fumetti.

Con la sua morte (11-4-2012) ha lasciato un vuoto nella città, in cui era conosciutissimo, e nei suoi molti amici. Ha lasciato un vuoto anche in chi scrive, che sente il rammarico di non averlo potuto incontrare prima del decesso.

Scusami Turi, ma tu sai che parleremo ancora di quelle bellissime avventure, della tua bellissima avventura fra gli uomini della tua città.

16 - Mio zio Turi

Mio zio Turi era il fratellastro maggiore di mio padre, unico figlio della prima moglie del nonno, morta quando egli aveva appena 12 anni. Fra i due fratelli c'era stato un rapporto affettuoso, interrotto solo quando fra la famiglia di mio padre e quella di mia madre, prima amicissime, era sorta un'invalicabile barriera di rancore. Nella rottura egli si schierò con la sua famiglia, e dunque contro mio padre, che aveva violato le disposizioni di rompere ogni rapporto con la famiglia Magrì. Mio padre, invece, novello Romeo, aveva sposato, ancor giovanissimo, l'ancor più giovane Anna Magrì. L'atteggiamento dello zio Turi cambiò però radicalmente, allorché mio padre si ammalò. Egli, cattolicissimo, non poteva non essere accanto al fratello morente a trent'anni, scaricato dalla famiglia della moglie in un ospedale di Catania, solo e senza conforto. Il suo amore fraterno lo spinse poi a pagare le spese di trasporto della salma da Catania a Lentini, quelle del funerale e il terreno per la sepoltura.

Di lui ho pochi ricordi, ma nitidi. Poco tempo dopo la morte di mio padre, egli si presentò in casa mia (casa Magrì) con una strana richiesta. Egli, sposato da tempo, non aveva figli. Chiese perciò di adottare il figlio del suo fratello morto, cioè lo scrivente, che così sarebbe diventato il suo unico erede, riparando, fra l'altro, il torto subito da mio padre, che era stato diseredato per aver sposato una Magrì. L'incontro durò a lungo, ma mia madre non volle cedere e lo zio Turi dovette rinunciare al suo progetto.

Io però, non ricordo come né perché, rimasi sempre in contatto con lui, che istintivamente consideravo come un secondo padre.

Il mio attaccamento per lui venne fuori quando gli chiesi di diventare il mio padrino di cresima ed egli subito accondiscese. Negli anni seguenti, ogni anno, in prossimità del campionato di calcio, egli mi comprava l'abbonamento allo Stadio Comunale, nella centrale tribuna „A" (quella delle autorità) perché potessi assistere gratuitamente a tutte le partite. Un'altra volta pagò per me la tassa d'ingresso e la retta per un'intera annata, del Circolo Artistico. Ma, scaduto l'anno, non continuai a pagare e decaddi da socio. I contatti tra noi comunque continuavano con una certa frequenza: mi gratificava molto sentire che egli mi chiamava "mio nipote". Era per me come sottolineare il legame con la famiglia di mio padre che quella di mia madre non era riuscita mai a recidere del tutto. Io non conobbi mai sua moglie, né i suoi fratellastri minori, Ciccino, che pare mi somigliasse molto, e la sorella piccola, andata poi sposa a un medico locale.

Un ruolo assai importante egli ebbe per il mio matrimonio. Il rapporto con la mia futura moglie era stato assai agitato per la tenace opposizione di mia madre, che aveva alla fine impedito ogni forma di rapporto con la mia „fidanzata", che io allora consideravo l'unica persona che mi avesse amato. Un giorno in cui casualmente ci incontrammo, lo zio Turi mi chiese di me, della mia vita. Avevo, credo, 26 anni ed ero del tutto infelice per l'odio di cui ero circondato in famiglia. Egli allora prese un'iniziativa tanto inaspettata quanto efficace. Si recò -dopo quasi vent'anni che non si vedevano – a casa di mia madre, sua ex cognata, per chiederle di recedere dal suo atteggiamento verso di me e verso le mia aspirazioni. Non so cosa si siano detti. Il fatto è che, dopo qualche giorno, potei fidanzarmi ufficialmente..Non saprò mai la verità su questo punto. Certo è che quella fu l'ultima volta che i due s'incontrarono.

Egli comunque venne un paio di volte a casa della mia fidanzata ed io lo invitai al mio matrimonio. Invito che egli ben volentieri accettò. Fu anche visto, da una comune conoscente, in un negozio cercare qualcosa da comprarmi come regalo di nozze. Ma, con mia dolorosa sorpresa, alle nozze non venne. Che cosa era accaduto? Che cosa gli era stato detto? Non lo seppi mai, ma ci rimasi male. Ma la voce del sangue era troppo forte e presto ripresi a vedermi con lui. Anzi diciamo che lo cercavo spesso, nei luoghi che egli di solito frequentava. Un giorno lo incontrai in piazza e ci parlammo per un po'. Ma quando egli si allontanò per entrare in un negozio vicino, io non andai via. Mi era sembrato triste e addirittura denutrito e decisi di aspettarlo. „ Zio, gli dissi, tu rappresenti mio padre. Che cos'hai? Hai forse problemi economici? Io posso aiutarti se hai bisogno...". „No, grazie, non è quello, ho la mia pensione e mi basta.

Il fatto è che mia moglie non è più in grado di badare alla casa e devo fare tutto io...".

Fui molto addolorato alla notizia della sua morte, a 80 anni compiuti, ma non andai al suo funerale. Non volevo incontrarmi con i suoi due fratellastri minori e con i parenti di sua moglie, che mai, in tutta la vita, mi avevano cercato. Ci andò per me mia moglie.

Io andai invece dal parroco, amico suo e mio, per farmi raccontare com'era morto. Mi disse che una notte aveva cominciato a sudare copiosamente e che aveva tentato di asciugarsi con... l'asciugacapelli: poco dopo era morto. Mi disse anche che aveva donato la sua imponente collezione di francobolli, che una volta mi aveva fatto vedere, alla Chiesa. Fra di questi non c'era però il suo pezzo più prezioso, di cui esistono pochi esemplari al mondo: il primo francobollo emesso nella storia, che egli teneva - così mi aveva confidato – in una cassetta di sicurezza.

Ma la cosa che più mi colpì era il fatto che lui, pare autore di testamenti vari, non mi avesse lasciato neanche un fiore. Sarà stato veramente così? Chi potrà mai saperlo? Io l'avevo sempre trattato con rispetto e amore, e lui pure. Qualcosa dev'essere accaduto, ma non saprò mai cosa.

17 – Il naso

Nel 1947 era operante a Lentini un asilo infantile comunale, allocato in via Aspromonte, nei locali poi adibiti a Biblioteca Comunale. Quell'anno l'Amministrazione, dovendo assumere delle insegnanti, fu chiamata a scegliere fra due opzioni: assumere un minor numero di persone e pagarle tutto l'anno, o assumerne qualcuna in più e pagarle solo nel periodo scolastico vero e proprio? Il Comune preferì la seconda ipotesi per sistemare qualche maestra in più, scegliendo le maestre fra le vedove o le donne sole al mondo, senza alcun sostegno. Così ogni maestra, con lo stipendio di nove mesi, doveva viverci un anno. Una di esse fu mia madre, vedova e con un figlio a carico (il sottoscritto):vi rimase cinque anni, fin quando vinse il concorso come maestra elementare nelle scuole statali, sicché, nell'anno scolastico 1952-53, raggiunse la sede assegnatale, Niscemi, assieme al suo secondo marito, da poco sposato. Durante gli anni dell'asilo mia madre si legò d'amicizia con una collega, anch'essa vedova.

La signora, collega dunque di mia madre non solo per la professione, ma anche per la vedovanza, gironzolava spesso in casa nostra. Io la ricordo bene per un piccolo, strano ed utile insegnamento che un giorno mi diede.

Vedendomi un giorno soffiare il naso, con tanto rumore e scarsi risultati, mi spiegò (era maestra d'asilo, non dimentichiamolo) come si deve condurre tale operazione per la sua migliore riuscita. Occorre – mi disse - soffiare non nelle due narici contemporaneamente, perché ciò produce solo un suono sgradevole e inopportuno, disperdendo inoltre lo sforzo e producendo di conseguenza risultati insoddisfacenti e lungaggini indesiderate; occorreva invece concentrare lo sforzo del soffio in una narice per volta, eliminando così fastidiosi rumori e ripulendo allo stesso tempo per bene le vie respiratorie. Imparai quella lezioncina e da quel giorno mi attenni a quell'insegnamento. Aveva ragione: posso dire in coscienza che è molto meglio come mi ha fu insegnato quel giorno del 1947.

È curioso come episodi all'apparenza insignificanti, e per taluni versi anche banali, possano insediarsi nella mente di una persona ed accompagnarla per tutta la vita.

18 – La cresima

Quando frequentavo la Scuola Media, allora allocata in Piazza Raffaello ed avevo circa 12 anni, per assecondare gli inviti del professore di religione ed anche per spirito di imitazione nei confronti dei miei compagni, che in massa vi aderirono, mi iscrissi all'Azione Cattolica, precisamente alla G.I.A.C. (Gioventù Italiana di Azione Cattolica). Prima ed unica volta nella mia vita. Ero attratto – lo confesso – più dal tennis da tavolo disponibile nei locali della sacrestia, che dal profumo dell'incenso dei riti religiosi, che io percepivo vagamente in odore di conservatorismo, viste le posizioni dei più autorevoli cattolici, quasi tutti approdati sulle sponde di un anticomunismo viscerale, di una ferma ostilità ai miei amati fumetti, di una rigorosa selezione dei film da vedere e dei libri da leggere. In più c'era – ma allora non lo sapevo – la scomunica dei marxisti. Un mondo assai diverso da quello in cui mi stavo formando. Ma era solo istinto, non coscienza.

In quell'anno dunque il professore ci annunciò l'imminente arrivo del vescovo, che avrebbe celebrato la cresima per i nuovi „soldati di Cristo" e ci invitò a frequentare gli appositi corsi di preparazione.

Quando andai a raccontarlo a mia madre, la prima cosa che lei mi disse fu: „Adesso bisogna cercare un compare di cresima!". Allora il "comparato", in dialetto „u san Giuvanni" (Il san Giovanni, il Battista, evidentemente) come dalle nostre parti si chiamava, più che una funzione religiosa, ne aveva una sociale. Serviva cioè a stringere rapporti di fitta amicizia fra due famiglie ed anche fra due clan, in quanto si estendeva anche a parenti non proprio prossimi. Mia madre dunque mi sembrò contenta di poter fare, per l'occasione, una nuova amicizia o rinsaldarne una vecchia. Ma, quando sentì la mia risposta, mi parve straformata in una statua di ghiaccio, molto stupita e un po' contrariata. „Non occorre cercare", le dissi, „ il compare ce l'ho già: mio zio Turi". Lo zio Turi, fratello maggiore di mio padre, deceduto da alcuni anni, era ormai il rappresentante ufficiale della loro famiglia, in totale e assoluta rottura con quella di mia madre! Ma lo stupore di mia madre aveva un'altra origine: nonostante lei e i suoi genitori avessero costruito attorno a me come una muraglia che avrebbe dovuto separarmi per sempre, come mai fossero esistiti, dai parenti del lato paterno, nonostante nessuno mi parlasse mai di mio padre, dei suoi genitori, dei suoi fratelli e cugini, io mi ero scelto proprio quel compare! Non mi ostacolarono e la cresima ebbe luogo. Fui l'unico bambino ad essere senza nessuno durante la solenne cerimonia, tranne lo zio-compare, che mi regalò una penna stilografica, immagino d'oro, come allora si usava. Ma, finita la cerimonia, anche lui, che avrebbe potuto essere il protagonista di una festa che non era stata neppure accennata, se ne andò. Tornai a casa, un po' disorientato, mentre vedevo gli altri bambini circondati dalle attenzioni e dalle affettuosità dei parenti in festa. A casa nessuno mi disse nulla: guardai la penna, lessi il bigliettino accluso e conservai il tutto. Ancora oggi è come la ricevetti, ma io non la potrò più avere, perché si trova a casa mia, casa assegnata a mia moglie separata.

Due insegnamenti trassi da tutto ciò: che l'odio dei grandi può travolgere, senza pudore, anche l'innocenza e che la voce del sangue non si può soffocare. Il mio padrino solo formalmente era mio zio: in realtà era mio padre. O almeno così io lo vedevo.

19 – Rimandato

Mi sono sempre piaciuti i poemi epico-cavallereschi. Ho letto, nella loro versione integrale, l'Iliade, l'Odissea, l'Eneide, l'Orlando innamorato, l'Orlando furioso, la Gerusalemme liberata...Forse le radici lontane di questa passione stanno nel teatro dei burattini che tanti anni fa c'era in via Roma, dove oggi c'è una tipografia e dove da bambino ascoltavo con grande partecipazione le appassionanti vicende tratte dal ciclo carolingio...

Fatto è che alle scuole medie leggevo con passione i passi di Iliade e di Odissea che le insegnanti ci assegnavano. In più, in terza media, ero considerato uno degli allievi più promettenti in Italiano. Sicché non fu una sorpresa neanche per me quando la prof.ssa Marcoccio, l'insegnante di lettere, evidentemente compiaciuta del suo alunno, volle leggere a tutti il mio compito in classe. Il tema riguardava un confronto fra i due eroi omerici Achille (greco) ed Ettore (troiano). Io avevo trattato l'argomento mettendo in rilievo non solo il valore dei due famosi combattenti, ma anche il loro dramma umano. Di Achille, vittima di un destino che, mentre gli assicurava una gloria eterna, lo condannava ad un'esistenza assai breve; e di Ettore, eroe più umano che, benché contrario ad una guerra che non aveva voluto, era costretto a battersi nel tentativo di salvare la sua patria, e ad affrontare Achille, nella consapevolezza che la sua sconfitta era già scritta, essendo il suo avversario protetto dagli dei.

Gli esami di licenza media che quell'anno dovevamo affrontare comportavano un esame scritto di italiano e un esame orale di tutte le materie. Chi non superava lo scritto non poteva sostenere l'orale di italiano ed era già bocciato in quella materia.

Il giorno dello scritto, con la tensione che tutti gli esami comportano, potete immaginare ciò che io provai sentendo il titolo del compito che dovevamo svolgere: un confronto fra Achille ed Ettore, lo stesso che avevo fatto durante l'anno, riuscitissimo, tanto da essere pubblicamente lodato dalla mia professoressa ed indicato agli altri come esempio! Mi sentii subito rilassato e tranquillo. Meglio di così...Ricordavo tutto: a 13 anni la memoria è vivissima. Scrissi di getto, consegnai ed uscii fra i primi, quando ancora molti miei piccoli colleghi stavano tutti concentrati e qualcuno di loro non aveva ancora cominciato a scrivere.

Il giorno stabilito per conoscere i risultati i ragazzi affollavano da un po' il cortile della scuola di p.zza Raffaello, quando finalmente spuntò un professore con un figlio in mano:era l'elenco dei candidati, con accanto a ogni nome la dicitura „ammesso" o „non ammesso".

Quando pronunciò il mio nome, aggiungendo „non ammesso" molti si girarono stupiti verso di me. Io corsi a casa, mi buttai sul letto e scoppiai in un pianto dirotto, in preda ad una vera e propria disperazione. A quel punto rientrò mia madre che, spaventata, mi costrinse a rivelare l'accaduto. Si infilò di corsa la giacca che si era appena tolta e corse a scuola. Seppi dopo che era stata ricevuta dal preside T.B., amico e collega di mio padre. Mia madre lo investì in malo modo: „È così che tratti l'orfano del tuo caro amico?". Il preside, piuttosto imbarazzato, chiamò qualcuno e gli chiese di portargli il mio compito. Quando lo lesse, gettò un sospiro di sollievo, poiché aveva trovato il modo di sbarazzarsi della furia che era diventata mia madre.

„Vedi, Anna", le disse, „il compito è fatto bene, non c'è una sola correzione della Commissione, ma tuo figlio purtroppo ha fatto un grosso errore: non ha messo nemmeno un segno di punteggiatura, né un punto, né una virgola, né altro". Tanto bastò perché io fossi rimandato – nel solo italiano – agli esami di riparazione che si sarebbero tenuti in ottobre. Durante l'estate non studiai nulla, non andai, come di solito facevano i rimandati, a lezioni private, non mi esercitai nella scrittura, né ripassai il programma orale. Semplicemente mi diedi al gioco, sempre, ininterrottamente. A ottobre fui promosso a pieni voti.

Da questo „doloroso" episodio trassi due insegnamenti, che non dimenticai mai più. Il primo era che non bisogna mai essere troppo sicuri di se stessi: la presunzione può fare grossi danni. Se non avessi avuto tanta fretta di consegnare il compito, mi sarei certamente accorto della distrazione e avrei così evitato di essere rimandato.

Il secondo era che non bisogna considerare la professione di insegnante una come tante. Per fare l'insegnante non basta la preparazione nelle propria disciplina; occorre anche saperla trasmettere e farla amare dagli alunni, occorre anche avere buon senso ed equilibrio nel giudicare, occorre amare il proprio lavoro e i propri alunni, che non sono semplici numeri, ma esseri viventi, spesso con problemi personali e familiari.

Sarebbe bastato allora che chi effettuò la correzione del mio compito, leggendo il mio curriculum, rilevando nello scritto l'assoluta mancanza di errori di ortografia, di grammatica e di sintassi, anziché attribuirmi un voto bassissimo, che mi condannò alla bocciatura, mi avesse messo un 5, sufficiente per farmi ammettere agli orali, dove certamente avrei sostenuto una buona prova. Invece volle essere fiscale; anziché considerare la mancanza di segni di punteggiatura per quello che realmente era, come un solo errore di distrazione, di frettolosità, di arroganza se si vuole, considerò ogni virgola mancante un errore e siccome ne mancavano tante, il mio compito fu valutato sotto lo zero!

Posso dire che di quel dolore adolescenziale, che mi poteva facilmente essere risparmiato, mi sono ampiamente rifatto come insegnante, se è vero, come è vero, che molti miei ex alunni, ormai genitori o addirittura nonni, nonostante il lungo tempo passato, ci tengono a riconoscere la bontà dei miei insegnamenti. E, soprattutto, quella dei miei comportamenti.

20 - Seconde nozze

Quando, in un pomeriggio dell'estate 1952, si presentò in casa per la prima volta quel giovane forestiero, io rimasi sorpreso e un po' stupito. Mia madre, vestita con l'abito buono delle occasioni, lo aveva aspettato davanti alla soglia; poi i due si erano infilati nello studio, da soli, e vi erano rimasti un paio d'ore. Capivo e non capivo: a 13 anni non ero ancora consapevole delle „cose della vita", ma molti interrogativi si affollavano nella mia testolina. Seppi dopo, acchiappando qualche frase qua e là, che quell'uomo, che mi portava sempre qualche dolce e che si intratteneva qualche minuto con me prima di andarsene, si chiamava Antonino Barbagallo, era un insegnante elementare ed era originario di Nicolosi, un paesino turistico dell'Etna. Capii, soprattutto, che era il fidanzato di mia madre. Seppi in seguito che i due si erano conosciuti in una lavanderia di Catania, di cui lui era cliente, che era di proprietà di una nostra parente. Circa un mese prima dell'inizio dell'anno scolastico 1952-53, i due si sposarono in una chiesa di Catania e subito dopo partirono per il viaggio di nozze. Io, già orfano di padre, stavo in un angolo, spettatore muto di una festa che non mi apparteneva.

Nessuno, né mia madre, né i miei nonni, mi avevano parlato dei progetti matrimoniali in corso. Io sapevo, però che mia madre desiderava sposarsi, poiché non sopportava il peso della vedovanza e che per raggiungere questo obiettivo mia nonna, ruffiana non per mestiere, ma per piacere, si dava molto da fare. Ricordo che un giorno venne da noi una professionista del ramo (per un consulto? per un incarico?). Vedendomi – giocavo nel balcone – chiese a mia nonna: „Chi è quel bambino?". Dopo un attimo di esitazione, arrivò la risposta: „È mio figlio!". A quei tempi piazzare nel mercato dei matrimoni una vedova non era impresa molto facile; figuriamoci una vedova con un figlio...Ma – direte voi – si sarebbe saputo comunque di chi era figlio il bambino. In tal caso vi faccio rilevare che non conoscete la psicologia di quei mediatori: avrebbero aspettato a farlo sapere all'interessato, quando lui sarebbe stato, almeno in parte, coinvolto,"innamorato". Allora sarebbe stato pronto ad inghiottire...qualche rospo.

Comunque, io mi sento adesso di affermare con orgoglio che non misi mai i bastoni fra le ruote a mia madre. Molti adolescenti, a volte anche persone adulte, appena hanno sentore che un genitore sta per legarsi a un partner diverso dall'altro loro genitore, subito si schierano contro, escogitando mille modi per ostacolare i suoi progetti sentimentali. Lo fanno assumendo un atteggiamento che può andare dalla guerriglia strisciante, fatta di malumori, di musi lunghi, di pianti immotivati, di scontrosità ingiustificata, all'opposizione più aperta e alla guerra guerreggiata, spinta a volte fino a rinnegare il genitore „infedele".

Io no. A soli 13 anni mi rendevo conto che una donna rimasta vedova a 27 anni, ormai arrivata a 32 anni , aveva diritto di rifarsi una vita. E per questo non frapposi nessun ostacolo al matrimonio di mia madre. Non dico che io avrei potuto impedirlo, perché ciò mi sarebbe stato impossibile; ma amareggiarlo sì; avrei potuto, come tanti altri della mia età. Tanto più che mia madre, avendo vinto il concorso di maestra elementare, fra poco avrebbe dovuto raggiungere la sede che le era stata assegnata: Niscemi. Per la verità mia madre mi parlò, qualche giorno prima del matrimonio, per chiedermi se volevo seguirla a Niscemi, dove sarebbe andata ad abitare col suo nuovo marito. Non fu molto insistente, anzi direi che si lasciò convincere subito. Le dissi che preferivo restare coi nonni, con cui avevo sempre vissuto, che le mie radici erano a Lentini , che la mia scuola, i miei amici erano a Lentini. Tanto le bastò per mettersi la coscienza in pace e per godersi senza rimpianti le gioie del matrimonio. Nessuno di noi due poteva immaginare il fallimento cui andavamo incontro: lei dopo qualche tempo si pentì chissà quante volte di quella sua scelta improvvisata; io non immaginavo minimamente che quelle radici che allora mi legavano così saldamente al mio paese un giorno sarebbero state violentemente recise, per scaraventarmi nell'inferno dell'esilio.

Per il momento ero però orgoglioso della maturità da me dimostrata in quella vicenda più grande di me ed ero anche sicuro che mia madre l'avrebbe apprezzata per sempre. Mi sbagliavo, e di grosso.

21 - La „Leontina"

L'estate del 1953 – avevo 14 anni – la passai quasi interamente a Nicolosi, nella casa del mio padrigno, in cui mia madre trascorreva le ferie, in attesa del parto. Furono giorni di noia assoluta. I ragazzi appartenenti al clan Barbagallo mi tenevano a distanza: forse ero per loro un „cugino" di troppo, quasi un intruso, sentivano che non ero loro consanguineo. Nicolosi era allora un paese turistico di circa 3000 anime, ma di un turismo particolare, per quelli cioè che avevano bisogno di respirare aria pura e ossigenata, cioè vecchi e malati. Null'altro: un solo cinema, che dava lo stesso film per giorni e giorni, un'edicola appartenente alla sorella del mio padrigno, di cui leggevo tutti i giornali E intanto pensavo alle scorribande dei miei amici del quartiere, ai loro incessanti giochi, a tutto quello che l'amicizia può significare nell'adolescenza.

Mi madre partorì il 23 agosto 1953, dando alla luce mio fratello Alfio. Quando andai a trovarla, il giorno dopo, rimasi sfavorevolmente colpito dalla frase che mi disse, perché mi parve inopportuna, specie in quella circostanza: „Tu sei il frutto del mio primo amore!".

Ai primi di settembre finalmente potei tornare a Lentini, riprendere la mia inseparabile bicicletta, immergermi nei giochi che tanto mi erano mancati: finalmente potevo parlare con i miei amici liberamene di ciò che volevo, sentirmi parte di una comitiva bene affiatata. La mia casa era ormai a Lentini, non a Nicolosi.

Mio cugino Carlo Maglitto era partito da poco con i suoi verso una nuova vita in Liguria, quando in uno dei pochi intervalli fra un gioco e l'altro un gruppo di ragazzi decise di fondare una squadra di calcio duratura, che potesse incontrarsi con altri gruppi similari esistenti in città..

Ci riunimmo, in casa di uno di noi, il 20 settembre 1953 e accogliemmo la proposta fatta da un ragazzo, che non avrà un gran ruolo nel futuro della Società, ma che rimarrà nella memoria dei superstiti.

A suggerire la denominazione di „Unione Sportiva Leontina" fu Pippo La Rocca, futuro sindaco della Città. L'Unione inizialmente aveva un solo organo: il Presidente. La scelta cadde su di me che mantenni la carica per sei anni. Fu proprio in quegli anni che la società si dotò di un proprio Statuto, di tesseramento e di organi elettivi, cose che le consentiranno di durare per 50 anni!

La sua vita interna fu sempre caratterizzata da spirito democratico e dall'assoluta distinzione tra le opinioni politiche di ciascuno dei soci e il ruolo proprio della società che fu sempre indipendente da ogni tipo di influenza extrasportiva. Le sue vicende le ho raccontate in uno scritto contenuto nel mio libro *13 storie leontine*. Qui voglio limitarmi a ricordare quattro persone, poche rispetto alle centinaia che hanno militato sotto le bandiere dell'USL, come soci, come giocatori, come tifosi:

Lorenzo Giudice. Il padre, don Peppino Giudice, era il custode della scuola dell'Avviamento Professionale e qualche volta ci consentiva, nel pomeriggio, di giocare a calcio nel cortile della scuola. Lorenzo in qualche modo rappresentava il nucleo originario da cui nacque l'idea dell'USL.

Morì, qualche anno dopo, assieme al fratello minore Salvatore, in un tragico incidente stradale. Aveva moglie e una figlia.

Gianni Zacco. Ha rappresentato la continuità nella società, avendo vissuto da vicino tutte le sue vicende dal primo all'ultimo giorno. Un simbolo vivente della coerenza.

Carmelo Russo. Un dirigente competente e appassionato, che seppe barcamenarsi fra mille difficoltà, operando sempre con onore ed assoluto disinteresse. Una bandiera dell'USL.

Paolo Russo. Presidente di alto livello per molti anni, fece fare alla società un vero salto di qualità, trasformandola in una polisportiva, che, oltre il calcio, si occupava di ciclismo, di pallacanestro e pallavolo, maschile e femminile, per ragazzini e per adulti. Ha rappresentato la società nel suo periodo di massimo splendore.

22 - Marcello

Marcello Cavarra era un mio compagno di scuola conosciuto in prima media e rimasto con me fino al diploma. Dopodiché i nostri destini si erano divisi, anche se mai del tutto. Fu sempre il primo della classe: diligente negli studi, mai impreparato, mai un voto al di sotto della sufficienza. Spopolava nelle materie scientifiche, mentre in quelle letterarie, pur non eccellendo, non sfigurava mai. Assieme a Nuccio Sgalambro formavamo un trio molto unito, di cui lui era il più costante negli studi; tanto che quando, oberati da un corso di studi arcaico e stressante, non avevamo potuto fare qualche lunghissima traduzione o un complicato esercizio, Nuccio mi tranquillizzava: „Non ti preoccupare, prenderemo in prestito il quaderno di Marcello e copieremo il compito".

In una di queste occasioni, al ritorno da un pomeriggio dedicato ad altro, ci recammo da lui a rimediare i compiti. Lo trovammo vestito di tutto punto, giacca e cravatta; ma, al posto delle scarpe, aveva le pantofole. La cosa non era poi così importante, ma m'incuriosì: „Perché hai le pantofole al posto delle scarpe?". „Perché" – mi rispose – oggi avevamo molti compiti da fare, tanto da impiegarci l'intera giornata. Per cui le scarpe le ho nascoste, cosicché se per caso mi fosse venuta la tentazione di uscire, non avendo le scarpe, non avrei potuto farlo".

Riuscii solo a balbettare: „Ma se le hai nascosto tu stesso...".

Marcello era di famiglia benestante (leggasi agrumeto), come testimoniava l'elegante palazzo che si affacciava su via Conte Alaimo. Il padre era un ex ragioniere del Comune, in pensione, fratello di un noto prete, un pezzo d'uomo di 1 metro e 90, laureato in "utroque iure".

Marcello non esibiva la propria ricchezza, né l'aspettativa per quella dello zio prete. Tuttavia un giorno, parlando delle scarsa disponibilità di liquidità di noi ragazzi quattordicenni, non seppe trattenersi dal prendere il suo bel portafoglio per trarne una banconota da 10.000 lire! In un tempo in cui un fumetto costava 10-15 lire e un film 70 lire, una banconota di quel taglio in mano ad un ragazzino, rappresentava un piccolo capitale, che gli altri si potevano solo sognare.

La vista di quella grande banconota, per questo detta di "formato lenzuolo", suscitò qualche invidia ed eccitò qualche fantasticheria, ma io notai un segno estraneo, scritto a penna, su di essa: „E quello cos'è?", chiesi ancora stordito dalla visione di quel piccolo tesoro. „Quella", mi rispose col suo simpatico candore, „é la firma di mio padre, che l'ha messa per essere sicuro che io non la spenda...".

A 18 anni ci separammo. Lui si iscrisse in Ingegneria a Roma, dove poi fece il servizio militare, trovò lavoro e si fece una famiglia. Finché vissero i suoi genitori veniva a Lentini per Pasqua e per Natale. E poiché a Lentini non era rimasto quasi nessuno della sua cerchia, era me che cercava. Parlavamo della scuola soprattutto, ma anche di politica, di televisione. Ebbi così modo di apprendere che si era spostato su posizioni progressiste in politica e che era uno dei tecnici televisivi più all'avanguardia. L'ultima volta che lo vidi a Lentini era venuto per il funerale di un suo zio, fratello della madre. Ci intrattenemmo solo per pochi minuti. Poi più nulla. Fino a quando un giorno un mio amico mi disse: „Ho letto un annuncio funebre su un giornale di Roma. Si tratta di quel Marcello o è solo un'omonimia?". Non c'era omonimia: Marcello, mio coetaneo e mio caro amico, se n'era andato a 70 anni. Lo rivedrò ancora? E chi può dirlo?

23 – Il Centro Studi

Credo di essere fra gli ultimi ex soci ancora viventi del Centro Studi „Notaro Jaocopo". Mi ci ero iscritto, all'età di 15 anni, assieme al mio amico e compagno di scuola Nuccio Sgalambro, oggi stimato cardiologo, per un motivo assai curioso. Allora raccoglieva un meritato successo la trasmissione televisiva „Lascia o raddoppia" condotta da Mike Bongiorno, ma pochissimi avevano il televisore in casa. L'avevano i cinema, che addirittura interrompevano la proiezione del film, per far posto sul grande schermo, ogni giovedì sera, a quella trasmissione, per non perdere i clienti; l'avevano i bar, in cui però era necessario ordinare qualcosa, e l'aveva il Centro Studi.

Ma il ruolo di quel circolo in città era ben altro: esso era un vero centro propulsore di iniziative culturali. In particolare organizzava conferenze, tra cui spiccava il "convegno dei 5", con quattro conferenzieri, di opinioni diverse, invitati a parlare dello stesso argomento, con in più un

„moderatore" a dirigere il dibattito, cui poi partecipava anche il pubblico. Un pubblico piuttosto selezionato, fatto di laureati e diplomati, quali erano – e dovevano essere per Statuto - i soci del circolo, con poche e motivate eccezioni. Alla testa del circolo stava un affiatato trio di elevato spessore culturale: l'ing. Carlo Cicero (presidente), l'avv. Alfio Sgalambro (vicepresidente), il giornalista-scrittore Carlo lo Presti (segretario), i cui meriti letterari sono oggi universalmente riconosciuti. Ma ai nostri occhi, di Nuccio e miei, c'era qualcosa che non andava: il gruppo, cui poi si aggiunsero altre personalità di spicco, come il cav. Marino, il maestro Ossino, il prof. Di Rosa, appariva inamovibile. Lo avevamo visto in un'assemblea annuale chiamata al rinnovo delle cariche sociali: una relazione del presidente, un invito a riconfermare la direzione, confortato da qualche applauso dei pochissimi presenti, e tutto continuava come prima. Lo Statuto, però, prevedeva anche il voto per delega. Sicché, alla successiva assemblea, noi due "giovani di belle speranze" o, se volete, rivoluzionari da salotto un po' presuntuosi, decidemmo che quella successiva sarebbe dovuta essere un'assemblea vera, di quelle in cui si vota e in cui viene eletto chi ha più consensi. Benedetta gioventù senza esperienza! Raccogliemmo dunque un numero sufficiente di deleghe, tale da poter determinare tutte le decisioni dell'assemblea. Quando, nel corso dei lavori, si venne a conoscenza del peso numerico che i due ragazzini rappresentavano, nella vecchia guardia si diffuse una certo allarme, si avanzarono mediazioni, si fecero promesse...Non ne sono certo, ma mi pare di ricordare che uno dei sette posti del nuovo Consiglio Direttivo fu dato a Nuccio, in rappresentanza dei „giovani". Qualche cosa era stato ottenuto, attraverso il gioco democratico.

Fu comunque un episodio salutare che porto aria fresca. Il nucleo originario del Circolo, quando esso dovette cessare la sua attività per ragioni economiche, si trasferì in seguito nella Dirigenza della Biblioteca Comunale, e poi nel Comitato organizzatore del „Premio Lentini", tutte attività di alto profilo culturale, con altri giovani, con nuove idee.

24 - L'Innominato

Sono sempre stato convinto – e lo sono ancora – che i programmi scolastici dei diversi indirizzi didattici debbano essere predisposti, non dai cattedratici universitari che della scuola hanno ormai solo un vago ricordo, né da aridi funzionari ministeriali, ma da chi ci lavora dentro, da chi combatte, come si suol dire, „sul campo", cioè dagli insegnanti che ne vivono giornalmente le difficoltà. Di questo non c'era traccia (ma oggi è cambiato poco) nella scuola da me frequentata: il liceo classico. E non parlo di valutazioni personali, ma di dati oggettivi, se è vero, come è vero, che alla fine del mio corso di studi si ebbero i seguenti risultati nello svolgimento dei programmi: in Italiano lo studio della letteratura arrivò fino al Carducci. Di Pirandello, di Verga, di Capuana, di De Roberto, di Vittorini, di Sciascia, di Brancati, di Rosso di San Secondo, di Tomasi di Lampedusa (per parlare dei soli siciliani) si ignorava perfino l'esistenza; in quello di Storia lo sguardo si spinse fino al 1870 (presa di Roma). Prima guerra mondiale, fascismo, nazismo e bolscevismo, seconda guerra mondiale non erano mai esistiti; il programma di storia dell'arte si fermò ai grandi del Rinascimento. Artisti come Guttuso, compositori come Bellini ignorati; in Fisica il pur bravo insegnante si fermò „al principio della leva" e alla mia domanda: „professore, può dirci qualcosa sull'energia atomica?", rispose all'incirca così: „È alla fine del programma, speriamo di arrivarci..."

Si trattava di programmi ministeriali sovraccarichi che gli insegnanti non riuscivano a gestire, tanto più che essi erano vincolanti e che i presidi erano assai esigenti nel pretenderne il rispetto. E così tutto quello che che abbiamo imparato – parlo per quelli della mia generazione - della vita moderna, l'abbiamo imparato dopo. Non era però quasi mai colpa degli insegnanti, costretti a parlare per un anno del Romanticismo, facendone pagare il prezzo al Verismo, al Futurismo, al Crepuscolarismo, all'Ermetismo e a tutte le altre correnti culturali e alla scienza più avanzata.

Prendiamo ad esempio il programma di „Lettere" della V ginnasiale (sostanzialmente la terza classe del Liceo Classico, che conservava una denominazione da gran tempo obsoleta). Il professore insegnava cinque materie: Italiano. Latino, Greco, Storia e Geografia.

In Italiano era obbligatorio lo Studio de „I Promessi Sposi". Trentotto lunghissimi capitoli da leggere, imparare e riassumere per iscritto. Anche volendone assegnare uno intero per volta, la spiegazione del grande romanzo di Manzoni si tirava 38 lezioni. E il professore doveva, anche far fare tre compiti in classe per trimestre (4 ore per compito, più altro tempo per la correzione in pubblico. Idem per il Latino e per il Greco!) Il povero studente doveva dunque leggere, studiare (spesso venivano poi dati compiti di verifica sui vari personaggi, anche minori!), imparare e riassumere un intero interminabile capitolo in un apposito quaderno che il professore il giorno dopo avrebbe scrupolosamente controllato; e , in più, il sempre povero studente doveva tradurre e fare l'analisi logica di un passo latino, imparare un bel po' di grammatica greca. E gli insegnanti delle altre materie dove li mettiamo? Occorreva fare il compito di algebra o imparare il teorema di geometria, esercitarsi sulla giusta pronuncia in Francese (non si era ancora sotto il dominio culturale dell'Inglese) e quant'altro.

I professori in genere si adattavano („il pane è pane") e a „pagare" per prime erano la Storia e la Geografia, quasi sempre trascurate, come materie di serie B.

Il mio insegnante di Lettere, il prof. Pisano da Carlentini, era bravissimo e sapeva come attirare l'attenzione della scolaresca. Lo si vide il giorno in cui volle spiegare quel passo dei „Promessi Sposi", laddove l'Autore descrive la conversione dell'Innominato, rapitore dell'innocente Lucia. Il professore, con un misto di trasporto letterario e di apoteosi della fede religiosa, si immerse nella descrizione del groviglio di sentimenti contraddittori che agitavano la mente e il cuore del malvivente nella notte insonne, in cui era travagliato da mille domande, mentre il pungolo del rimorso si faceva sempre più penetrante, sotto la spinta della Divina Provvidenza, che aveva deciso di salvare, ad un tempo, Lucia e il suo rapitore. Piegato dall'intervento divino – così racconta il Manzoni – si sedette sul letto e si mise, per via del rimorso che gli rimordeva la coscienza, le mani fra i capelli. A quel punto, mentre il professore era nel pieno del suo mistico *raptus* letterario, che gli faceva toccare le cime della più alta eloquenza, tutta vibrante di plastiche immagini, mentre la sua parola trascinante e trasognata suscitava la silente attenzione della scolaresca, ammirata e coinvolta, proprio a quel punto, lo interruppi con una sciocca domanda: „Professore, ma come poteva mettersi le mani fra i capelli se era calvo?". Il professore, così bruscamente e banalmente interrotto, innervosito come un amante costretto ad interrompersi sul più bello dal micidiale "coitus interruptus", divenne una furia e mi rimproverò aspramente. A nulla valse dire che la colpa era della distrazione del Manzoni che, molte pagine prima, aveva così descritto il suo celebre personaggio: „Era alto, bruno, calvo", per scordarsene poi, al momento della conversione, quando per la disperazione, si mise "le mani fra i capelli", che non aveva.

25 – Il gelato

La festa (9-11/05) di sant'Alfio, patrono di Lentini, segna il passaggio dall'inverno alla primavera. Lo testimoniano, fra l'altro, due usanze che, di anno in anno, sempre si ripetono in città. La prima è data dal fatto che molti, più le donne che gli uomini, indossano un abito nuovo, che è sempre un abito adatto alla stagione che già si annuncia con il profumo della zagara; l'altro consiste nel fatto che molti bar, per far fronte ai numerosi clienti dei giorni festivi, mettono i loro tavoli, piccoli e rotondi, all'aperto, in piazze e piazzette, a volte anche nei marciapiedi. La mia comitiva di giovanissimi 14-15enni non si sottraeva a questa tradizione, poiché farsi servire il gelato nel „tavolino" era come un marchio per dire che alla festa c'eravamo stati anche noi. Facemmo quella che era la più classica delle ordinazioni, la più gettonata: un pezzo di gelato duro. Un gelato, quella volta, capace di spegnere ogni spirito festaiolo, un'autentica porcheria, capace solo di suscitare disgusto. Nessuno comunque si sentì di affrontare il cameriere che l'aveva servita, che del resto non ne era il responsabile. Pensammo però che poteva essere un buon messaggero per l'autore di quello sfacelo che si ostinavano a chiamare gelato. Chiedemmo il conto, non lasciando al cameriere un soldo in più di quello dovuto. E per questo egli ci guardò male, con l'espressione di uno che pensava „C'era da spettarselo da questi ragazzini". Quando, alcuni minuti dopo aver pagato, ci alzammo ed egli venne a sparecchiare, al posto della mancia trovò un bigliettino in rima: „Se il gelato fosse buono/ la mancia ti darei./ Ma se il gelato schifo fa/ la mancia chi te la dà?"

Quel bar chiuse dopo non molto tempo. Il commercio deve essere onesto, se vuole durare.

26 - Delfo D'Anna

Legammo subito con Delfo D'Anna, mio compagno di banco al liceo. Su quel banco nacque e si cementò un'amicizia che dura ancora oggi. Io l'ho sempre ritenuto un uomo più saggio di me. Io ho spesso lasciato largo spazio al sentimento, anche quando sarebbe stato assai più consigliabile mantenersi più freddi e razionali, come lui sapeva essere. E questo si vedeva anche nella mia propensione per le materie umanistiche e nella sua per quelle scientifiche. Ma forse proprio per questo i nostri caratteri si integravano a meraviglia. Fino al punto che io divenni forse l'unico in grado di decifrare la sua impenetrabile grafia da medico, quale poi divenne. Collaboravamo in tutto La prima cosa che imparai da lui fu l'utilità di tenere un registro compilato a somiglianza di quello dei professori. In un foglietto collocato a sinistra di un apposito quaderno, incollavamo l'elenco degli alunni della classe, dedicando ogni pagina a una materia; nel „registro" venivano trascritti tutti i presunti, ma verosimili voti delle interrogazioni (e dei compiti scritti) riguardanti ogni singolo alunno. Facendo un „controllo incrociato" del mio e del suo „registro" eravamo in grado di prevedere, con un piccolissimo margine di possibili errori, chi e in che materia doveva essere interrogato e chi no. Uno strumento eccellente per ben distribuire il tempo da dedicare allo studio. Molti si rivolgevano a noi per le... „previsioni del tempo"!

Finito il liceo, le occasioni d'incontro con gli ex compagni di scuola si fecero più rare: con alcuni perché erano di un altro paese del circondario, con altri, perché si trasferiranno, per studio o per lavoro, in città lontane. Tra me e Delfo („Diffinu" per gli amici), l'amicizia continuò ininterrottamente, anche perché lui, laureatosi in Medicina e poi specializzatosi in Pediatria, divenne mio medico di famiglia, poi pediatra di ambedue i miei figli e, alle soglie della pensione, anche della mia nipotina. In più, egli era stato testimone alle mie nozze e sua moglie è la madrina di battesimo del mio primogenito. Un'amicizia inossidabile, la nostra. In seguito lo ritrovai anche nell'ambito del partito socialista, dove io militavo da tempo e a cui lui si era iscritto sulla scia di una tradizione di famiglia, essendo figlio di un noto socialista, poi socialdemocratico, attivo negli anni del dopoguerra.

Fra di noi c'è stata sempre molta franchezza, ma mai un rifiuto: fra noi non esisteva il no. L'ho rivisto a Lentini, a casa sua, dopo oltre cinque anni, nel dicembre 2015. Lo trovai molto cambiato, stanco, ma sempre affettuoso con me, come io lo sono con lui. Quando arrivò il momento del congedo, sia lui che io sapevamo che per noi quello era l'ultimo incontro, che molto probabilmente non ci saremmo mai più rivisti. Ci abbracciammo e piangemmo, in silenzio, uno nelle braccia dell'altro.

27 – Un socialista al liceo

Gli anni del liceo furono anche gli anni della mia formazione politica, quelli in cui divenni socialista, prima ancora di aderire formalmente al PSI, a 18 anni, poco dopo aver conseguito la „maturità classica".

Il liceo classico „Gorgia" [1], di cui tanti anni dopo scriverò la storia, era allora l'unica scuola superiore di Lentini ed anche una scuola di classe. La frequentavano perciò per lo più alunni provenienti dai ceti medio-alti, mentre erano assai pochi gli studenti provenienti da famiglie proletarie, quelle cioè più sensibili di altre all'elevazione culturale dei figli, per i quali erano disposte a sostenere sacrifici notevoli. A questa composizione sociale corrispondeva anche il vago orientamento politico della massa studentesca, prevalentemente conservatrice. Per farla breve la presenza di un socialista, che per giunta non nascondeva affatto le sue opinioni politiche, era una nota stonata in quell'ambiente, come dimostrano i quattro piccoli episodi che qui voglio raccontare.

Sono sempre stato interessato ai problemi religiosi, per cui sono sempre stato uno studente molto attento alle lezioni di religione. La cosa credo fosse assai apprezzata dai sacerdoti-professori di religione, che non mancarono mai di attribuirmi il giudizio più elevato: „Moltissimo".

Un giorno chiesi al professore: „ Se durante la confessione un fedele le chiedesse consigli su come votare, lei cosa risponderebbe?" Forse, ingenuamente, credevo di metterlo in imbarazzo, visto l'impegno che molti preti mettevano in politica, e sempre da una parte, quella della Democrazia Cristiana, il partito cattolico-moderato. Ma egli era un osso duro, come dimostra la sua risposta . „Gli direi: figliolo, per i comunisti no, perché sono scomunicati e neanche per i socialisti, per lo stesso motivo". A queste parole una cara collega sorrideva soddisfatta, avendo avuto la conferma che, per l'unico socialista presente in classe, erano già spalancate le porte dell'inferno..."Per i liberali nemmeno, poiché molti di loro sono massoni, ed anche la massoneria è scomunicata; inutile sarebbe il voto ai repubblicani, perché la repubblica c'è già, per cui la loro presenza è del tutto superflua; lo stesso vale anche per i monarchici, poiché la monarchia è finita e non tornerà mai più; non certo per i neofascisti: è sotto gli occhi di tutti lo sfacelo a cui hanno portato l'Italia..." Lo interruppi per prendermi una piccola rivincita sulla mia gongolante compagna, figlia di un illustre socialdemocratico: „Professore, e per i socialdemocratici..?". „Ah, ecco, dimenticavo: neppure per loro, poiché il loro leader era seguace dell'austromarxismo; e dunque scomunicati anche loro". A quel punto la ragazza, poverina, scoppiò a piangere, avendo appreso che il caro genitore mi avrebbe fatto compagnia nel regno di Belzebù. Nel frattempo il professore così concluse:"Gli direi: dunque, figliolo, vota per quelli non compresi in questa elencazione...".

Un mio compagno di classe, un ragazzo buono ed altruista proveniente da una famiglia della borghesia cattolica, durante un intervallo, mi prese da parte e, con aria compassionevole, come si conviene a chi sa di lavorare per una giusta causa, mi disse: „Ferdinando, ho saputo che sei socialista. Ma com'è possibile? Uno studente?..." Insomma, voleva salvarmi, non gli andava che „uno studente", suo collega per giunta, si desse a quelle stranezze, che potevano far parlare la gente...". Io, sbalordito da quel suo curioso spirito missionario, ma per nulla cattivo, non seppi che rispondere.

Io sono sempre rimasto un socialista, lui è sempre rimasto un cattolico. In più diverrà, molti anni dopo, un autorevole esponente del Partito della Rifondazione Comunista!

L'episodio che più mi toccò in quegli anni venne da una parte inaspettata, per la quale provai solidarietà ed anche commozione; esso mi rafforzò nelle mie idee e nella lotta per le libertà.

Era appena iniziata la ricreazione, e stavo appoggiato sulla soglia dell'aula, pensando a come impiegare quel quarto d'ora di relax, quando sentii una mano poggiarsi sulla mia spalla: era quella del professore di Filosofia, il quale si avvicinò a me e mi bisbigliò: „Leonzio, ho saputo che tu sei socialista. Lo sono anch'io, ma non dirlo a nessuno". Questa era dunque la libertà di pensiero che circolava nella scuola italiana di allora?! La stessa che spinse il professore, tempo dopo, penso per prudenza, a farci „saltare" Marx, in quanto, così disse, „autore minore"!

Agli inizi dell'anno scolastico 1956-57 l'opinione pubblica internazionale fu assai scossa dall'invasione sovietica dell'Ungheria. In Italia provocò la rottura fra PSI e PCI e la fine del Patto d'Unità d'Azione fra di essi. Vi furono anche molte pubbliche manifestazioni di solidarietà con la Rivoluzione Ungherese. Io seguivo la vicenda attraverso le corrispondenze di Luigi Fossati sull'*Avanti!*, poi raccolte in un volume dal titolo *Qui Budapest*. E mi consolidavo sempre più nella motivazione che mi aveva spinto verso il socialismo: che, cioè, giustizia sociale e libertà politica non possono essere separate.

Anche Lentini ebbe la sua manifestazione per l'Ungheria e fu marcatamente anticomunista. Si concluse con un grande corteo che attraversò le vie cittadine, passando anche accanto alla Camera del Lavoro, presidiata da un gruppo di comunisti, peraltro assai disorientato. L'odio di classe, da ambo le parti, si poteva tagliare a fette, tanto era denso.

Al corteo io non volli partecipare, poiché avevo saputo che esso era stato organizzato dai giovani neofascisti, proprio nella loro sede erano stati preparati i cartelloni. Non era possibile tra fascisti ed antifascisti, alcuna collaborazione, neanche per una causa giusta. Insomma sarebbe stato assurdo condannare la dittatura comunista per esaltare quella fascista! La cosa incuriosì Pippo Centamore, direttore (o redattore capo, non ricordo bene) del giornale d'istituto *Il Gorgia*, in passato gestito da conservatori di varia gradazione. Pippo ascoltò con interesse le mie motivazioni e poi mi chiese di scrivere un articolo sui fatti d'Ungheria. L'articolo, intitolato *Perché sono insorti*, fu il primo – ma allora questo non lo potevo sapere - di una lunga serie, in vari giornali. Nel settembre 1957 aderii al PSI e pochi mesi dopo Pippo mi seguì. La nostra collaborazione politica durerà fino alla sua morte.

28 – Agnosticismo

Furono l'impegno palese della Chiesa cattolica in politica, negli anni '50, sempre in funzione antisocialista, e lo studio della filosofia al liceo, a spingere lo spirito laico che avevo acquisito in famiglia – mio nonno si era formato sulle note anticlericali del giornale *L'asino* di Podrecca e Galantara e sulle poesie sanguigne di Lorenzo Stecchetti – ad evolversi verso l'agnosticismo, per quanto attiene alle tematiche religiose. Fino a quando maturai una precisa posizione in merito.

Tutte le prove dell'esistenza di Dio, io penso, si possono raggruppare in una sola: il „principio di causalità", secondo cui non ci può essere un effetto che non abbia una causa. In base ad esso, se c'è un universo, un mondo presumibilmente infinito ed eterno (effetto), ci deve necessariamente essere una causa (Dio). Il ragionamento fila, anzi non fa una grinza. Ma questo tipo di logica, adatto a spiegare il mondo empirico, è impossibile applicarla anche ai concetti di „infinito"e di "eterno". Se ci concentriamo veramente su queste due parole, la testa comincia a girare, perché si tratta di concetti che sfuggono alla logica di causa-effetto, in quanto non rientra nelle nostre possibilità cognitive il solo poter concepire l'infinito e l'eterno. Il nostro cervello, infatti, non è „attrezzato" per affrontare questi due concetti, manca delle necessarie "categorie" mentali. La nostra vista ci consente di vedere fino ad alcuni metri di distanza, per cui se volessimo guardare ciò che sta succedendo in una città vicina, dovremmo rassegnarci a constatare l'impossibilità di poterlo fare, perché la nostra vista non è attrezzata per farci guardare a grande distanza, ma solo fino a pochi metri.

Viene cioè meno la possibilità di applicare un concetto come il principio di causalità a cose troppo lontane dalle nostre possibilità, come sono appunto i concetti di infinito ed eterno, attributi fondamentali della divinità.

Non si può, cioè, provare, applicando questo principio, l'esistenza di Dio e nemmeno la sua necessità. Se Causa di tutto è un Dio infinito ed eterno, niente prova che questo Dio sia una forza trascendente, un Creatore distinto rispetto all'universo da lui creato. Non potrebbe, invece, esserci, tra Creatore e Creatura, una coincidenza? Non potrebbe Dio essere la Natura stessa? Non potrebbe essere più credibile una concezione panteistica della Natura? Non potrebbe il Panteismo innestarsi con l'Agnosticismo? Non sappiamo neanche questo.

D'altro canto, neanche l'ateismo riesce a dimostrare l'inesistenza di Dio. Se Dio non esiste, che fanno tutte quelle stelle lassù?

Come si vede, è impossibile, poiché non abbiamo strumenti intellettivi adeguati, risolvere gli antichi drammatici interrogativi dell'umanità: Chi siamo? Da dove veniamo? Dove andiamo?

Tutto porta dunque ad accantonare queste problematiche, non difficilissime , ma impossibili da risolvere. Tutto porta all'agnosticismo, sostenuto magari dal panteismo e dalla propria coscienza.

Quanto alle religioni rivelate, esse traggono origine dall'istinto alla vita, innato nell'uomo, e dalla consapevolezza che egli ha acquisito di dover morire, cioè dalla coscienza. „È la coscienza che ci rende vili, noi tutti quanti siamo" dice il protagonista nell'*Amleto*. Istinto insopprimibile alla vita e coscienza di dover morire portano dritti al disperato sogno di un'altra realtà dopo la morte, alla speranza di una „seconda" vita, che nel corso dei secoli è stata arricchita di particolari, di regole, di liturgie.

Ancora due considerazione prima di chiudere. Spesso mi sono chiesto: „Esistono i veri credenti, a parte qualche caso assai particolare?". Se i milioni di credenti di tutte le religioni, di cui ci parlano le statistiche, credessero veramente in ciò in cui dicono di credere, non ci sarebbe un mondo migliore? Mi spiego: ogni persona sana di mente sa con assoluta certezza che, se gettasse un fiammifero acceso sulla benzina, provocherebbe un incendio e perciò si astiene dal compiere una simile azione. Allo stesso modo, se un credente fosse assolutamente certo che una sua brutta azione, condannata dalla sua Chiesa come azione malefica, potrebbe portarlo direttamente all'inferno, non sarebbe certo così stupido da compiere quell'azione riprovevole, da cui forse ricaverebbe un qualche vantaggio nella sua relativamente breve vita terrena, ma che gli assicurerebbe altresì un tormento doloroso ed eterno? Solo uno sciocco correrebbe un simile rischio. In realtà il mondo è pieno di credenti, o meglio di persone che si dicono tali, ma che si comportano, come se non temessero nessuna conseguenza delle loro azioni dopo la loro morte. Cioè come non credenti.

Infine, io sono convinto dell'assoluta superiorità, dal punto di vista della coerenza, del laico agnosticismo, rispetto al dogmatico ateismo, che è solo una religione alla rovescia.

Faccio due esempi: l'agnostico vede nel matrimonio l'aspirazione di un uomo e di una donna a vivere insieme per costruire una famiglia e per ottenere le garanzie giuridiche necessarie per tutelare la loro aspirazione. Di conseguenza l'agnostico è disposto a farsi sposare, da un prete, da un pastore, da un sindaco, da un comandante di nave o di aereo, senza nessuna particolare preferenza, volendo solo raggiungere un obiettivo giuridico; l'ateo, invece, molto legato all'esteriorità, starà ben attento ad evitare che il matrimonio sia celebrato da un religioso, volendo soprattutto dare pubblica dimostrazione del suo ateismo.

Prima di morire l'agnostico non lascia disposizioni sul suo funerale, in quanto è convinto che il risultato, in ogni caso, sarà lo stesso: la fine della vita terrena. L'ateo invece lascerà disposizioni, affinché il suo sia un funerale laico, senza preti e senza religione, perché vuole esibire il suo ateismo anche dopo la morte. L'agnostico non vuole esibire nulla, vuole essere indifferente. L'agnostico può cambiare, senza scosse, le sue convinzioni, perché la sua mente è sgombra da verità prefabbricate; l'ateo potrebbe farlo solo mediante clamorose conversioni, come se passasse da una religione ad un'altra, da una verità assoluta ad un'altra verità assoluta.

29 – Come divenni socialista

Fin da ragazzino, il vedere alcuni miei coetanei aggirarsi a piedi nudi, per le vie cittadine; o il constatare che c'erano abitazioni, costituite da una sola stanza, con un gabinetto ricavato da un'incavatura della parete coperta solo da una tenda, in cui vivevano famiglie formate anche da 6-7 persone, che ci dormivano spesso assieme all'asino o alle galline, mi avevano istintivamente portato a credere che nella nostra società c'era qualcosa che non andava, qualcosa che doveva essere cambiata. Questo sentimento di solidarietà con la povera umanità martoriata aveva in seguito individuato la sua collocazione politica nello schieramento di sinistra.

Il quale schieramento, nella realtà lentinese della mia infanzia, coincideva più o meno col PCI e con le sue organizzazioni parallele, in quanto i socialisti locali, maggioritari subito prima e subito dopo il ventennio fascista, guidati da Filadelfo Castro, apprezzato pittore di carretti siciliani, erano quasi interamente transitati nella socialdemocrazia, divenuta poi alleata e sodale del partito democratico cristiano e quindi passata, nel sentire popolare, dalla parte di quello che veniva considerato "l'avversario di classe". Del „vecchio" PSI non era rimasto quasi nulla.

In più mio nonno, con la cui famiglia vivevo, era stato uno dei fondatori del PCI a Lentini, di cui egli era un autorevole esponente, oltre che consigliere comunale eletto nel 1920 e nel 1947 (lo sarà ancora nel 1960). Egli faceva parte di quella che allora veniva considerava l'avanguardia del proletariato, costituita da un gruppo di artigiani muniti di una certa istruzione, in un tempo in cui la buia nebbia dell'analfabetismo avvolgeva la quasi totalità del numeroso bracciantato agricolo, in eterna lotta con la fame.

C'erano dunque le premesse personali ed ambientali, perché io aderissi al PCI. Eppure qualcosa mi tratteneva dal farlo. Mi resi conto, pian piano, di che cosa si trattasse, quando, assieme al mio amico Nuccio, mi iscrissi al Centro Studi. Quel club, in verità piuttosto esclusivo, perché limitato alla sola élite culturale cittadina, aveva però come suo indiscusso ed amato presidente l'ing. Carlo Cicero, un vecchio socialista molto vicino (questo lo seppi poi) alla sinistra socialdemocratica, che poi confluirà nel PSI.

L'ingegnere aveva abbonato, a sue spese, il Circolo al giornale del PSI *Avanti!*. Lì ebbi il primo contatto col partito socialista, allora legato al PCI da un Patto d'Unità d'Azione, ma assente nella scena politica locale. Pian piano cominciai ad apprendere il linguaggio politico e a cogliere le peculiarità del PSI; presi poi ad acquistare – avevo appena 15 anni – il giornale per conto mio e ad assorbire le idee del socialismo. L'invasione sovietica dell'Ungheria nel 1956 causò la rottura del Patto fra PSI e PCI ed esaltò più ancora le caratteristiche del socialismo rispetto al comunismo. Emerse così con nitidezza il concetto che non ci può essere socialismo senza libertà. Allora la mia scelta socialista divenne aperta, totale, incondizionata. Poco dopo un incontro tra Nenni e Saragat suscitò grandi speranze per la riunificazione socialista. Io stesso, appena diciassettenne, con azione che oggi riconosco come del tutto infantile, scrissi una lettera ai due leader, che forse loro non l'hanno mai ricevuta, con la quale li esortavo a portare a conclusione l'unificazione socialista, che poi allora non avvenne. Il congresso socialista di Venezia del 1957, che io seguii "in diretta" sull'*Avanti!* si concluse con tre parole, a cui io rimarrò sempre fedele, fino alla morte: Democrazia, Classismo, Internazionalismo.

La mia incondizionata adesione ideale al PSI, divenne anche organizzativa, quando, nel settembre 1957, andai alla sezione del PSI, in via Alfio Incontro, a chiedere la tessera del partito.

In esso fui ben accolto e ben presto ebbi due ottimi maestri. L'ing. Carlo Cicero raffinò la mia preparazione ideologica e politica, prestandomi opuscoli e prezioso materiale di propaganda ed avviandomi alla lettura delle più importanti riviste socialiste, prima fra tutte *Critica Sociale*, alla quale egli aveva abbonato (a sue spese) la sezione. Ad insegnarmi i meccanismi della politica attiva e del linguaggio spesso difficile della stessa fu l'avv. Filadelfo Pupillo. Grazie ad essi compresi uno dei messaggi più profondi del partito, secondo cui quelli che hanno avuto la fortuna di studiare hanno anche il dovere di migliorare sempre più la loro preparazione politica, per poter insegnare agli altri, per rendere i lavoratori sempre più coscienti dei loro diritti, per contribuire a realizzare una società più giusta.

30 - La pillola antidepressiva

Un mio carissimo amico, medico rinomato, già avviato ad una splendida carriera, mi raccontò un giorno di un'esperienza che egli aveva fatto quand'era ancora studente; ciò che mi disse costituì un insegnamento che entrò per sempre a far parte del mio bagaglio culturale.

Quand'era ancora studente egli aveva perduto, a poca distanza l'uno dall'altro, entrambi i genitori, per cui, privo di redditi propri, aveva dovuto vendere le sue pur consistenti proprietà. L'insieme di queste vicende, che lo avevano in breve tempo precipitato dalla condizione di studente benestante a quella di un giovane disoccupato sulla soglia dell'indigenza, lo fece cadere in una depressione da cui uscirà solo dopo alcuni anni. Ne uscì, cioè, quando ebbe l'opportunità, dopo aver girato vari specialisti, di trovare quello giusto. Era costui un di quei professoroni che si tengono sempre aggiornati, che studiano, che partecipano ai congressi, i cui risultati spesso costituiscono un passo avanti nel cammino della scienza...

Gli disse dunque costui, appena poté squadrarlo a fondo: „Lei è fortunato, mio caro, perché ha trovato la persona giusta per guarirla rapidamente. Sono appena ritornato da un congresso negli Stati Uniti, in cui è stato presentato un nuovissimo farmaco contro la depressione, di straordinaria efficacia. Esso non è ancora in circolazione in Italia, e chissà se e quando lo sarà, dati i numerosi intoppi burocratici che dovrà superare. Ma io, per fortuna, ne ho portato una scorta con me, per cui sono certo che il suo caso sarà rapidamente risolto. Prenda dunque una pillola al giorno di questo prodotto, che io stesso le do, e torni da me quando l'avrà esaurito.

Il mio amico eseguì meticolosamente la terapia indicatagli e, giorno dopo giorno, poté constatare un costante miglioramento delle sue condizioni, fino a quando tornò dal professore, che lo dichiarò, con grande soddisfazione di entrambi, clinicamente guarito. E il mio amico poté riprendere con serenità la sua vita e costruire il suo futuro. Si era quasi dimenticato di quel brutto periodo, quando, diversi anni dopo, incontrò il professore che l'aveva guarito. „Professore", gli disse, „si ricorda di me? Ora sono medico anch'io. Mi potrebbe dare la composizione di quella pillola che allora mi guarì?". „Quella, mio caro amico, era solo una pillola fatta di comune farina. Lei aveva solo bisogno di trovare la forza di credere in se stesso e nella sua capacità di guarire. Quella innocua „pillola" l'ha aiutata col sostegno e la forza della suggestione".

È proprio vero, mi sento oggi di dire anch'io, che la forza della suggestione è enorme, forse più di quella che noi oggi possiamo immaginare. Questo spiega perché certe persone credono fermamente di aver visto o fatto cose, a cui quasi nessuno crede. Chi è convinto di aver parlato coi marziani, chi con un fantasma... La realtà fittizia che a volte noi ci creiamo con una qualche suggestione è spesso più forte di quella in cui concretamente viviamo.

31 – Il libero arbitrio

Da quali forze misteriose è guidata la nostra volontà? È veramente libera o é il risultato di un processo fisico-chimico che la condiziona? Questa domanda mi frulla in testa, di tanto in tanto, da quando il mio caro amico medico, quello della pillola antidepressiva (ancora lui!), me la mise in testa.

Mi disse egli un giorno che i suoi studi l'avevano portato alla conclusione che il pensiero è libero solo in apparenza, mentre in realtà è condizionato dal mondo materiale che ci circonda e dal nostro corpo in particolare. Se, ad esempio, mi viene una gran voglia di andare a vedere un film di cui ho tanto sentito parlare, ciò è dovuto non tanto a una curiosità intellettuale autonoma, ma piuttosto al mio corpo che inconsciamente mi chiede di farlo riposare e rilassare senza problemi per un paio d'ore. Può darsi, altresì che, nonostante i pressanti inviti di amici che conoscono i miei gusti in fatto di cinema, io non voglia andarci, senza riuscire a dare una motivazione seria a questa decisione. In realtà è sempre il mio corpo che, desideroso di movimento, magari dopo una giornata sedentaria, fa sorgere in me il desiderio di fare un po' di moto, anche una semplice passeggiata, che al cinema non potrei fare.

Come si vede il problema non è di facile soluzione. Se si accetta il principio che è la materia di cui siamo fatti a determinare la nostra volontà, salta in aria il libero arbitrio, la capacità di scegliere fra bene e male e quindi le religioni. Ma, d'altro canto, non si può neanche dire che la nostra volontà sia completamente libera: se, ad esempio, proprio mentre sto per uscire per andare allo stadio a vedere giocare la mia squadra del cuore, mi viene un febbrone da cavallo, scompare il mio entusiasmo per il calcio ed appare al suo posto una voglia matta di andare a letto, al calduccio.

Fra pensiero completamente libero e pensiero completamente condizionato dalla materia può esserci uno spazio intermedio? Credo di sì, ma non saprei dire quale.

Su me stesso ho comunque verificato un fenomeno ricorrente. Quando mi sento male ripenso al passato, alle occasioni perdute, a una vita che considero mal vissuta e tutto è coperto da un velo di malinconia; quando, invece ', mi sento bene, guardo – alla mia età! – al futuro vicino e lontano, comincio a fare progetti, mi sento più attaccato alla vita.

32 - Paolo Messina

Erano, i due socialisti di Lentini, collocati sulle opposte sponde del fiume socialista. Socialista di sinistra l'uno, socialdemocratico oggettivamente di destra l'altro. I due partiti rivali di cui facevano parte, il PSI e il PSDI, allora si scambiavano dei „complimenti". Quelli del PSI chiamavano i cugini del PSDI „socialisti del dollaro" , i quali ricambiavano con „comunisti nenniani".

Ambedue sedevano nel Consiglio Comunale eletto nel 1956. Paolo, giovane studente in medicina fuori corso, si diceva morandiano ed era l'unico esponente del PSI che io conoscessi prima di iscrivermi al partito. Proprio a lui avevo chiesto di indicarmi la sede della sezione quando decisi di aderire formalmente al PSI. Era allegro e pieno di vitalità. Morì molto giovane a Palermo, dove aveva trovato un lavoro.

Delfo Castro, ormai avanti negli anni, in politica fin dal 1914, alla testa del Comune prima e dopo il fascismo, è stato l'unico Primo Cittadino di Lentini del secondo dopoguerra, che io non abbia conosciuto personalmente. Tuttavia oggi posso dire di essere la persona che più ne sa di lui come politico, essendo stato, vari anni dopo la sua morte, l'unico suo biografo. A suo tempo tenni anche una conferenza su di lui, organizzata dal Kiwanis Club di Lentini.

Dalle posizioni rivoluzionarie del 1920 egli era approdato alla socialdemocrazia più visceralmente anticomunista. Era un personaggio certamente assai importante nella storia cittadina e una persona onesta.

I due, così diversi, si beccavano spesso in Consiglio Comunale: Paolo, pieno di esuberanza e pronto allo scherzo; Delfo, carico di anni e di esperienza.

Una sera Paolo chiese la parola. Assumendo un atteggiamento consono al luogo, fece una piccola dissertazione, che suonava pressappoco così: „Signor Presidente, signori consiglieri, come tutti sappiamo, la legge vieta di venire in Consiglio Comunale, portando con sé delle armi; sappiamo tutti, inoltre, che con la parola „armi" si intendono non solo le armi vere e proprie, costruite appositamente per colpire, ma anche le cosiddette „armi improprie", quelle cioè costruite per diverse finalità, ma che tuttavia possono essere usate per offendere altri. Il bastone, ad esempio è una di esse... Ebbene, signor Presidente, io chiedo che il consigliere Castro venga allontanato dall'aula poiché si è presentato munito di bastone...L'orazione fu allora seppellita da uno scoppio di ilarità sia tra i consiglieri che tra il pubblico, mentre si udiva la voce del vecchio leader socialdemocratico che, tra il serio e il faceto, gli gridava: „Vieni qua che te lo do io il bastone...".

33 – L'oratoria

L'oratoria è un'arte strettamente collegata alla democrazia. Non per nulla essa si sviluppò nelle assemblee rappresentative dell'antica Grecia, in Atene in particolare. Infatti, quando una decisione deve essere presa mediante una votazione nell'ambito di un organo collegiale, se si vuole che il proprio punto di vista prevalga e diventi norma giuridica, è necessario convincere la maggioranza delle persone che compongono l'assemblea. E quale strumento migliore per convincere gli altri di una bella e argomentata perorazione?

Quando, nel 427 a.C., la greca Leontìnoi fu attaccata dai Siracusani – ce lo racconta Diodoro Siculo – decise di chiedere aiuto alla potente Atene, anch'essa di etnia ionica, e scelse come capo dell'ambasceria il sofista Gorgia, uno dei più grandi oratori dell'antichità, il quale aveva intuito le grandi potenzialità della parola. Inutile dire che Gorgia riuscì nello scopo.

Per cui, forse è dovuto alla mia familiarità con la politica il fatto di aver sempre ammirato i grandi oratori, sia quelli dell'antichità, come Demostene e Cicerone, che quelli a me contemporanei. Probabilmente i primi ad essere da me apprezzati sono stati quelli a me più vicini ideologicamente, ma in seguito il mio interesse si è esteso a tutti i bravi oratori, indipendentemente dalla loro collocazione politica.

Il primo, e secondo me il più grande oratore che ho avuto la ventura di ascoltare dal vivo, è stato senza dubbio Pietro Nenni, leader del PSI, in un comizio tenuto a Catania in prossimità delle elezioni politiche del 1958. Ricordo che andai ad assistere a quell'evento assieme a Pippo Centamore. Andammo a piedi alla stazione di Lentini e da quella di Catania fino a piazza Università, piena di bandiere rosse e generosa di applausi, assai meritati, per il trascinante oratore, che sapeva ben trasmettere la sua passione agli ascoltatori. Fu un'esperienza indimenticabile. Fra l'altro, Nenni è stato l'unico che io abbia calorosamente applaudito in vita mia.

Un altro oratore, meritatamente famoso a Lentini, era un monaco, padre Balestrieri. Ogni anno, per il Venerdì Santo, nella Chiesa Madre veniva invitato un oratore, che fosse anche un religioso, a tenere l'omonima predica. Quando parlava padre Balestrieri, la Chiesa poteva contenere a stento il composto pubblico che lo ascoltava estasiato. Si pensi che perfino mio nonno materno, comunista e di formazione anticlericale, non se ne perdeva una. Una volta l'oratore ammutolì, quasi ipnotizzandola, la grande sala della chiesa, per la commozione che seppe suscitare nei presenti con la descrizione particolareggiata della crocifissione di Cristo, facendo sorgere sentimenti di pietà e di dolore, ma anche di riprovazione per i responsabili di tanta crudeltà e per lo schiavista impero romano.

Non meno coinvolgente fu un discorso elettorale tenuto ad un'ora insolita (le 23!), a causa dei turni per i comizi fra i partiti, dal comunista Girolamo Li Causi, segretario regionale del PCI siciliano. Egli riuscì a tenere in religioso silenzio una piazza affollatissima, soprattutto di braccianti che il giorno dopo dovevano alzarsi presto per andare a lavorare, fin oltre la mezzanotte, con un intenso discorso tenuto quasi interamente in dialetto siciliano. Sono contento di non essermi perso quell'autentico capolavoro di oratoria.

Un oratore che, nelle mia classifica personale, io collocavo al secondo posto, subito dopo Nenni, era Giorgio Almirante, segretario nazionale del MSI, che ho ascoltato più volte, sempre a Lentini. Con la sua voce calda e pastosa egli toccava sopratutto le corde del sentimento nazionale e riusciva con grande facilità a catturare l'attenzione degli ascoltatori, fossero di destra o di sinistra.

Fra gli oratori migliori da me ascoltati mi piace menzionare anche il socialista avv. Gangemi di Avola, il cristiano-sociale Ludovico Corrao di Alcamo e il facondo monarchico Cipolla.

34 – L'università

La preparazione per gli esami di maturità del 1957 fu veramente massacrante. Si doveva portare l'intero programma svolto nel corso dell'anno in tutte materie: decine di autori delle letterature italiana, latina e greca e molte loro opere, filosofi, artisti, teoremi matematici, principi della fisica, ecc. ecc. Fu un mese di studio intenso e faticoso; ogni giorno dall'alba al tramonto, letteralmente. Fui uno dei cinque promossi nella prima sessione, il migliore nella storia, ma ne uscii tramortito e bisognoso di riposo. Di ferie allora, viste le condizioni della mia famiglia, non se ne parlava proprio. Invece contrassi l'*asiatica*, un'influenza particolarmente lunga e debilitante, che per giunta mi colse proprio quando avevo appena finito la maturità. Avevo deciso di iscrivermi a Giurisprudenza, in parte per la mia propensione per il diritto, in parte per seguire la strada intrapresa da mio padre.

Quando, dopo più di tre mesi di intervallo, cominciai a studiare le prime materie, mi accorsi che qualcosa non funzionava. Rimanevo per ore su una pagina, senza quasi nessuna capacità di concentrazione. La ripresa fu difficilissima, ma quella situazione non si ripeté mai più. Avevo capito, infatti, che il cervello umano è un muscolo che, se non viene esercitato, si stanca rapidamente. Da allora, e fino ad oggi, non feci passare giorno senza studiare o leggere qualcosa, per mantenere l'esercizio. Lasciai perdere gli intervalli di riposo tra una materia e l'altra. Il cervello più lavorava e più si rafforzava. Oltre lo studio, leggevo quasi ogni giorno un quotidiano, mi abbonai a varie riviste politiche, come *Critica Sociale*, *Problemi del Socialismo* e *Rivista storica del socialismo*, leggevo romanzi, opere letterarie ed anche gialli. Facevo parte del direttivo sezionale del PSI. Insomma, il mio cervello cominciò a sopportare la fatica senza cedimenti.

La mia vita cambiò completamente: la mia libertà di movimento, già grande, non avendo genitori, una volta liberatasi dai vincoli degli orari e dei giorni di lezione, si dilatò a dismisura. Mi alzavo non prima delle dieci e andavo a dormire verso le due di notte.

Una volta, essendo stati fissati gli esami per le otto di mattina, fui costretto a svegliarmi prima delle sei. Ma il mio turno arrivò verso le otto di sera, appena in tempo per prendere, dopo una corsa dalla facoltà alla stazione, l'ultimo treno per Lentini. E poi ancora due chilometri a piedi dalla stazione di Lentini a a casa. Cenai e decisi di andarmene a letto intorno alle 11 di sera, per quella volta. E cominciai a indossare il pigiama. Poi più nulla. L'indomani mi svegliai sul pavimento: sfinito, mi ero addormentato di colpo, senza neanche riuscire a salire sul letto.

In quegli anni, come segretario giovanile del PSI lentinese, partecipai attivamente alla politica universitaria nelle file dell'UGI (Unione Goliardica Italiana) che organizzava i giovani di sinistra di tutte le correnti e sfumature: anarchici, maoisti, trotskisti, stalinisti, comunisti ortodossi, socialisti, socialdemocratici, radicali, repubblicani. Il gruppo di Lentini riportò due importanti successi riuscendo a far eleggere Melo Conti all'ARU (Assemblea Rappresentativa Universitaria) di Catania ed Enzo Tondo nel Direttivo dell'UGI della stessa Catania, ambedue socialisti.

Inutile dire che andai fuori corso.

35 – Passato, Presente e Futuro

Avrò avuto 19-20 anni, quando nella piccola piazza di Lentini intitolata a Cesare Battisti fu montato un grande capannone con la scritta: „Passato, Presente e Futuro. Lire 500".

L'iniziativa ebbe subito un buon successo di clientela: ogni dieci minuti- un quarto d'ora entrava un nuovo cliente desideroso di conoscere il proprio destino. Il mago aveva una buona parola per tutti e tutti uscivano piuttosto soddisfatti.

Da sempre incuriosito da ogni forma di potere occulto, forse a causa dei fumetti che avevo letto, come ad esempio l'americano *Mandrake* e l'italiano *Ipnos*, decisi di provare anch'io e comprai un biglietto. IL mago, un signore sui 45, era un uomo dall'aspetto vigoroso e carismatico. Mi fece sedere su una poltroncina e mi chiese: „Cosa desideri sapere: il passato, il presente o il futuro?". La domanda era solo di *routine*, perché la risposta la conosceva già: il futuro. Infatti nessuno era tanto sciocco da spendere 500 lire per delle cose che conosceva già; piuttosto ciascuno voleva sapere che cosa lo aspettasse dietro l'angolo.

Per cui la sua faccia sembrò trasformarsi in un punto interrogativo quando gli risposi: „Il passato!". E poiché la sua meraviglia non si spegneva, gli spiegai: „Il presente ce l'ho davanti, il futuro non lo so; dunque, per verificare la consistenza dei suoi poteri, non rimane che il mio passato, che io conosco bene...

Di colpo si fece serio, aprì un cassetto, ne prese 500 lire e me le mise in mano, dicendomi con voce alquanto seria: „Tieni. E lasciami lavorare". E mi ritrovai fuori.

Lui lo chiamava lavoro il suo!

Questa storia fa il paio con un'altra, di quella volta in cui un presunto medium, un gruppo di comuni amici ed io, ci avviammo verso la casa dell'illuminato, il quale ci avrebbe dato un saggio della sua potenza evocativa. Arrivati nei pressi, ci disse: „Ecco, siamo arrivati, venite". E a me : „Tu no, perché sei incredulo...". Probabilmente aveva sentito qualche mio commento fatto lungo il cammino...

Aveva ragione: tutto l'imbroglio si basa sulla credulità. Veggenti, maghi, medium, cartomanti, chiromanti, astrologi, indovini, con tutto il loro rituale che gli permette – dicono loro- di squarciare il velo di tanti misteri, grazie alla loro presunta capacità di evocare i morti o di leggere il futuro dalle viscere di animali, dai fondi di caffè, dal volo degli uccelli, dalle sfere di cristallo, dai „tarocchi", ecc. possono esistere e moltiplicarsi solo finché esistono la credulità e la superstizione, figlie predilette dell'ignoranza. Anche se – bisogna purtroppo ammetterlo – la credulità lambisce anche ceti intellettualmente evoluti.

E a nulla vale la ferma condanna del cristianesimo per tutte le forme di divinazione; a nulla vale la condanna dell'astrologia da parte dei filosofi aristotelici, epicurei, cinici, scettici e di grandi personaggi come Cicerone, Tacito, Sant'Agostino, Lutero, Calvino, i papi Sisto V e Urbano VIII.

Stupisce che anche la società laica e liberale, figlia dell'Illuminismo, consenta che una moltitudine di personaggi su quella credulità disinvoltamente speculi, senza contrastarla adeguatamente con le armi della cultura.

Una volta, avendo constatato come quasi tutti i miei alunni di una classe credessero agli oroscopi, anche in aperto dissenso col loro professor, volli fare un piccolo esperimento, con l'aiuto di un quotidiano che avevo con me, su cui c'erano gli oroscopi di quel giorno. Chiesi dunque ad un mio alunno, molto fermo nelle sue convinzioni, imitando il titolo di un film di Sergio Corbucci del 1975: „Di che segno sei?". Avuta l'informazione, gli dissi: „Adesso ti leggo il tuo oroscopo di oggi e tu ci devi dire, con tutta onestà, se corrisponde a quello che ti è successo in questa prima parte della giornata. Quando terminai, lo studente, trionfante, esclamò: „Ha visto, professore, che avevo ragione io"? Tutto quello che lei ha letto mi è veramente accaduto, per filo e per segno. Non deve essere così incredulo, professore!". „Sei tu che non devi essere così credulone. Quello che ti ho letto non era il tuo oroscopo, ma quello di un altro segno. Gli oroscopi sono così generici che possono adattarsi a tutti!".

36 - L'amore

Nella Lentini degli anni '50 i rapporti tra ragazzi e ragazze erano pressoché uguali allo zero. Anche per chi, come me, aveva fatto tutte le medie in una classe mista, i rapporti con le colleghe erano limitati all'ambito scolastico.

Chi aveva sorelle (o fratelli) forse aveva qualche possibilità in più, ma in rigorosa clandestinità. Degli altri, i ragazzi avevano una duplice scelta: o il ricorso alla prostituzione, allora spudoratamente avallata dallo Stato, o il matrimonio.

Per le giovani donne, almeno per quelle che non avevano di che vivere autonomamente, la situazione era anche peggiore. Per evitare la miseria e la fame, per loro l'unica alternativa era il matrimonio. E per arrivare al matrimonio condizione importantissima era la conservazione della verginità, non solo strettamente intesa, come integrità fisica, ma anche in senso generale, come complesso di rapporti intimi con l'altro sesso. Dopo essere quindi state alle dipendenze di un padre-padrone, il loro destino era quello di passare sotto la tutela di un marito, se non volevano finire serve di un fratello autoritario o di qualche grasso borghese libidinoso o, peggio, sul marciapiede.

Per questo le madri previgenti ci tenevano a fare tutto il necessario per pilotare la vita delle loro figlie verso un sicuro approdo matrimoniale.

Io ero allora particolarmente indifeso rispetto alle insidie dell'amore. L'essere rimasto senza padre a 8 anni e senza madre a 13, senza alcun altro affetto alternativo, mi avevano reso molto vulnerabile nei confronti dell'amore, non solo di quello per l'altro sesso: ma io non lo sapevo. Ancora oggi basta che una persona sia gentile con me perché io cerchi di ricambiarla in tutti i modi.

Il mio destino si giocò tra la fine dei miei vent'anni di età e l'inizio dei ventuno, quando venne ad abitare, nella mia piccola via Lazio, una nuova famiglia, nello stesso edificio in cui aveva vissuto la sua infanzia mio cugino Carlo, ma al piano superiore al suo, quello che era appartenuto a sua zia Lucia. Di essa faceva parte una ragazza diciottenne, che mi piacque subito. La vedevo affacciarsi al balcone o al loro terrazzino per stendere i panni, la sentivo cantare. Nacque dentro di me qualcosa che mi spinse a mandarle dei segnali, presto ricambiati da qualche sorriso, che mi sembrava anche una promessa... Pensai che quel sentimento indefinito che mi sorgeva dentro avrebbe potuto colmare il vuoto affettivo che mi portavo appresso dall'infanzia. Potei entrare in contatto con lei solo per lettera, grazie all'intermediazione di un amico comune. Ci potemmo poi incontrare a tre condizioni, a mio avviso ideate dalla prudentissima madre che stava dietro le quinte: che gli incontri avvenissero nella vicina Carlentini, che il luogo fosse la chiesa di santa Lucia, che agli incontri fosse presente la sorella, maggiore di lei di un paio d'anni. Forse la madre avrà pensato che io potessi essere il cosiddetto „buon partito", ma che, fino a quando la cosa non si fosse ufficializzata, era meglio essere „prudenti".

Non so se la ragazza, accanita lettrice di fotoromanzi del tipo *Sogno* o *Grand Hotel*, avesse mai avuto qualche simpatia per qualcuno, certo non aveva mai avuto un uomo. Io non mi posi mai problemi di natura culturale o sociale, né, tanto meno economici. La ragazza proveniva da una famiglia di origine contadina e non possedeva praticamente nulla: né titolo di studio, né professione, né proprietà. Ma a me non importava proprio nulla: avevo trovato, o almeno così credevo, la persona con cui condividere la vita, grazie alla quale avrei potuto soddisfare il mio bisogno d'amore. E così, quando mi chiese una cosa troppo impegnativa per la nostra età, non seppi dirle di no. E mi persi, per sempre.

Mi disse che non ci saremmo mai più potuti incontrare, se non ci fossimo fidanzati ufficialmente. Forse la madre aveva voluto tentare il "salto di qualità". Quella parola "ufficialmente" aveva un solo significato, inequivocabile. Dovevo ottenere, non avendo padre, che mia madre andasse a casa loro a chiedere per me la mano della ragazza. Il che equivaleva a dire alla città, cioè alla cosiddetta *gente* che il nostro era un progetto di matrimonio.

Era, con tutta evidenza, un'assurdità, se si considera che io avevo appena 21 anni, che avevo dato solo poche materie nella facoltà di Giurisprudenza alla quale ero iscritto da circa tre anni, che ci sarebbe voluto un sacco di tempo per laurearmi, sistemarmi, ecc. C'erano tutte le premesse perché mia madre mi dicesse di no, ma io non me ne curai. Pensavo che lei, che a 18 anni aveva sposato mio padre per amore, in seguito a una *fujtina*, sarebbe stata così sensibile da capire che io avevo trovato quello che mi era sempre mancato e che, inoltre, conservasse dentro di sé una sorta di riconoscenza verso di me, per non aver io ostacolato il suo secondo matrimonio, come molti adolescenti fanno.

Mi sbagliavo, e di grosso. Scoprii allora che mia madre aveva una concezione „proprietaria" della maternità, secondo cui lei sola poteva disporre del futuro dei suoi figli. Io invece, convinto assertore dell'istanza di libertà che mi aveva portato al socialismo, non ero affatto disposto a fare calpestare la mia personalità. Avrei, comunque, certamente capito un diniego di mia madre ad ufficializzare la cosa, non volendo essere „coinvolta" in un'operazione per molti aspetti discutibile. Purtroppo per me non si limitò a un semplice no. Quando poté constatare la mia determinazione, mi divenne ostile, indusse ad odiarmi i suoi genitori, cioè i nonni che mi avevano cresciuto, prese a perseguitarmi in tutti i modi, approfittando del fatto che io economicamente dipendessi da lei. Continuò anche dopo il mio matrimonio, avvenuto sei anni dopo, e non smise mai fino alla sua morte, scavando fra noi un fossato divenuto quasi incolmabile. La ragazza, io credo d'intesa con la madre, mantenne la sua parola. Per cinque anni non ci vedemmo più, pur abitando nella stessa città; ci furono fra noi solo poche lettere, di cui mi chiese anche la restituzione, per paura che mia madre le trovasse.

Furono anni d'inferno per me, ancora più solo di prima.

37 - Mario Ferrauto

L'avv. socialista Mario Ferrauto, lentinese cresciuto a Sortino, ritornò a Lentini, credo all'inizio del 1960. Fu subito bene accolto nella sezione del PSI, che dopo la morte del carismatico segretario Gaetano Zarbano, ex ferroviere antifascista, sentiva il bisogno di un nuovo leader che ne ravvivasse la proiezione esterna. Mario si dimostrò da subito un uomo aperto, estroverso, popolare, di buona compagnia, colorito nel linguaggio ed amante della vita. Ben presto fu inserito nel gruppo dirigente, divenendo poi anche segretario della sezione.

In vista delle elezioni comunali del novembre 1960, le prime col sistema proporzionale, fu inserito nella lista del PSI come elemento di punta. Anch'io fui chiamato a far parte della lista, in rappresentanza del Movimento Giovanile Socialista, di cui ero il segretario. Avevo solo 21 anni ed avevo accettato più che altro per dare un contributo al partito, non potendo contare neanche sui pochi voti della famiglia, poiché il mio nonno materno, Ignazio Magrì, che era stato consigliere nel 1920 e nel 1946, era anche lui in lista, ma per il PCI, di cui era stato anche uno dei fondatori.

Da qualche anno nel PSI erano riemerse le correnti e un po' tutti cercavano il loro spazio, costruendo sodalizi ed alleanze. Ben presto l'avv. Ferrauto mi prese a ben volere: mi portava sempre con sé, mi prospettava progetti non solo politici. Immagino che forse mi avrebbe preso con sé nello studio, una volta che mi fossi laureato. Mi affezionai a lui. In vista delle elezioni mi disse che, oltre alla sua, avrebbe sostenuto la mia candidatura, poiché l'elettore poteva esprimere tre preferenze al momento del voto. Un consigliere „amico" era importante per chi come lui, aspirava ad entrare in giunta. Credo di poter affermare che era assai affettuoso con me. Ma improvvisamente le nostre strade si divisero. Accadde che un funzionario comunale, trovandosi a parlare con un gruppo di politici, fra cui mio nonno, chiedesse a quest'ultimo: „Signor Magrì, la legge stabilisce che ascendenti e discendenti non possono far parte dello stesso Consiglio Comunale. Se ambedue fossero eletti, uno dei due dovrebbe dimettersi, altrimenti decadrebbero tutti e due. Nel caso suo, chi si dimetterebbe, lei o suo nipote?". Quella norma era fino ad allora ignota ai presenti, ma mio nonno non ebbe esitazione a rispondere. „Mio nipote", tagliò corto, togliendo così a me ogni possibilità di essere eletto. Nessuno, infatti, sarebbe stato tanto sciocco da dare il proprio voto ad uno che, se eletto, molto probabilmente, si sarebbe dimesso subito dopo le votazioni. Certo lui aveva un passato politico importante; io ero un novellino che esordiva nella scena politica locale. Ciò non toglie che il suo gesto, preso arbitrariamente e senza consultarmi, sia stato giudicato assai poco elegante e un pochino egoista.

Il primo a mollarmi fu Mario, che ebbe però la lealtà di dirmi il perché: non poteva sprecare le sue energie politiche per uno che, se eletto, lo avrebbe lasciato subito dopo le elezioni. Dal suo punto di vista aveva ragione.

Mario divenne vicesindaco in una giunta di sinistra presieduta dal comunista Arena, capo carismatico, oratore eccellente ed uomo onesto, ma amministratore novello. Non fu difficile alla destra socialista trovare il cavillo giusto per rovesciare Arena e insediare una nuova Giunta di centro-sinistra, presieduta dall'avv. Ferrauto.

Allora Mario ed io ci trovammo su diversi fronti: lui a sostenere la formula che impersonava, io alla guida dei giovani socialisti, contrari a tale inversione di rotta.

Non venne mai meno però la nostra amicizia personale, anche se da quelle vicende uscimmo entrambi sconfitti: io, per tutti i lunghi anni di milizia socialista che ancora mi attendevano, fui relegato sempre nella minoranza interna, tranne gli anni in cui divenni leader del partito. Lui, momentaneamente trionfante, vedrà la sezione sciolta e la sua Amministrazione dimissionaria dopo appena 11 mesi.

Il suo ritiro dalla scena politica non mise mai fine ai nostri buoni rapporti personali, né alla reciproca simpatia umana.

Mi resta il rammarico di non aver avuto la notizia della sua prematura morte in tempo per poter partecipare ai suoi funerali.

38 - Guido Grande

Guido Grande credo abbia impersonato la parte migliore e più coerente del comunismo lentinese, di cui percorse l'intera parabola. Antifascista fin da giovanissimo, militante sempre in prima fila, dirigente nato del movimento operaio, ne divenne leader a Lentini e poi ispiratore autorevole per molto tempo. Ricoprì molti ruoli, anche pubblici: consigliere comunale, presidente dell'Unità Sanitaria Locale, segretario provinciale della CGIL, deputato all'Assemblea Regionale Siciliana. Combatté le deviazioni di sinistra e di destra interne alla sua sezione con determinazione, ma anche con lealtà e sempre a viso aperto. Disciplinato al suo partito, lo fu anche di più alla sua coscienza, come quando si oppose all'espulsione del gruppo del „Manifesto". Autodidatta, non ebbe mai complessi d'inferiorità nei confronti di interlocutori, comunisti e non, che vantavano pomposi titoli di studio, anche elevati e meritati; né di superiorità nei confronti di lavoratori analfabeti, di cui condivise e diresse molte battaglie. Non nascondeva il suo pensiero dietro le frasi contorte del „politichese", ma lo sparava in faccia a tutti senza ricorrere a ipocrite e pudibonde circonlocuzioni diplomatiche.

Più anziano di una decina d'anni intrecciò con me, socialista, un rapporto di amicizia politica e personale e di reciproca stima, che durò fino alla sua prematura morte, senza mai la più piccola incrinatura. Narratore facondo delle vicende della sua intensa vita politica, amava infatti chi, come me, si interessava della storia politica locale.

Mi raccontò un episodio della sua attività di sindacalista, che era stato anche una grande lezione di vita, sia per lui che per gli altri.

Una dura vertenza fra operai e datori di lavoro, che la trattativa non era riuscita a risolvere aveva provocato un lungo sciopero, che aveva sfiancato i lavoratori che, col passare dei giorni, senza paga ormai da troppo tempo, andavano esaurendo le loro povere riserve. Nel corso dello sciopero la delegazione sindacale incontrò più volte i rappresentanti del padronato, riservandosi sempre, prima di prendere decisioni impegnative, di consultare l'assemblea dei lavoratori. Un giorno egli stesso riferì all'assemblea gli ultimi sviluppi della complessa vertenza, le sue opinioni, i piccoli passi avanti, ecc., quando, dal fondo della sala, la voce di un lavoratore lo interruppe di colpo: „Sì, va bene. Ma io stasera cosa metterò in pentola?".

Guido ammutolì, ma imparò la lezione. A volte il rispetto dei rituali sindacali può offuscare il fatto che i lavoratori rappresentano la parte più debole nella trattativa, perché rischiano la fame. Il sindacalista deve rifuggire dal massimalismo verbale, non dimenticando mai che in ballo ci può essere la vita di molte persone.

Un giorno – ero da poco in pensione – si parlava della quasi inesistente pubblicistica di sinistra sulla storia contemporanea locale. Improvvisamente mi strinse il braccio come in una morsa e, quasi irato, come se ce l'avesse con me, mi disse: „La colpa è tua. Queste cose le devi scrivere tu, cosa aspetti?".

Segui il suo energico consiglio. L'ultima volta lo sentii per telefono, per una piccola necessaria intervista, a cui accondiscese senza esitazioni. Seppi dopo che stava malissimo. Una settimana dopo morì. E con lui un altro pezzo di storia di Lentini volò via.

Ma io continuai a seguire il suo consiglio, cercando di salvare il più possibile di una grande tradizione. Non mi fermai più. Ed eccomi ancora qui a parlare di lui e di un mondo ormai tramontato, per evitare che sia anche dimenticato.

39 – Fermata a Lentini

Da ragazzo, ogniqualvolta viaggiavo in autobus, ero colto da nausea e da conati di vomito. Per cui, per tutto il periodo universitario, ed anche dopo, preferii sempre viaggiare in treno. Mi piaceva tanto la bella stazione di Catania, con l'odore che arrivava dal vicino mare, con il confortante bar, con le due ben fornite edicole, davanti alle quali trascorrevo gran parte del tempo di attesa.

Quel giorno mi ero attardato appunto a guardare i giornali, quando sentii annunciare l'arrivo del mio treno, non nel solito binario, ma in uno assai più lontano. Lo raggiunsi di corsa proprio mentre il capotreno stava per dare il via libera alla partenza. „Scusi", gli dissi per prudenza, „é questo il treno per Siracusa?". „Sì", fu la rassicurante risposta, „guardi che sta per partire". Siracusa era infatti il capolinea, in cui andavano a finire tutti i treni provenienti da Catania. Tranquillizzato, guardai negli scompartimenti semivuoti per scegliermene uno di mio gradimento. In uno di essi trovai due compaesani: il capitano dell'esercito Cillepi e il sig. Cassarino, padre del futuro sindaco di Lentini, Michelangelo. Mi aggiunsi dunque a loro in una distratta e vaga conversazione, giusto per ammazzare il tempo. I 35 minuti previsti passarono velocemente e quando vedemmo avvicinarsi la nostra riposante meta, raccogliemmo le nostre cose e ci portammo in prossimità dell'uscita.

Man mano che la stazione si avvicinava il treno avrebbe rallentato, fino a fermarsi per qualche minuto, per consentire la discesa ai passeggeri.

Invece non rallentò, proseguendo la sua corsa spigliata e disinvolta, lasciandosi in qualche secondo la stazione di Lentini alle spalle.

Era accaduto che avevamo sbagliato tutti e tre: il treno andava bensì a Siracusa, ma senza fermarsi a Lentini. Era infatti un „direttissimo" proveniente dal Continente che non fermava nelle piccole località, ma solo nei grossi centri. Dovetti perciò trascorrere buona parte dell'assolato pomeriggio nella stazione di Siracusa, in preda al caldo, alla fame, alla stanchezza, al sonno, prima che partisse, questa volta da Siracusa, il treno per Lentini.

Ci volle ancora del tempo prima che il cav. Cirino Floridia, divenuto in seguito consigliere ed assessore, con la forza della sua passione „ferroviaria" riuscisse a ottenere che tutti i treni fermassero a Lentini, importante centro economico soprattutto per la produzione agrumaria. La documentazione della sua battaglia fu poi raccolta in un volume, ritengo ormai assai raro, dall'entusiastico titolo *Alt! Fermata a Lentini*.

Ma in me rimase per sempre la paura di sbagliare nel prendere qualunque mezzo di trasporto, tanto che, per sicurezza, chiederò sempre a più d'uno se quello scelto è quello giusto

40 - La nonna con la pistola

La mia nonna materna, l'unica che ho conosciuto, era un tipo estroverso, aperto, scherzoso a volte, piuttosto nervoso ed alquanto disinvolto nell'eloquio. Ricordo che un giorno, andando a chiamarla non so per quale motivo, a casa di vicini, la trovai circondata da un gruppetto di attente signorine da (troppo) tempo in cerca (spasmodica) di marito, alle quali teneva una specie di lezione introduttiva: „Ricordatevi che gli uomini sono tutti delle "chiavi uterine"...".

Quando litigava col marito era uno spettacolo, per le espressioni colorite, del tipo: „Brasi (incapace), che te ne vai alla villa, fischi e batti il piede" (alludeva ai concerti, che si tenevano la domenica alla villa comunale, e che il marito seguiva con grande partecipazione).

Temeva moltissimo il dolore fisico, al punto che quando la sua amica, donna Vincenzina, si apprestava a farle una puntura per qualche cura, mentre ancora l'amica preparava la siringa e tutto quanto, prima ancora che la sfiorasse, lei si metteva il lenzuolo fra i denti e cominciava a guaire come un animale portato al macello che intuisca il suo destino di morte.

Credo che quella paura le fosse venuta per i dolori provati per il parto con cui aveva dato vita a mia madre. Di conseguenza non aveva più voluto altri figli, nonostante un figlio maschio l'avesse sempre desiderato. Questo suo desiderio insoddisfatto e, purtroppo per lei, irrealizzabile, data quella sua enorme paura, fu in buona parte colmato quando nacqui io.

Nato e cresciuto in casa sua, vissuto coi nonni, anche dopo il secondo matrimonio di mia madre, rimasto solo con lei quando il nonno per qualche tempo andò a lavorare a Milano, come rappresentante di suo zio, il commerciante don Gaetano Russo, si era attaccata a me in modo quasi morboso

Questo non le impedì però di schierarsi con mia madre, sua figlia, quando fra noi intervenne una rottura verticale, mai più cessata, in seguito alla mia scelta sentimentale. C'era però una certa differenza nell'avversione che le due cominciarono a provare per me, presto tramutatasi in vera persecuzione. Mia madre si sentiva defraudata di quella che considerava una sua proprietà (il sottoscritto) e si batteva senza esclusione di colpi contro chi la voleva „derubare" (la ragazza mia vicina di casa); per mia nonna, invece, si trattava di gelosia allo stato puro. Questa differenza diventerà importante in futuro; per il momento non aveva alcuna rilevanza. Mia nonna si era interamente schierata con la figlia, ma non mi odiava; mi perseguitava anche lei, credendo di fare il mio bene. Se la prendeva, invece, con la mia futura moglie, una ragazza di 18 anni, che si era trovata, quasi senza accorgersene, al centro di una tempesta che le aveva tolto ogni serenità. Non la sentivo più cantare e di questo non mi davo pace, perché mi ritenevo colpevole della sua tristezza. Mia nonna si era attivamente votata alla causa della figlia, che fiancheggiava con mille espedienti. Ad esempio, mi mise alle costole un certo numero di persone incaricate di riferirle i miei movimenti, in particolare gli eventuali incontri con la presunta „ladra". Inoltre, avvalendosi delle sue riconosciute capacità di ruffiana dilettante, mi „portò" (così si diceva allora) un buon numero di matrimoni, con tanto di foto e curriculum di ragazze tanto diverse tra loro, ma accomunate dal fatto che erano tutte ricche. Non la sfiorava minimamente l'idea che io non volessi acquistare una moglie come si acquista qualcosa al mercato. Ma lei continuava, considerando possibile solo il matrimonio di reciproco vantaggio economico e sociale. Ma, ripeto, non mi odiava.

Con la mia futura moglie, il discorso era diverso: nessuna cautela, nessuna riserva, il „pericolo" andava eliminato, senza tanti complimenti.

Io, dei miei giocattoli da bambino, ne avevo conservato solo uno: una pistola a tamburo, ancora funzionante. Quando trovavo qualche capsula che le si potesse adattare, anche da grande mi divertivo a fare rumore facendole esplodere.

Lei lo sapeva. Un giorno la prese, a mia insaputa, percorse due volte Via Lisso, una strada su cui dava un balcone della ragazza e, appena la vide affacciata, cominciò ad agitare la pistola, come per dire: „Se non lasci stare mio nipote, guarda che per te c'è questa...". Era una pistola-giocattolo, ma sembrava vera, specialmente a quella distanza. La ragazza si prese un enorme spavento, che ebbe, credo, il suo peso nella sua scelta di non incontrarmi più. Ancora oggi, quando ne parla, sento un tremore nella sua voce.

A questo può portare un amore morboso. Morboso verso la sua unica figlia inselvatichita, che aveva deciso di assecondare; morboso per me, che ero il figlio maschio che non aveva potuto avere.

Intanto continuava a coltivare la sua vocazione di mettere insieme matrimoni di convenienza. Lo faceva solo per passione, non per denaro, anche se si aspettava, piccoli, ma tangibili segni di riconoscenza,

Ricordo in particolare due episodi in proposito. Una sua ex compagna di scuola aveva una figlia nubile, già quarantenne e in più di bassissima statura, del cui futuro era assai preoccupata, in quanto pretendenti non se ne vedevano proprio. Disperata, si rivolse a mia nonna, di cui conosceva la provata abilità nel settore. La poverina voleva che il giorno in cui avrebbe dovuto lasciare questo mondo, potesse farlo con la serenità di sapere che la figlia era „sistemata".

Non si era sbagliata: in meno di un mese mia nonna, non so come, riuscì nell'arduo compito e trovò il pollo giusto: trionfante lo comunicò all'amica riconoscente.

La quale, poco tempo dopo, ritornò con la coda tra le gambe e col cuore gonfio di tristezza: „Peppina", disse alla nonna, „mia figlia ha visto quell'uomo e non le piace, non lo vuole...scusami". Mia nonna ebbe uno scatto d'ira ed esplose: „Ma che c... vuole tua figlia? Ma tu non lo capisci che quello, se l'avesse sposata e se, alzando la coperta l'avesse vista distesa nel letto matrimoniale, avrebbe sicuramente detto: - È tutta qui? E il resto dov'è?".

Un'altra volta aveva sistemato una ragazza del vicinato, priva di dote. Era già paralitica e non aveva partecipato alla cerimonia, come aveva fatto in passato. Si aspettava comunque un cenno di gratitudine. Quando arrivò il vassoio con i dolci del pranzo matrimoniale appena concluso, lei lo aprì in fretta, forse vogliosa di gustare quelle prelibatezze. Da lontano la sentii gridare: „Fiasco, fiasco completo...!"

41 - La corda dell'impiccato

A differenza della moglie, estroversa e teatrale, il mio nonno materno era chiuso e riservato, quasi superbo nel suo silenzio. Era anche un avaro incallito, ma di quelli che non danno, ma neanche chiedono.

Egli - io credo - amava profondamente la sua unica figlia, e per questo si schierò subito con lei quando lei si schierò pesantemente contro di me. A nulla valse che mi avesse cresciuto lui, che in qualche modo io avessi sostituito il figlio maschio che non aveva avuto, che mi avesse inculcato il senso dell'onestà, anche portato all'estremo, che mi avesse trasmesso i valori tradizionali della sinistra. L'amore per la figlia lo portò a porsi subito e incondizionatamente dalla sua parte e perciò cominciò a covare dentro di sé un rancore profondo verso di me, poiché mi considerava la causa delle avversità che avevano colpito la figlia, privata del piacere di realizzare per me un ricco matrimonio. Ma non non si lasciò andare mai a manifestazioni clamorose di questo rancore velenoso, presto tramutatosi in odio profondo.

Solo una volta, mentre ero nel balcone di via Lazio a studiare, mi si avvicinò improvvisamente e mi disse, in dialetto: *A corda è fatta ppì ccu si voli appènniri* (la corda è fatta per chi si vuole impiccare), il che significa che chi vuole evitare di incorrere in un tragico destino, può farlo facilmente, non ribellandosi all'autorità. Come dire: un sovversivo può evitare la punizione dell'autorità semplicemente non facendo il sovversivo e accettando il sistema sociale esistente. Un proverbio alquanto reazionario per uno che si diceva rivoluzionario! Nel caso mio voleva dire che mi stavo avviando volontariamente verso un doloroso futuro. In Sicilia, terra oppressa da tante dominazioni e vessazioni, ci sono vari proverbi che esaltano la rassegnazione, come ad esempio quello che recita *Munnu ha statu e munnu è* (il mondo è sempre stato così e niente può cambiarlo).

Non aspettò neanche la mia risposta ed andò via. Probabilmente era solo una riflessione ad alta voce. Ma il meglio di sé lo diede il giorno del mio matrimonio, nel luglio 1967, a cui non volle assistere neanche per il solo sì. Anzi si mise a passeggiare ostentatamente avanti e indietro per la piazza su cui si affaccia la Chiesa Madre per tutta la durata della cerimonia, per sottolineare di fronte a tutti la sua disapprovazione.

Avevamo deciso, mia moglie ed io, che dopo la cerimonia saremmo tornati ognuno a casa propria per cambiarsi d'abito e riposare un po', prima di partire per Zafferana, località in cui avevamo deciso di trascorrere la luna di miele.

Nel primo pomeriggio, mentre mi stavo preparando per partire, mio nonno mi si avvicinò per dirmi sottovoce: „Poi mi dai le chiavi...". Dopo 27 anni che abitavo con loro mi chiedeva le chiavi di casa, come per sancire una rottura definitiva, un ripudio morale, una maledizione finale. La signora Vincenzina, amica di mia nonna, lo guardò disgustata e fece una smorfia come per dire: „Ma non si vergogna?". A parlare fu invece mia nonna, già costretta in una sedia, che gli si scagliò contro con una violenza verbale maggiore del solito, e la cosa finì lì.

Credo sia proprio vero che l'odio fa più male a chi lo porta che a chi ne è oggetto.

42 - Le notti di Lentini

Quando mi iscrissi all'università, la larga libertà cui mi ero abituato nel periodo vissuto coi nonni, dai 13 ai 18 anni, divenne totale. Senza più il vincolo dell'orario scolastico e dei compiti per l'indomani, si può dire che tornassi a casa solo per mangiare e per dormire.

Per anni mi abituai ad andare a letto attorno alle due antimeridiane e, per conseguenza a svegliarmi tardi al mattino. Mangiavo sempre da solo e perciò acquistai l'abitudine di leggere durante i pasti.

Di notte facevo lunghe passeggiate con un gruppo di amici che avevano le stesse mie abitudini: Enzo Tondo, Santo Militti, Vincenzino Crifò ed altri... Da via Regina Margherita a via Vittorio Emanuele III, da una punta del paese all'altra, avanti e indietro, come vitelloni di provincia. Si parlava di tutto e di nulla, con noia o con impegno: inutili discussioni senza fine.

Me n'è rimasta in mente una in particolare, per la sua originalità, quando nacque un dibattito attorno alla tesi, da una parte dei presenti sostenuta, che si potesse vivere di sola acqua, perché – così dicevano – il prezioso liquido conteneva in sé delle sostanze in grado, da sole, di nutrire l'uomo.

Fu quasi inevitabile stringere amicizia con altri che vivevano nella notte: una guardia notturna, un commesso della farmacia notturna, il signor La Rosa, uomo di grande spirito e un frequentatore assiduo di essa, il simpatico dottor Ossino.

Il gruppo si scioglierà in maniera naturale, senza scosse, per cause di lavoro, di matrimonio, di trasferimenti. Nessun rimpianto per quelle inutili ore notturne, che però erano dissetanti gocce di vita nel deserto di prospettive che allora sembrava accerchiarci. A me andavano bene per dimenticare i tumulti che la luce del giorno mi riservava : l'eterna soffocante solitudine, le lotte con mia madre, la politica spesso virulenta e deludente, lo studio lento e inconcludente, l'attesa di un lavoro liberatorio che non arrivava mai, mentre il tempo si mangiava la giovinezza...

43 – I Fratelli Spada

Il mio interesse per la *comic art* si risvegliò attorno ai 20 anni, quando per ingannare l'attesa nella stazione di Catania, mi accorsi di alcuni fumetti di tipo nuovo, nel formato e soprattutto nei contenuti. I vari *Diabolik, Kriminal, Satanik, Jnfernal* avevano impresso nuova vitalità all'ansimante fumetto italiano, fin troppo popolato di ragazzotti in perenne vittoriosa lotta contro il crimine. Questi nuovi fumetti, che per questo si attiravano i fulmini della grassa borghesia benpensante, rovesciavano l'impostazione tradizionale dell'eroe buono e bello, che sconfigge sempre i cattivi. Protagonisti ne erano, invece, delinquenti incalliti, ricchi di destrezza e privi di scrupoli, ma di evidente intelligenza, che finivano sistematicamente per farla franca, mentre mettevano a segno colpi geniali, facendola in barba ai volenterosi ma sfortunati poliziotti di turno.

Mentre seguivo, senza molta costanza in verità, quest'opera di rinnovamento del fumetto italiano, nelle edicole apparve l'annuncio che le edizioni dei „Fratelli Spada" avrebbero ristampato *Gordon*. Avevo conosciuto quell'importante personaggio solo grazie ai prestiti che me ne faceva periodicamente Turi Saya, poiché il prezzo del grande albo a colori uscito nel 1946 era per me inaccessibile. Quella nuova edizione era il segnale che forse in cuor mio aspettavo da anni. Visto il prezzo abbordabile, decisi subito di collezionarlo, e così seppi, dalla pubblicità di copertina, che l'editore già da tempo pubblicava alcuni fra i più famosi personaggi americani, quali *Mandrake, Phantom, Cino e Franco, Brick Bradford*.

L'editore, inoltre, aveva introdotto nei suoi albi un'autentica innovazione: una rubrica di corrispondenza coi lettori, con la quale forniva loro informazioni preziose sul mondo dei fumetti. Appresi così cos'erano le strisce giornaliere e le tavole domenicali, i nomi degli autori e le loro opere, le diverse scuole, il ruolo dello sceneggiatore e quello del disegnatore. Intanto scendevano in campo, in difesa del fumetto, autori come Elio Vittorini, Oreste Del Buono e Umberto Eco, uscivano i primi saggi sul fumetto a cominciare da quello di Carlo Della Corte, le ristampe anastatiche o filologiche, le riviste di fumetti, come *Linus* ed *Eureka* e le mostre.

Sempre più affascinato da questo mondo misterioso e fantasioso cominciai a collezionare altri personaggi, a studiarne i risvolti artistici, sociali, commerciali, e non mi fermai più. Acquistai libri e riviste sull'argomento, mi iscrissi all'associazione nazionale degli appassionati (ANAF), partecipai ad alcune mostre a Lucca. Divenni così un lettore consapevole, capace di cogliere le varie sfumature di quella che è una vera e propria arte, coi suoi capolavori.

Un vero „colpo di fortuna", ma anche un punto di arrivo, sarà per me, dopo il Duemila, l'acquisto della preziosa collezione del *Gordon* pubblicato dall'editore Nerbini nel 1946.

Immergermi nel mondo di sogni dei fumetti ha spesso significato per me una parentesi di respiro, un salutare intervallo per riprendere fiato, per meglio affrontare le avversità che, una dopo l'altra, si sono rovesciate su di me, nel corso della mia vita.

44 – In 12 minuti

Negli anni '50 mi recavo di frequente a Carlentini per motivi sportivi, in rappresentanza della „Leontina" o per motivi scolastici, per incontrarvi qualcuno dei miei compagni di scuola come Totò Cicero o Nino Tributato. Ben presto mi innamorai della collinare cittadina distante circa due chilometri da Lentini, per la sua aria fine, per le sue strade ben tagliate, per la cortesia degli abitanti. Spesso ci andavo a piedi, prendendo per le scorciatoie...

Ma quella volta – sul finire del 1959 – era tutto diverso, soprattutto per ciò che mi rimescolava dentro.

La ragazza cui avevo inviato, tramite un comune amico, una lettera, per chiederle un incontro, mi aveva risposto affermativamente, anche se a tre condizioni: che l'incontro avvenisse a Carlentini, che ci vedessimo nella chiesa di S. Lucia, che all'incontro presenziasse sua sorella maggiore.

Il giorno convenuto ero a Lentini, in piazza Duomo, in attesa dell'autobus che mi doveva portare a destinazione. Ma l'autobus non arrivava. Uno sciopero? La soppressione della corsa? Un imprevisto? Quando all'ora convenuta ormai mancava solo un quarto d'ora, presi di colpo la mia decisione e mi inerpicai, a passi lunghi e veloci, per la salita che conduce a Carlentini, sfruttando tutte le scorciatoie che abbreviano la distanza tra le due città gemelle.

La distanza tra la piazza di Lentini e quella di Carlentini fu coperta in 12 minuti.

Ci andammo a sedere in un punto isolato della chiesa, per avere un minimo di intimità. L'incontro fu tra i più casti che si possano immaginare tra fidanzati, ma quello strano trio così appartato non poteva passare inosservato. E, infatti, a un certo punto mi si avvicinò il parroco mons. Favara, il quale, con sguardo severo, ma anche assai umano, mi disse: „Mi raccomando... e mettetevi laggiù in fondo". Un grande sacerdote, ma anche un grand'uomo, che conosceva l'animo umano e le sue debolezze...Lo rividi molti anni dopo, nella scuola dove entrambi insegnavamo. Divenimmo buoni amici (mi regalò un vangelo tascabile, che ancora conservo) e compagni di banco durante le riunioni di docenti, ma non parlammo mai di quell'episodio.

Quando ripenso a quei 12 minuti non posso fare a meno di considerare la fragilità dell'uomo: quelle gambe che allora, sotto la spinta dell'emozione sentimentale, mi avevano portato così velocemente a Carlentini, oggi sostengono un corpo tutt'altro che agile..

E, inoltre, a volte penso che allora non sapevo, non potevo sapere, che quella corsa avrebbe modificato completamente la mia vita, travolgendola del tutto e che in fondo ad essa ci sarebbe stato un destino imprevedibile. Un destino che si era compiuto in 12 minuti!

45 – Resistenza!

Nel luglio 1960, quando da poco più di un mese si era insediato il governo Tambroni, grazie al determinante appoggio esterno dell'estrema destra missina, in varie parti d'Italia scoppiarono moti di piazza contro il paventato rischio di una svolta autoritaria.

Si risvegliò, allora, in tutto il Paese, una nuova coscienza antifascista che si richiamava ai valori della Resistenza al fascismo e furono costituiti, in varie località, i „Consigli Federativi della Resistenza", che in qualche modo sembravano echeggiare i vecchi Comitati di Liberazione Nazionale.

Anche a Lentini ne sorse uno: la prima ed unica riunione si tenne nel salone del Municipio.

Vi parteciparono l'ex ufficiale partigiano avv. Salvatore Lazzara, la Medaglia d'Oro della Resistenza dott. Luigi Briganti, l'avv. Filadelfo Pupillo per il PSI, Filadelfo Castro per il PSDI ed io per il Movimento Giovanile Socialista. Vi erano anche dei rappresentanti del PCI, ma non ricordo chi personalmente.

La cosa non ebbe seguito, giacché il governo Tambroni si dimise il 26 luglio 1960 e fu sostituito dal governo Fanfani, detto di „restaurazione democratica", che ebbe per la prima volta l'astensione del PSI.

Oggi io mi trovo ad essere, per Lentini, l'unico sopravvissuto di quella vampata di passione democratica e sono orgoglioso di essere sempre rimasto fedele a quegli ideali, cosciente che a rendere impossibile ogni dialogo fra socialisti e fascisti si erge sempre, ammonitrice, l'ombra di Matteotti e degli altri martiri socialisti.

46 – Fuga per Rimini

Anche quando mia madre, assieme al marito e a mio fratello, rientrò a Lentini e andò ad abitare in una casa d'affitto, io rimasi a vivere coi nonni. Nella loro casa di via Lazio io c'ero nato e sempre vissuto. Sulla parete di una finestra della stanza da letto c'era la scritta a matita di mio padre: „Oggi alle 6 è nato mio figlio Ferdinando". Mia madre veniva quasi ogni giorno, poiché doveva passare di lì quando si recava a scuola e soprattutto quando la nonna, sua madre, rimase paralizzata. Fu in quella casa, quando io avevo da poco compiuto i 21 anni, che avvenne la rottura fra noi. Io non ho mai contestato il diritto di mia madre di dire no alla mia intenzione di fidanzarmi, ma non ho mai potuto accettare quello che lei fece per impormi il suo punto di vista, non desistendo dalla sua ostilità neanche dopo il mio matrimonio, né dopo la nascita dei miei figli, né mai.

Lei era convinta che anche dopo il suo fermo diniego, io continuassi con intensità i miei rapporti con la mia futura moglie e quindi, ad ogni occasione, rincarava la dose, opprimendomi in tutti i modi, con l'aiuto anche dei suoi genitori. Neanche lei poteva immaginare quello che realmente accadeva. Tra me e la ragazza esistette, per cinque lunghi anni, pur vivendo nella stessa città, solo uno scambio sporadico di lettere, grazie alla disponibilità di un comune amico, del resto sempre più stanco della cosa. Stretta fra l'aggressività di mia madre e la vigile guida della sua, lei non trovò mai il coraggio di osare un incontro. Si dice che la forza dell'amore può superare qualunque ostacolo. Non so se è così: lei comunque neppure ci tentò.

In questa tormentata guerra contro di me, messa in atto da mia madre, ogni tanto appariva un barlume di tregua, specialmente quando lei era costretta ad occuparsi di impellenti vicende della sua nuova famiglia.

Quella volta mi aveva invitato a pranzo a casa sua ed io ero quasi felice di poter avere un momento di serenità. Ricordo ancora la tavola apparecchiata e noi tre uomini in attesa. Ricordo perfino i maccheroni con sopra la salsa ancora fumante...Mia madre, di colpo, senza che ce ne fosse stata la minima avvisaglia, si mise ad inveire, con epiteti oltraggiosi nei confronti della ragazza, con l'intento esplicito di umiliarmi, di offendermi, di calpestare i miei sentimenti.

Qualunque altra persona al suo posto avrebbe subito la mia imprevedibile, ma dura reazione.

Ma mia madre no. Da noi la mamma è sacra, è un monumento inviolabile, e lei questo lo sapeva. La mia collera compressa salì allora alle stelle e fece saltare il coperchio della pazienza e della prudenza: lasciai il pranzo e la loro casa di corsa, esasperato da quella situazione. In un attimo non mi importò più nulla della mia famiglia, della ragazza, della laurea, a cui pure tenevo, della politica, dei miei gatti, dei miei fumetti, della mia vita fin lì vissuta, di nulla. Decisi, così, d'un lampo, di farla finita con tutto ciò che mi opprimeva, di crearmi una nuova vita. Mentre correvo, col cuore in tumulto, verso la casa dei nonni, un piano si faceva strada nella mia testa.

Alcuni anni prima, nel 1959, in occasione delle elezioni regionali, la Direzione Nazionale del PSI aveva inviato in Sicilia alcuni funzionari per dar man forte, in quella particolare occasione, ai compagni siciliani.

A Lentini era arrivato Venceslao Riccò, dottore in filosofia, vicesindaco di Rimini. Egli mi volle sempre con sé nei giri di propaganda che faceva per la città per la campagna elettorale. Divenni il suo aiutante ed amico. Egli mi raccontò della sua città, come d'estate essa si popolasse di turisti, per i quali erano predisposte numerose strutture: alberghi, pensioni, ristoranti e quant'altro. Mi aveva anche detto che molti studenti, che altrimenti non ne avrebbero avuti i mezzi, si impiegavano come camerieri durante le vacanze, per poter guadagnare il necessario per pagarsi gli studi. Ripensai dunque a quei discorsi, presi qualche indumento indispensabile, i miei pochi soldi e lasciai – erano ormai quasi le 14 e i nonni erano immersi nella loro immancabile siesta pomeridiana – la casa in cui ero nato e cresciuto, con la ferma intenzione di mai più ritornarvi. Ero maggiorenne e nessuno poteva fermarmi. Mi diressi velocemente verso la vicina piazza, in cui allora c'era la stazione degli autobus, per salire sul primo per Catania, dove avrei preso il treno per Rimini, dove avrei cercato il compagno Riccò. Per alcuni mesi avrei fatto il cameriere e poi… Poi si sarebbe visto. Fin da allora ho capito come la vita dell'uomo sia appesa a un filo, come essa possa cambiare in un attimo. Da studente abitudinario e nottambulo a cameriere a Rimini. Ma il destino voleva divertirsi con me.

Proprio all'incrocio stradale, oltre il quale c'era la piazza, passò in macchina il mio amico Ciccio Vinci.

Egli sapeva tutto di me, era buono e comprensivo;.lo consideravo un fratello più che un amico.

Credo che egli abbia capito subito che qualcosa di grave stava succedendo.

Tra noi si svolse un breve e concitato colloquio:

- Ferdinando, dove vai?

- Scusami Ciccio, vado di fretta. Devo prendere l'autobus per Catania…

- Devo dirti un cosa, sali un attimo solo…

- Te l'ho detto, Ciccio, vado di fretta, magari un'altra volta...

- Ma è questione di un attimo. Sali, dài.

Appena salii sulla macchina, egli, che aveva intuito che qualcosa di grave poteva succedere, accelerò e mi portò lontano dalla fermata, mi fece confessare, mi condusse a casa sua, dove la moglie cucinò per me, che non avevo pranzato. Mi fece parlare, fece sbollire la mia collera; intorno alle 18 ci lasciammo e ritornai a casa, moralmente affranto per quello che era successo quel giorno e grato al mio amico per il suo gesto fraterno. I nonni non si erano accorti di nulla, mia madre non l'ha mai saputo. Se la mia vita successiva è stata quella che è stata, nel bene e nel male, lo devo al mio amico fraterno, che purtroppo non c'è più da tanti anni, ucciso da un attacco di cuore; anche la moglie è morta.

Una decisione così grave, come quella che io avevo preso, di rompere completamente col mio passato e iniziare una nuova vita, si può prendere solo in particolari momenti, quando si è in preda ad una specie di *raptus*. Dopo, non si ha più la forza, né fisica, né morale, di fare alcunché.

Adesso comunque non saprei dire se l'incontro con Ciccio e quello che ne derivò fu un bene o no. Certo, se fossi partito, io – posso dirlo per certo – non sarei mai più tornato indietro ed avrei perciò evitato molti dei mali che mi aspettavano lungo la strada della vita. Ma forse ne avrei incontrato altri peggiori. Chi può dirlo? Il destino aveva voluto giocare con me, e non sarà l'ultima volta. Mi rimane il gesto di amicizia del mio fraterno amico.

Molti anni dopo, già sposato e con due figli, già all'apice della mia carriera di professore, fui inviato come commissario esterno per gli esami di maturità in una scuola di Rimini.

Appena sistematomi in albergo, mi venne un'idea bizzarra. Cercai nell'apposita guida il numero telefonico di Riccò. Mi rispose la moglie, una rumena, che me lo passò: - Venceslao, sono il tuo ex giovane collaboratore a Lentini, in occasione delle elezioni del 1959. Ricordi?

Dopo un attimo di concentrazione si ricordò, assai sorpreso di quella telefonata. Mi chiese di aspettarlo in albergo e dopo una mezz'ora mi raggiunse lì. Lui era già vecchio, io un uomo maturo. Ci abbracciammo commossi e ricordammo la comune battaglia socialista.

Non l'ho più rivisto. Egli non ha mai saputo del ruolo da lui inconsapevolmente giocato nella scelta drammatica che stavo per compiere. Ancora una volta potei dire: -Il destino si diverte!

47 – Cecoslovacchia

Gli anni dal 1960 al 1966 furono per me anni di totale solitudine affettiva ed anche di amplissima libertà personale. A casa ci andavo praticamente solo per mangiare e per dormire, studiavo soprattutto la notte, oppure col mio caro amico Lucio Arcidiacono.

Mangiavo sempre da solo, con l'unica compagnia di giornali di ogni tipo, che divoravo più dei pasti. Da tempo la sezione del PCI distribuiva gratuitamente le riviste *Noi Donne* e *Vie Nuove*. Quest'ultima, nell'estate del 1964, prese a pubblicare annunci di ragazze dell'Est comunista, che cercavano corrispondenti italiani. Desideroso di poter conoscere più da vicino la vita all'interno delle *Democrazie popolari*, scrissi a tre di esse, due rumene e una cecoslovacca, tutte intorno ai 21 anni, che risposero tutte e tre. La prima delle rumene mi mandò una foto, ma giudicai che non era il mio tipo e lasciai cadere la cosa; la seconda, avendo avuto varie disponibilità mi „passò"alla sorella minore, che aveva appena 17 anni e andava ancora al liceo: troppo giovane per me, che avevo già 25 anni. La cecoslovacca, una 21enne di Bratislava, desiderosa di perfezionare il suo italiano, accolse bene la mia lettera e mi inviò una sua foto: una bella ragazza, Michelle, senza dubbio. Le mandai anch'io la mia foto, sicuro che si sarebbe sviluppata tra noi una lunga e cordiale corrispondenza.

Ma non fu così. La sua seconda lettera fu per me una doccia fredda. Mi scrisse che, avendo ricevuto una ventina di lettere di italiani e non potendo corrispondere con tutti, era stata costretta a operare una selezione, in base alla quale io ero stato...scartato e „regalato" ad una sua amica. La cosa mi sembrò un gesto di profonda scortesia: se non le ero piaciuto, pensai, avrebbe potuto benissimo non rispondermi fin dall'inizio e la cosa sarebbe finita lì; ma una volta iniziata la corrispondenza, sostituirmi con un altro, sopraggiunto successivamente, mi mandò su tutte le furie. Mi sentii come un'odalisca dell'harem scartata di un sultano, scartata a favore di un'altra, e decisi di non aver più nulla a che fare con le cecoslovacche.

Ma quando mi arrivò la lettera della „sostituta", una bella ragazza alta e bionda, fui colpito dal tono gentile e un po' timido da lei usato e mi sembrò che si rendesse conto della scorrettezza dell'amica. A farmi cambiare idea influì anche un'altra considerazione: mentre la prima mi aveva inizialmente accettato, a scatola chiusa, sapendo poco di me e poi magari era rimasta delusa e per questo mi aveva scartato, la seconda, invece, aveva avuto moto di leggere le mie due lettere all'amica e di vedere le mie foto. Dunque, se mi aveva scritto - conclusi - non aveva, come si suol dire, „comprato la gatta nel sacco", ma doveva pur aver provato un minimo di simpatia per me.

Quanti e quali "ragionamenti" si fanno quando si è soli...

La conferma della giustezza della mia decisione la ebbi con la sua seconda lettera, a cui era allegata una foto. Quella ragazza di una bellezza fresca e genuina, quello sguardo puro ed onesto mi colpirono particolarmente ed accesero nel mio cuore una scintilla di cui allora non mi accorsi. La corrispondenza, partita da temi culturali, a poco a poco, lettera dopo lettera, si spostò su vicende della vita personale. La ragazza era una studentessa universitaria di Francese, desiderosa di rafforzare il suo scarso italiano. Convenimmo subito che io avrei scritto in italiano e lei in francese.

Io non le avevo parlato della ragazza di Lentini, per la quale avevo rotto con la mia famiglia,

e con cui avevo una relazione semplicemente epistolare. Non mi era neppure passato per la testa di confidare tale situazione alla cecoslovacca. Non lo feci però neanche quando la nostra corrispondenza subì un'ulteriore svolta, passando dal personale al sentimentale. Ciò, in effetti, era avvenuto lentamente, quasi senza accorgercene: quella scintilla iniziale aveva provocato un fiammella che cresceva man mano. Non ci fu cioè un momento preciso di questa modifica.

Il momento più intenso fu probabilmente quando lei mi comunicò che mi aveva scritto una lettera d'amore, ma in slovacco, la sua lingua. Alla mia richiesta di mandarmela tradotta, aveva risposto che l'avrebbe fatto quando ci fossimo incontrati di persona. Ed anch'io, ad una sua precisa richiesta di descrivere il tipo di donna da me preferito, avevo risposto che glielo avrei detto di persona. Infatti, ad un certo punto, le nostre lettere cominciarono ad avere un solo tema: come incontrarci.

Io aspettavo con ansia le sue lettere, quando si approssimava il tempo normale di arrivo. Le leggevo e le rileggevo, e le conservavo, assieme alle foto che mi mandava. Esse mi addolcivano il cuore, mi davano momenti di serenità, in mezzo al deserto sentimentale in cui mi ero ridotto a vivere. Ma non mi sentivo un bigamo dell'amore, l'innamorato di due donne. Le percepivo in modo assai diverso. La ragazza di Lentini, per la quale avevo tanto combattuto e sofferto, e soffrivo ancora, era l'amore concreto, che abitava a pochi metri da me, che – era ormai destino – avrei sposato. L'altra, la slovacca, era una specie di amore impossibile, quasi onirico, come quello che un giovane potrebbe nutrire per una lontana e inarrivabile attrice. Divisi com'eravamo dalla „cortina di ferro" e da mille altre cose, quell'altro amore, anch'esso epistolare, ma mai esplicitato, rappresentava il sogno, l'impossibile, qualcosa che mai sarebbe diventato concreto. Ma, ad un certo punto, le cose presero una piega piuttosto realistica. Dopo vari tentativi, la ragazza aveva trovato il modo di potersi incontrare con me nell'estate 1966, approfittando di un suo soggiorno in Francia, autorizzato dal regime. Passando per Nizza, sarebbe giunta a Genova, dove avremmo potuto passare assieme almeno una settimana. Eravamo entrambi felici di ciò ed aspettavamo con trepidazione quel giorno.

La mattina dopo aver ricevuto la bella notizia, tutto felice scrissi la necessaria lettera di conferma, la sistemai nella busta ed uscii per comprare il francobollo e spedirla. Era una giornata di un caldo afoso, asfissiante, e perciò nelle strade non c'era nessuno con cui passare qualche ora, come facevo di solito. Questo particolare è assai importante. Se avessi incontrato qualche amico o conoscente, avrei subito completato la piccola missione, per poi intrattenermi a parlare di altre cose. Di conseguenza non mi sarebbe rimasto che prepararmi per il viaggio e per i giorni meravigliosi che mi aspettavano a Genova. Invece, rimasto solo, il germe del dubbio si infilò nella mia testa. „Perché", mi dissi, devo spedire subito la lettera di conferma? Adesso (erano le 10 antimeridiane) o fra due ore non cambia nulla. Tanto il postino ritira la posta dalle apposite buche solo alle 14". Decisi di andare a sedermi alla villa Gorgia e di ponderare bene la cosa.

Vi rimasi addirittura due ore, unico essere umano nell'assolato giardino pubblico. E quelle ore bastarono per farmi compiere un'azione indegna, di cui mi sarei pentito per moltissimi anni.

Ero certo che la mia partenza avrebbe suscitato un vespaio a Lentini, nella guerra fra le due famiglie, la mia e quella della mia futura moglie, che finalmente si sarebbero trovate d'accordo nel giudicarmi un irresponsabile che aveva inutilmente devastato la vita di tante persone.

E poi c'era la ragazza slovacca. E se la ragazza mi avesse detto no, convinta magari che eravamo solo due amici che volevano passare assieme qualche giorno da turisti? In quel caso avrei suscitato tutto quel vespaio per una cosa che, per me, non ne valeva certo la pena: visitare cioè la città di Genova e basta! Un prezzo troppo alto per così poco! E se invece mi avesse detto sì? Non avrei per caso rovinato l'avvenire anche di quell'ignara brava ragazza, che non potevo certo sposare, per i grossissimi problemi politici, lavorativi, linguistici, ecc. che ci dividevano? E se ne fosse derivato anche un figlio? Che mascalzone sarei stato, abbandonandolo? La testa mi girava vorticosamente. Non avevo nessun familiare con cui consigliarmi. Amici ne avevo, ma non in quel giorno afoso. E la mia risposta era urgente. Comunque la rigirassi, la conclusione, era sempre una: non dovevo andare. La mia partenza avrebbe comportato troppi dolori per molte persone, e troppi rischi per altre persone ignare...

Mi comportai allora da vigliacco, forse l'unica volta nella mia vita. Tornai a casa, scrissi una seconda lettera nella quale mi inventai una storia credibile e la spedii alla ragazza per disdire l'incontro. Avevo mentito spudoratamente, ma non ebbi il coraggio di interrompere la corrispondenza, perché le sue lettere per me costituivano un'oasi di serenità, in mezzo all'odio in cui ero costretto a vivere. Continuando nella menzogna, non le dissi poi del mio matrimonio, avvenuto nel luglio 1967, né della nascita del mio primo figlio nell'aprile del 1968.

Misi fine a quel groviglio di menzogne alla fine del 1969, quando la ragazza mi scrisse che alcuni suoi amici, andando a Siracusa, sarebbero passati da Lentini, su suo incarico, per salutarmi. Quella volta non vennero, ma molto probabilmente ci sarebbero state altre situazioni simili. E così la ragazza, che con me continuava a sognare un impossibile futuro, sarebbe stata posta di fronte alla brutale realtà di avere confidato in un vigliacco che invece era sposato e con un figlio. Mi avrebbe odiato, pensai. Questo non lo volevo, non potevo rischiare questo. Feci allora quello che ritenni un atto di generosità, che però non mi assolve né della mia mancanza di coraggio, né delle mie menzogne. Decisi di far cadere la corrispondenza, privandomi di una gioia molto importante per la mia vita sentimentalmente burrascosa. Pensai che era meglio che fossi io solo a soffrire di questo distacco , mentre lei, che viveva in un mondo così diverso, mi avrebbe semplicemente dimenticato.

Conservai le sue lettere, le sue foto, ed una ciocca dei suoi biondi capelli, che mi aveva mandato. Mi rimase nel cuore una parola, dolcissima, con cui in una lettera si era rivolta a me, chiamandomi „mon petit" (piccolo mio), un appellativo inusitato in Italia, anche fra innamorati. Quelle lettere, quella foto, quella ciocca, le ho ancora.

48 - La laurea

L'isolamento in cui ero stato scaraventato da mia madre a 21 anni ebbe ripercussioni anche sui miei studi, tanto che finii fuori corso. Come potevo studiare, come potevo concentrarmi specialmente in una disciplina astratta come il diritto, senza la necessaria serenità? Il mio rendimento calò bruscamente e rimasi assai indietro. Ormai puntavo non alla qualità degli studi, ma alla quantità di materie che mi separavano dalla laurea. Non mi importava più del voto, la mia sola esigenza era quella di laurearmi, perché la laurea sarebbe stato il primo passo per emanciparmi da quello stato umiliante di sudditanza, che consentiva a mia madre e ai suoi di umiliarmi di continuo. Ma finalmente, una materia dopo l'altra, giunse quel giorno di luglio del 1965.

La mia tesi di laurea in Diritto ecclesiastico la svolsi senza entusiasmo. Il professore era molto disponibile, ma quando mi chiese su quale argomento intendessi svolgerla, io mi espressi in modo assai impreciso. In realtà volevo farla sulle chiese protestanti in Italia: ma risposi:"Sulle confessioni acattoliche in Italia". „Allora facciamola su una di esse in particolare: facciamola su „La comunità israelitica in Italia". Non ebbi il coraggio di contraddirlo, poiché quella israelitica era effettivamente una confessione acattolica!

Senza dir niente a nessuno, il giorno fissato per la laurea mi incamminai a piedi verso la stazione di Lentini, più o meno due km dal centro abitato, e poi, sempre a piedi, da quella di Catania all'università. Lì giunto ebbi un momento di panico, avendo saputo che per la laurea erano richieste giacca e cravatta ed io ero in camicia. Per fortuna un collega me le prestò. Osservavo gli altri laureandi, accompagnati dalle famiglie, dalle fidanzate, tutti pronti a festeggiare quel giorno, unico nella vita. Ed io, invece, ero solo, come sempre... Poco prima degli esami un fotografo mi avvicinò per chiedermi se volessi il servizio fotografico. Avevo pochi soldi e volevo conservarli per esigenze più importanti, sempre dietro l' angolo. Dunque rifiutai e di quel giorno, pur sempre frutto di una vita di studi, non rimase traccia.

Finito l'esame, svoltosi senza infamia e senza lode, rifeci all'indietro la stessa strada e la sera uscii, come sempre. Con la differenza che si stava aprendo per me la strada della libertà e della dignità.

Mia madre – era il periodo estivo e dunque era in ferie – venne a casa due giorni dopo, per accudire la nonna paralitica. Le dissi, così, come per caso, senza enfasi: „Guarda che l'altro ieri mi sono laureato". Neanche mi rispose, nemmeno un augurio, men che meno un regalo. Forse anche lei stava riflettendo sul fatto che ben presto non mi avrebbe tenuto più in pugno. Alcuni giorni dopo il giornale *L'ora* di Palermo, di cui ero il corrispondente da Lentini, pubblicò un breve annuncio per comunicare la mia laurea. L'annuncio fu letto dalla Comunità israelitica italiana, la quale mi scrisse per chiedermi una copia della mia tesi. Non pensai che forse avrebbero potuto aiutarmi a trovare lavoro. Avevo fatto, per motivi economici, le copie strettamente necessarie per la laurea; ne avevo ormai solo una copia per me e non avevo i soldi per farne stampare un'altra. Così non risposi, e tutto finì lì.

Un nuovo capitolo si apriva nella mia vita.

49 – Venga, professore...!

Non era affatto facile trovare lavoro, neanche allora. Era passato già un anno dalla laurea, quando mi trovai a leggere un articolo nel giornale affisso davanti alla edicola di piazza Umberto, nel quale si parlava di una nuova scuola aperta a Lentini. Proprio in quel momento sopraggiunse il mio amico d'infanzia Pippo La Rocca, futuro sindaco democristiano della Città, il quale era un tipo molto concreto. Guardò l'articolo e, senza tanti preamboli, mi disse: „Ci sono materie che tu puoi insegnare e so che l'attuale professore ha chiesto ed ottenuto il trasferimento in altra scuola.

Vai a fare la domanda". Ci andai lo stesso pomeriggio e vi trovai, a lavorare solo soletto, il segretario, il rag. Sampugnaro, che subito mi prese in simpatia: „Faccia pure la domanda e la spedisca a Siracusa, ma metta come sede preferita la sola Lentini. La scuola attuale è solo una sezione staccata dell'Istituto di Siracusa, ma credo che l'anno prossimo diventerà scuola autonoma. Faccia come le ho detto: potrà servirle"

Mi servì infatti, tanto che ottenni la nomina, anche se solo per sette ore (la „cattedra" completa era di 18 ore settimanali): era comunque, finalmente!, un inizio.

Il giorno fissato, il 3 novembre1966, mi presentai, emozionato e felice, alla preside della scuola, anch'essa all'esordio come preside. Il lavoro, in quel periodo, rappresentava per me liberazione, salvezza, matrimonio e un mucchio di altre cose desiderate.

La preside mi disse, chiamandomi per la prima volta „Professore": „Per oggi vada a fare due ore in tale classe, che però non sarà la sua. All'uscita le dirò qual è quella a lei assegnata.

Passare due ore in una classe che non è la tua, con ragazzi grandi che sanno che tu non sarai il loro insegnante è impresa non facile. Io ci tenevo molto a far buona figura, a farmi ben volere da tutti nella scuola. Il lavoro era il mio futuro, la mia vita.

La prima ora passò tranquillamente col solito stratagemma: „Dove siete arrivati col programma? Ripetiamo un po' quello che avete fatto, così vi rimarrà bene in mente". Avevano fatto poco, molto poco, e già cominciavano a diventare irrequieti, tanto che uno di loro mi disse:"Professore parliamo d'altro...". „Va bene", risposi, „ma l'argomento sceglietelo voi".

E loro scelsero"la ragazza dagli occhi dipinti". Era accaduto da poco che una ragazza di un liceo romano si era presentata a scuola con gli occhi truccati e per questo era stata sospesa. Il caso aveva diviso l'opinione pubblica, una parte della quale riteneva il provvedimento bigotto e persecutorio, mentre un' altra puntava sulla rigidezza dei costumi all'interno delle scuole, da salvaguardare sempre e comunque. La cosa era finita addirittura in Parlamento.

Il dibattito che ne seguì appassionò i ragazzi della classe, che rimase attenta e disciplinata fino alla fine. Io decisi di non dire la mia opinione per favorire la loro maturazione e la loro autonomia di giudizio, e mi limitai a dirigere la discussione.

Quando, il giorno dopo, tornai a scuola, passando davanti alla porta della presidenza, sempre socchiusa, sentii la preside chiamarmi: „Venga, professore!".

Mai mi sarei aspettato di dover subire una così dura reprimenda: „Professore, lei si deve attenere rigorosamente ai programmi ministeriali e non deve trattare argomenti non facenti parte di essi. Che non si ripeta la situazione di ieri".

Uscii dalla presidenza stravolto, per la collera e per il dispiacere. Proprio il mio primo giorno di scuola da professore, quando ero solo un precario appeso ad un filo, quando era importante fare buona impressione..! Ciò poteva mettere in discussione il lavoro appena ottenuto, facendomi ripiombare nelle sabbie mobili in cui stavo affondando ogni giorno.

Che cosa era accaduto? Potei avere una risposta molto tempo dopo, e neppure certa. Nella classe c'era un'alunna, figlia di un collega, un fascista autorevole, sia come fascista che come professore.

Pare che il professore-genitore, al rientro da scuola, abbia interpellato la figlia per chiederle notizie su quella giornata scolastica, come normalmente avviene nelle famiglie. Saputo della discussione che c'era stata, il fascista sarebbe andato a parlare con la preside, praticamente a protestare verso un professore che...

Bigottismo ipocrita? Vendetta fascista contro un noto socialista? Non seppi mai la verità certa. Di certa c'è solo la soddisfazione che la preside mi diede mesi dopo, così, quasi per caso: „Professore, sa, per quel discorso sull'applicazione dei programmi, lei aveva fatto bene a favorire quel dibattito. Anzi, mi faccia la cortesia, se ne avrà occasione, promuova altre iniziative simili fra gli studenti e su ciò che accade attorno a noi. È bene collegare la scuola alla società".

Fui molto contento di quella rettifica, ma non riuscii mai a dimenticare quel mio primo giorno di scuola e la bella figura che non avevo potuto fare.

50 - Il mio matrimonio

A proiettarmi verso il matrimonio fu una serie di avvenimenti. La laurea dapprima aprì le porte della speranza; poi ci fu il lavoro, che mi rese quasi completamente libero; poi ancora il mio amico Ciccio, la cui saggezza gli consentì di contattare le due famiglie rivali e di alleggerire il clima; e infine mio zio Turi, il fratello maggiore di mio padre, che intervenne con decisione nei confronti di mia madre.

Mia madre alla fine acconsentì, imponendo però pesanti condizioni. A casa della fidanzata, a „chiedere la mano", non venne lei, ma mandò il marito, il mio padrigno; pretese inoltre che il fidanzamento fosse tale solo in casa, evitando cioè che io e la mia fidanzata uscissimo insieme. Per amore accettai tutto. Mia madre si era piegata ad una realtà su cui ormai ben poco poteva influire, essendo ormai venuto meno il suo potere economico. Ma questo non comportò mai un cambiamento nei suoi sentimenti. Proprio il giorno precedente il matrimonio ci fu tra noi due una lite piuttosto violenta: forse era un suo ultimo tentativo perché tutto saltasse in aria all'ultimo momento. Ma io non vedevo l'ora di fuggire da quell'ambiente nel quale, da cinque anni, per lo stress subito, avevo contratto quella brutta malattia che è la colite spastica: brutta per il suo scatenarsi improvviso, senza alcun „preavviso" e brutta perché incurabile. „Deve imparare a conviverci", mi diranno i medici. E il male è ancora qui, mentre scrivo.

Il mio matrimonio, nel luglio 1967, nacque dunque avvelenato. Pochi invitati, soli parenti, divisi in due gruppetti che fra di loro non si parlavano, nessun brindisi, nessun fotografo ufficiale. Mio zio Turi non venne, probabilmente perché non voleva rivedere la ex cognata, mio nonno non venne per evidenziare il suo disprezzo. Unica eccezione, due miei intimi amici, Delfo D'Anna e Pippo Centamore, che mi fecero da testimoni. Non pensai allora a quello squallore, ai cinque anni di giovinezza sprecati, neanche alla mia possibile felicità, insidiata da tanti odi incrociati, ma solo alla mia libertà.

Il primo problema da affrontare non era nuovo per me; si era già presentato dopo il matrimonio di mia madre, quando mi ero chiesto come chiamare il mio padrigno. La cosa più naturale sarebbe stata „papà", visto che l'avevo conosciuto a 13 anni, quando ero poco più che un bambino. Fu allora, però, che mi accorsi di avere un enorme blocco psicologico che mi impediva di rivolgere ad altri quella parola. Sia chiaro: potevo ben pronunciarla, anche cento volte di seguito, ma non indirizzandola a qualcuno in particolare. Non potevo: se mi sforzavo mi spuntavano le lacrime agli occhi e mi veniva un nodo soffocante alla gola. Mia madre dovette accorgersene, perché un giorno mi disse: „Chiamalo Nino". Mi sembrò troppo confidenziale per una persona che aveva la stessa età di mio padre. E così evitai, per sempre, di chiamarlo, anche se non gli mancai mai di rispetto. È molto strano, lo so, ma è la verità.

Per mio suocero fu la stessa cosa. Non riuscii mai a chiamarlo „papà", come è uso generale dalle nostre parti, e come fecero tutti i successivi coniugi degli altri suoi figli. Fu comunque sempre gentile con me, ed io lo ricambiai sempre, fino alla fine.

Il mio viaggio di nozze non fu un vero e proprio viaggio. Andammo a passare 15 giorni a Zafferana, una bellissima cittadina turistica di montagna, con aria pura, molti divertimenti popolari e con abitanti molto gentili. Una volta, mia moglie ed io, mentre ci trovavamo piuttosto lontani dall'albergo, fummo colti da una pioggia improvvisa e ci riparammo sotto un balcone. Dopo un po' sentimmo aprire le imposte del balcone e una voce chiamarci. Era una signora, una sconosciuta, che volle prestarci il suo ombrello.

I 15 giorni previsti si ridussero a 10, perché mia moglie, al decimo giorno di „luna di miele", mi chiese di ritornare a Lentini. E alla mia richiesta di spiegazioni, rispose: "Ho voglia di rivedere mia madre". La accontentai, ma non seppi riflettere su quella richiesta, quanto meno singolare per una sposina in luna di miele.

51– Lo zio pescivendolo

Stavo per uscire dall'edicola di piazza Umberto, la più antica della città, oggi purtroppo chiusa, quando proprio sulla soglia, mi si parò dinanzi un uomo che poteva avere 50 o 60 anni. Era piuttosto magro, di statura media, la pelle molto abbrunata, come di chi sta a lungo esposto al sole. Per qualche istante mi guardò attentamente, visibilmente commosso, poi mi abbracciò piangendo. Io rimasi alquanto turbato da quella scena imprevista e imprevedibile: „Mi scusi, ma io non la conosco, chi è lei?"

„Io sono un cugino di tuo padre: eravamo figli di due sorelle. Ma tuo padre era per me più che un cugino, era un fratello. Io sono stato allevato da tua nonna, era lei che mi allattava...Povero Giovannino..! Quand'era all'ospedale a Catania, io andavo a trovarlo con la bicicletta, poiché non avevo i soldi per il treno...". Mi disse anche che faceva il pescivendolo e che aveva molti figli...Visibilmente turbato per aver conosciuto uno zio che non sapevo di avere, alla prima occasione ne parlai a mia madre.

La quale ebbe un moto di fastidio, quasi istintivo: „Ma chi, quello là? Lascialo perdere...".

Capii che l'ostracismo che mia madre e i suoi avevano praticato nei confronti dei parenti di mio padre non riguardava solo quelli del nonno paterno, ma anche quelli dal lato materno. Della mia nonna materna, Cicero Giuseppina, io allora non sapevo nulla, neppure il nome!

Era come se fossi nato solo da mia madre.

Rividi in seguito più volte lo zio pescivendolo, poi lo persi di vista, fino a dimenticarne anche il nome. I suoi figli non li ho mai conosciuti. Oggi rimpiango di non averlo fatto.

52 – I prestiti

Di solito non stato fortunato coi prestiti. Parlo di quelli fatti, non di quelli ricevuti, che non ci sono mai stati, perché non mi è mai piaciuto indebitarmi, neanche di poco. Quando qualcuno mi chiedeva di come me la passassi, mi piaceva rispondere: „Non sono ricco, vivo del mio lavoro, ma non ho debiti con nessuno".

Di quelli fatti ne ricordo tre:

Il primo mi fu richiesto qualche mese dopo il matrimonio, quando ero ancora un precario e non potevo contare né sulla mia famiglia di origine, che mi osteggiava in ogni modo, né su quella di mia moglie che aveva i problemi del vivere quotidiano. A chiedermelo fu uno dei miei più intimi amici. La nostra amicizia, nata in politica, era diventata col tempo amicizia a tutto campo, e di quella stretta. Un giorno si presentò in casa mia e, senza tanti giri di parole, come si usava tra noi, mi disse: „Mi servono 50 mila lire in prestito, perché in casa non abbiamo neanche un soldo: oggi non possiamo comprare neanche il pane". Il mio stipendio di allora era di 130 mila lire mensili, per cui la somma richiesta rappresentava circa il 40% della mia unica entrata. Un mancato rientro della stessa avrebbe potuto causarmi problemi seri. Tuttavia non me lo feci dire due volte: non feci alcun commento e gli diedi i soldi. Per le mie condizioni di allora credo di aver dato una buona prova d'amicizia. Dico subito che la somma mi fu restituita.

Sono più che certo che, se in futuro, avrò bisogno di qualcosa, dal denaro alla semplice parola buona, quel caro amico non si tirerà indietro. Non certo per ricambiare, ma in nome dell'amicizia vera.

Alcuni mesi dopo – ero da poco diventato padre per la prima volta – intorno alle sei del mattino sentii suonare il campanello d'ingresso della mia abitazione di via Capri. Adesso mi sveglio molto prima, per via della prostatite e della colite, strettamente intrecciate assieme. Ma per quel tempo quella era per me un'ora decisamente insolita. Aprii la porta, ancora in pigiama e un po' in ansia, pensando che a quell'ora si presentano solo le brutte notizie. Era un tizio, conosciuto da non molto, non ricordo più dove né in che occasione, col quale c'era stato qualche cordiale scambio di idee e nulla più. Era tutto eccitato, col respiro affannoso, la fronte imperlata di sudore, gli occhi fuori dalle orbite, come di uno in preda al terrore : „Ti prego, prestami 35 mila lire, mia moglie sta molto male e deve essere operata d'urgenza, ma ha un sangue particolare che all'ospedale non hanno. Devo comprarlo subito, altrimenti muore". Qualcuno penserà – magari ha anche ragione – che solo un allocco come me poteva cadere in una così stupida trappola. Ma vorrei vedere chiunque, svegliato di soprassalto da un sonno profondo, apprendere che una persona, una madre di famiglia, è in pericolo di vita, e negarle le 35 mila lire per poterla salvare! Gli diedi la somma richiesta „in prestito", ma ebbi l'"accortezza" (!?) di fargli firmare una ricevuta. Quei soldi, l'avrete capito, non li rividi mai più. Amareggiato del raggiro subito, ne parlai, tempo dopo, così tanto per chiacchierare, a un mio amico sottufficiale di polizia, che così commentò: "Ah, chi, quello? Ma è un truffatore seriale. Ci sono diverse denunce contro di lui. Lo lasci perdere, non ne ricaverà nulla".

Per una serie di circostanze non ho mai preso la patente di guida, né mai posseduto una macchina. Le ho comprate, al compimento della loro maggiore età, ad ambedue i miei figli, con l'impegno che l'auto servisse, oltre che a loro, anche per i bisogni della famiglia. Niente. Non accompagnavano la madre neanche a fare la spesa per evitare di farle portare grossi pesi. Io a scuola ci andavo a piedi, col caldo, col freddo, con la pioggia. Allora potevo farlo e lo facevo, mentre loro riposavano. All'uscita però ero sempre un po' stanco ed affamato e camminare ancora per circa tre quarti d'ora proprio non me la sentivo. Ero, proprio io che per natura sono poco propenso a disturbare la gente, costretto a chiedere un passaggio a qualche collega o a qualcuno del personale.

Quel giorno lo chiesi a un collega, che era anche un amico, il quale ben volentieri accondiscese. Mentre eravamo in viaggio mi disse: „Scusami, devo fermarmi in un ufficio, per ritirare un certificato, già pronto. Farò in un attimo. Aspettami in macchina". Dopo un paio di minuti lo vidi tornare. „Aveva proprio ragione", pensai, „ha fatto davvero prestissimo!". Ma non era finita: „Non sapevo che per ritirare il certificato occorre pagare 10 mila lire. Non le ho addosso. Me le puoi prestare, per favore? Domani te le restituisco". „Ma certo!", risposi, e gliele diedi. Il giorno dopo, a scuola, ci vedemmo, ci salutammo, scambiammo qualche frase. Ma dei soldi neanche una parola. Lo stesso il giorno successivo. Il terzo giorno, superando un forte imbarazzo e una naturale ritrosia, glieli chiesi. „Ah sì, scusami, che sbadato! Me ne ero dimenticato!". E cominciò a frugarsi in tutte le tasche dei pantaloni e della giacca. Inutilmente: non aveva nulla, così mi disse. Ma me li avrebbe portati il giorno dopo. Non li rividi mai più quei soldi. Mi vergognavo più io a chiederglieli di nuovo, che lui a far finta di niente. Seppi tempo dopo che era un notissimo scroccone, cui piaceva proprio tanto incassare soldi, ma che si sentiva morire al solo pensiero di doverne versare.

Ha dunque ragione il proverbio siciliano che dice: *Cu mpresta peddi a testa?* (Chi presta perde la testa). Non lo so. A me è andata male. Anche se non mi è più capitato per quanto riguarda i soldi, per il resto, ad esempio per i libri, se posso, preferisco regalarli anziché prestarli. Così evito delusioni!

53 - Il primo figlio

Il 24 aprile 1968, intorno alle sei del mattino, mia moglie, incinta di nove mesi, mi svegliò spaventata, dicendomi di essere tutta bagnata. Sono momenti questi in cui la maggioranza delle persone perde la testa e non sa cosa fare, esponendosi così a gravi rischi. Io, invece, mantengo la calma ed acquisto una totale lucidità. Mi vestii di corsa, corsi al portone d'entrata condominiale e suonai il campanello del mio amico medico ed ex compagno di banco al liceo:

„Delfino", gli gridai dalla strada quando lui, ancora mezzo addormentato, si affaccio al balcone di casa sua, che era nello stesso stabile, „mia moglie si è svegliata tutta bagnata...che debbo fare?".

Intuì subito la situazione: „Si sono rotte le acque. Torna a casa, prepara qualcosa da mettersi addosso e aspettatemi giù. Intanto io prendo la macchina. La portiamo all'ospedale".

I medici la visitarono subito e decisero che era necessario un parto cesareo, che sarebbe avvenuto in tarda mattinata; nel frattempo la paziente sarebbe rimasta sotto controllo. Da quando ero stato svegliato da mia moglie a quel momento era passata appena mezz'ora! Tranquillizzato tornai a casa a piedi, telefonai a mia suocera e a mia madre. Quindi mi preparai per andare a scuola, dove feci regolarmente le mie lezioni, alla fine delle quali, sempre a piedi, tornai in ospedale. Quando arrivai, qualche minuto prima che mia moglie entrasse in sala operatoria, trovai un piccolo assembramento di parenti: mia madre, mia suocera e le altre sue tre figlie.

Mia madre mi sembrò felice che il neonato fosse maschio (gli regalò la culla), mentre mia suocera si dedicò anima e corpo all'assistenza alla figlia.

Mia moglie, dopo una degenza un po' più lunga del normale, a causa del parto cesario, tornò a casa, dove i suoi parenti ed amici venivano a trovarla.

Un pomeriggio arrivarono alcune amiche, che le portarono qualche regalino per il bambino. Mia suocera e mia madre erano ormai in pianta stabile a casa mia, a guardare il nipotino. Mia madre, però - era una sua vecchia abitudine - quando si trovava in compagnia, voleva assolutamente essere la „prima donna", al centro dell'attenzione; sicché, quando si avvide che le signorine tenevano banco, se ne uscì con una battutaccia: „Le visite migliori sono quelle brevi". Come dire: „Siete rimaste abbastanza, ora andatevene!".E, infatti, se ne andarono, piuttosto offese. Trovai mia moglie molto agitata per questo „incidente" e quando me ne informò non potei fare a meno di dire a mia madre: „Come ti permetti di dire tu chi deve rimanere in casa mia e chi no?". Lei cercò di sminuire, mia moglie cominciò a sentirsi male, mia suocera intervenne in sostegno della figlia, mia madre la apostrofò in maniera offensiva: In pochi secondi si scatenò l'inferno: mia madre, infine, si alzò di botto per andarsene e attraversando la stanza fece un gesto che non riesco a dimenticare: afferrò il vassoio colmo di confetti azzurri, che avevo comprato qualche giorno prima, e lo scaraventò per terra, spargendo i confetti per tutto il pavimento. Quando arrivò all'uscita, si girò e mi disse: „E mi dovete restituire la culla!". Il bambino aveva dormito, per tutto il tempo. Mia moglie si sentì malissimo. Delfino non era in casa, dunque chiamai un altro medico che abitava nello stesso stabile. Questi ordinò l'immediata sospensione dell'allattamento e così il bambino non ebbe più il latte materno.

Episodi come questo non erano molto rari.

Passarono alcuni mesi e venne il momento del battesimo. Fu mia moglie soprattutto a volerlo. Io, da coerente agnostico, non mi opposi; del resto il battesimo da noi era visto più come un patto d'amicizia fra famiglie, che come un fatto religioso.

Mio padre si chiamava Evelino, ma in casa tutti lo chiamavano Giovanni, anzi Giovannino.

Fu questo il nome che volli dare a mio figlio, per onorare la memoria di mio padre. Mia madre pretese che aggiungessi anche il nome del suo secondo marito. Per amore della pace, come secondo nome, gli diedi Antonio.

Come padrino scegliemmo il prof. Salvatore Messina, apprezzatissimo docente di matematica, nonché amico e collega di mio padre e, da alcuni anni, anche mio; e, come madrina, la signora Aurelia, moglie di Delfino D'Anna, mio compagno di banco al liceo e nostro medico di famiglia.

Cerimonia e festa in casa erano andate molto bene. Quando le famiglie del padrino e della madrina erano già andate via, e mentre gli altri stavano per congedarsi anch'essi, mia madre lanciò una frecciata contro una delle mie cognate, accusata non ricordo più di che cosa.

Replica dell'interessata, controreplica: ne nacque una lite furibonda e la festa fu rovinata per sempre.

Guerra e pace, pace e guerra si sono alternate ininterrottamente fra la mia famiglia e quella di mia madre, fino alla morte.

Molti anni dopo, da morta, mia madre si prese la sua rivincita. E la mia famiglia andò distrutta.

54 – Sex-socialismo

Chi pensasse che fra i socialisti di Lentini ci sia stato un clima austero, fatto solo di battaglie ideali e politiche per il riscatto del lavoro, si sbaglierebbe di grosso. C'era in molti anche una specie di culto della „virilità", tutto siciliano, per cui un vero socialista, prima ancora che nelle battaglie politiche e sindacali, doveva eccellere in quelle del talamo.

Me ne parlò un giorno, tutto compiaciuto, un importante dirigente: „Almeno in questo campo non ci batte nessuno, a noi socialisti!".

Lo feci precipitare in una sincera costernazione quando gli rivelai che un importante dirigente del recente passato era un gay, che aveva anche un „nome d'arte"...

In un'afosa giornata estiva il compagno A, impiegato, si accorse che la sua collega d'ufficio era piuttosto provata:

- Signora, si sente bene?

- È per questo caldo...non ne posso più...

- Lo gradirebbe un gelato?

- Magari...

A uscì per andare al vicino bar e tornò quasi subito con due gelati, ma dopo un po' si mise a fissare intensamente la signora che divorava il suo avidamente.

- Perché mi guarda così?

- Perché vorrei essere io quel gelato...

- Guardi, signor A, che proprio di recente, ho avuto un brutta delusione...

La signora, da allora, non rimase più – racconta lui – delusa.

E sempre dandosi del lei, i due finirono a letto.

Fu lo stesso A a raccontarmi di aver visto, per caso, il compagno B., mentre faceva uno strano gesto alla sua donna, per molti versi indecifrabile, ma che per un siciliano era più chiaro di un libro aperto. Con la mano destra, indirizzando lo sguardo incattivito verso il centro dei pantaloni, faceva un movimento come di chi volesse tagliare un ramo secco. Era accaduto - mi raccontò A – che un convegno amoroso fra i due era, come dire, „fallito", perché lui non era riuscito ad „entrare in azione", insomma non aveva svolto il suo ruolo naturale. Riteneva quindi doveroso „punire" quella parte di sé che si era rivelata inadeguata alla situazione. Tagliandola, appunto!

A fece appena a tempo a sentire il commento della signora, a metà strada tra il conforto e il rimprovero: „Ma non faccia il bambino! Sono cose che possono capitare a chiunque..."

Da notare come il „lei" fosse di largo uso in certe situazioni.

55 – Addio, nonna!

Quella mattina, molto presto, ricevetti una visita del tutto inaspettata. Erano le sorelle Incontro, vecchie amiche di famiglia, venute ad avvertirmi che mia nonna era morta e che sul tardi ci sarebbe stato il funerale. In realtà, esse credevano che, in seguito ai rapporti conflittuali tra me a la mia ex famiglia, e con mia madre in particolare, io non avrei presenziato alle esequie. Da buone cristiane, volevano evitare un simile comportamento, così poco caritatevole.

In realtà io con mia nonna non avevo avuto più dissensi a partire dal giorno del mio matrimonio. Anzi lei aveva chiesto, a me e a mia moglie che, appena usciti dalla chiesa, andassimo a salutarla e a farle vedere l'abito nuziale; e così era stato.

A differenza di mia madre che non cessò mai di osteggiarci, né si pentì mai di quello che ci aveva fatto, e soprattutto che mi aveva fatto, mia nonna cambiò subito atteggiamento. Fece, io credo, un ragionamento di questo tipo: „Abbiamo fatto di tutto perché questo matrimonio non avvenisse, ma non è stato possibile evitarlo. A questo punto non ha più senso continuare le ostilità, anche al prezzo di perdere per sempre il nostro congiunto". Era diventata quasi paralitica, ma aveva molto più buonsenso della figlia e del marito, e non voleva perdermi.

Io, già sposato e con un figlio, impegnato col lavoro e con la politica, andavo a trovarla tutte le domeniche e non mancavo mai di portarle due dolci, comprati al bar lì vicino.

La trovavo sempre sola, perché il marito rientrava all'ora di pranzo.

Quando le consegnavo il solito pacchettino con le paste – una per lei e una per il nonno – anziché dirmi, com'era logico: „Mettilo in tal posto", lo nascondeva sotto uno scialle che portava sempre sulle ginocchia. Solo tanto tempo dopo capii il perché. I dolci se li mangiava ambedue lei, appena io me ne andavo, prima che il marito ritornasse.

Mi è rimasto il rammarico di non averlo capito prima e di non avergliene portato di più e più spesso. Vorrei poterlo fare oggi, ma non è più possibile.

Per questo ho detto ai miei figli di godersi il loro padre, mentre è ancora vivo: per evitare il rammarico di non averlo fatto quando era possibile.

56 – Coabitazione

Quando il mio primogenito era ancora piccolo, mia moglie ed io decidemmo di affittare una casa al mare per passarci un mese, durante le vacanze. Mi è sempre piaciuto il mare. Prima di sposarmi ci andavo spesso con i miei amici, ma solo per una mezza giornata, poi si ritornava a casa. Ma quella volta volevo godermela tutta.

Quando mia madre seppe delle mie intenzioni fu presa da una specie di spirito di emulazione e subito mi propose di affittarne una un po' più grande perché potesse bastare per due famiglie: la mia e la sua; avremmo pagato metà per uno poiché ambedue le famiglie erano composte di tre persone. Istintivamente fui portato a dire di no. Poi, temendo che un rifiuto troppo deciso scatenasse un' ulteriore lite, che era l'ultima cosa di cui avevo bisogno, ed anche perché mi faceva piacere risparmiare, decisi di accettare.

Le difficoltà cominciarono da subito. A che ora si pranza? Da mia madre si mangiava alle 12, poiché il loro turno a scuola cominciava alle 14; a casa mia alle 14. poiché io uscivo a quell'ora dalla mia scuola. Quando capitava di mangiare alle12, io quasi non toccavo cibo, poiché a quell'ora non avevo il minimo appetito; quando si pranzava alle 14, io leggevo nei volti dell'altra famiglia una vera sofferenza fisica, li vedevo contorcersi dalla fame.

La stessa cosa accadeva al momento di andare a letto. A casa di mia madre alle 9 già tutti loro cascavano dal sonno e andavano a dormire, chiedendo luci spente e silenzio, mentre io, abituato a restare in piedi almeno fino alle 23, passavo notti insonni, girandomi e rigirandomi nel letto, come nella canzone *Mi votu e mi rivotu* di Rosa Balistreri.

Se invece la serata si prolungava, mia madre e i suoi dormivano letteralmente in piedi, facendo di tutto per farlo notare ed io mi sentivo in colpa per la loro „sofferenza".

Insomma, qualcuno doveva soffrire per forza.

Io capisco che non si possono imporre le proprie abitudini agli altri, ma che anzi bisogna sforzarsi di cambiare le proprie quando è necessario.

Appunto: quando è necessario. Ma io ero andato al mare, e pagavo per questo, per rilassarmi, non per soffrire o sforzarmi di fare ciò che non mi andava. La cosa non poteva durare, specie con un tipino come mia madre, poco disposta ad accontentare chicchessia.

Quasi una settimana prima della fine del mese di affitto, dissi a mia moglie: „Sei libera di rimanere o di seguirmi, ma io non ce la faccio più"

E tornai a Lentini, nell'afosa Lentini estiva. Mia moglie rimase, ma, solo per due giorni ancora, poi mi raggiunse.

Qualche tempo dopo, assieme al mio caro amico Turi, mi recai per la prima volta a visitare la mostra nazionale di fumetti, organizzata periodicamente a Lucca. Non avevamo pensato di prenotare un posto per dormire e a stento trovammo una stanza in comune. In quel periodo io mi alzavo attorno alle 6, mentre lui prima delle 8 non si svegliava. Cosicché io, per due ore non potevo né fumare, perché non era giusto, né fare qualunque rumore, neanche per lavarmi, né accendere la luce per leggere, perché lui subito protestava, dicendo che altrimenti si sarebbe sentito male.

Da quei due episodi, in cui non ci sono colpe di nessuno, trassi un insegnamento di cui sempre in seguito mi sono avvalso. Se per un caso di assoluta necessità sono costretto ad uscire dalla mia casa, stringo i denti, mi adatto e vado avanti senza lamentarmi. Ma se vado in qualche posto per vacanza o per diporto, nella maniera più assoluta, esigo di poter restare da solo. Non mi importa neppure di risparmiare, perché mi sembra molto stupido pagare per soffrire o per imporre una sofferenza. Piuttosto, se non ho i mezzi per fare qualcosa, semplicemente non la faccio. Non mi va di fare la fila, con quattro-cinque persone prima di me, per l'uso del bagno comune; quando vado a letto non voglio correre il rischio di non poter leggere o di farmi svegliare da qualcuno che vuole leggere o magari vuole ascoltare la radio. Insomma, non voglio disturbare, né essere disturbato. Se una cosa non posso permetterla, ripeto, non la faccio.

57 - Mia moglie

Mi sembrerebbe assai poco elegante parlare di lei in maniera approfondita, proprio qui, mentre ho io la penna in mano e la nostra unione è in fase di dissolvenza..

Dirò dunque solo che lei da ragazza, quando la conobbi, mi sembrò felice. Ora non lo è più.

Io cercavo l'amore, ma non lo trovai.

In comune abbiamo due figli.

58 – Alessandro Tribulato

Se dovessi definirlo, direi di lui che ricordava un lord inglese: per la raffinata signorilità, per la sua flemma da indifferente, caratterizzata dall'inarcarsi di un solo sopracciglio, che era solo la scorza sotto cui vibrava un'intensa umanità.

È forse stato l'unico sindaco di Lentini a interrompere l'abitudine di certe persone di disturbare gli amministratori comunali anche per strada o in qualunque altro posto. Lui, che aveva grande rispetto per le istituzioni, il pubblico lo riceveva in Comune e i problemi li risolveva concretamente. Era iscritto alla DC, ma la sua mentalità era quella di un liberaldemocratico o, se si vuole, di un conservatore illuminato. Dovunque si trovò ad operare, lo fece con prestigio, competenza ed onestà. Io lo conobbi quando ebbi l'onore di essergli collega nel Consiglio Comunale di Lentini, nella prima metà degli anni '70, ma lui mi conosceva da prima, molto prima.

Ho avuto notizia di ciò quasi per caso. Quando lasciò la politica e le sue attività manageriali, l'avv. Alessandro Tribulato andò a vivere in campagna.

Anni dopo, avendo saputo che l'avvocato, ormai anziano, era interessato ad uno dei miei libri e che il figlio non gliel'aveva trovato nelle librerie, pregai un comune amico che andava spesso a visitarlo di portargli tutti i libri che fin allora avevo pubblicato.

L'avvocato Tribulato fu molto compiaciuto del mio omaggio e istintivamente il suo pensiero commosso andò a quando, molti anni prima, aveva pronunciato un elogio funebre per la morte del suo amico Giovannino, mio padre, morto giovanissimo.

Com'è strano il mondo! Qualche tempo dopo fui io a scrivere l'elogio funebre dell'avv. Tribulato per un giornale locale. E uno dei suoi figli mi telefonò per ringraziarmi delle parole usate per ricordare suo padre.

Con Alessandro Tribulato se n'era andato un pezzo di storia leontina, un pezzo di storia che ha onorato la Città.

59 – Discorso sulla morte

Negli anni '50 il Comune di Lentini aveva un dipendente, di nome Felice, con la qualifica di accalappiacani. Suo compito era di catturare i cani randagi, caricarli su un camioncino e portarli in un posto di raccolta. Li catturava con grande maestria, servendosi di un cappio collegato ad una lunga asta, congegnati in modo tale da non far nessun male agli animali. Quando i cani lo vedevano arrivare " in assetto di guerra" tuttavia se la facevano addosso dalla paura e cercavano di scappare.

Quello che più mi stupì, però, fu una scena piuttosto curiosa. Una domenica, nel tardo pomeriggio, Felice, assieme alla moglie, come tanti altri, faceva una delle solite passeggiate per il centro, come allora si usava a Lentini. Indossava l'abito buono e chiacchierava con la moglie, sicuramente lontano con la mente e col corpo dal lavoro. Infatti lui non si accorse di quello che vidi io.

Alcuni cani, al margine della strada, al solo vederlo, benché fosse senza attrezzatura e intento a tutt'altro, cominciarono a guaire, con la coda fra le gambe: mi sembrava addirittura che piangessero per la fine prematura che immaginavano di dover fare.

Fu allora che presi coscienza di quanto gli esseri viventi siano istintivamente legati alla vita.

Me ne ricordai anche tanti anni dopo, quando sentii muggire di paura i buoi avviati al macello comunale, in cui non erano mai stati. In seguito, da assessore municipale, accondiscesi subito alla richiesta del veterinario comunale di acquistare una pistola ad ago, indolore, per sostituire la vecchia proceduta di sgozzare il bestiame.

La paura della morte è istintiva negli esseri viventi, compreso l'uomo. Ma per l'uomo c'è un di più che la rende più gravosa. È la coscienza, il sapere, prima che arrivi, di non poterle sfuggire; perché, per usare le parole di san Francesco, da essa *nullu homo vivente pò skappare*.

E l'uomo, tuttavia, poiché è *la coscienza che ci rende vili, noi tutti, quanti siamo*, come dice Amleto nell'omonima tragedia di Shakespeare, cerca di sfuggire, in ogni modo, al terrore disperato di tale destino, amplificato dalla consapevolezza della sua ineluttabilità.

Egli reagisce soprattutto coltivando la speranza di poter continuare la sua esistenza in un'altra vita, meno caduca, anzi eterna, in qualcuno dei paradisi promessi dalle varie religioni.

Ma c'è anche chi cerca rifugio nello spiritismo, chi nella magia nera, chi nell'eterna trasmigrazione delle anime, chi addirittura nel progresso della scienza, sperando che al più presto essa riesca a prolungare la vita, se non proprio ad eternarla.

Solo una fede profonda in qualcosa che ci assicuri un'altra vita riesce però a vincere la paura della morte, spesso rappresentata come una smagrita signora, uno scheletro a volte, armata di una falce e pronta a mietere una messe di vite umane.

Per altri la vita continua nella propria discendenza biologica, viaggiando di corpo in corpo, dalla sua scintilla iniziale all'esplosione finale del pianeta; per altri ancora essa si perpetua nella continua trasformazione della materia, che ci farà diventare vermi o altri esseri destinati a loro volta a viaggiare nei corpi di altre creature, fino alla fine dei secoli; altri, infine, più poeticamente pensano che si può continuare a vivere nel buon ricordo che si è lasciato con le proprie opere. Cicerone diceva: „La vita dei morti sta nella memoria dei vivi".

Ognuna di queste ipotesi può essere vera. O forse no. Chi può dirlo con certezza?

Può anche darsi che la verità stia da un'altra parte, alla radice dell'insoluto problema. Che cioè la morte non sia poi così terribile, come l'hanno sempre descritta coloro che erano molto attaccati alla vita, per età o per altro. Può darsi che la morte sia l'epilogo naturale della vita anche a livello di coscienza. Ho visto, infatti, persone molto anziane, ormai senza futuro, senza progetti e senza gioie, affrontare serenamente la morte, come si affronta la fine di un bel film: compiaciuti di aver assistito ad un bello spettacolo, ma anche un po' stanchi di stare per alcune ore immobili. Senza drammi, cioè. L'imperatore Augusto, quando sentì arrivare la sua ora disse: „La commedia è finita. Ho recitato bene la mia parte?".

Il mio nonno materno e il suo intimo amico e coetaneo Delfo Nigro erano uguali in tutto: entrambi falegnami, entrambi combattenti della prima guerra mondiale, entrambi comunisti della prima ora. Sempre d'accordo su tutto, tranne che su una cosa: Nigro era credente, mio nonno no. Da buoni amici decisero che chi dei due fosse morto per primo avrebbe comunicato all'altro, nel sogno, come stavano realmente le cose. Per primo morì Nigro, ma non si fece mai più sentire né vedere dal suo amico.

Credo proprio che si tratti di un problema che ognuno potrà risolvere solo... quando passerà il confine.

60 - Turi Martello

L'avevo conosciuto in quanto fratello del mio caro amico Vitale, politico di lungo corso, ex sindaco comunista di Lentini, poi arrivato al PSI. Lui, Turi, non aveva mai ricoperto cariche pubbliche: era un semplice dipendente comunale. Già dalla prima volta che gli parlai ci fu tra noi una corrente di simpatia umana. Quando si mise in pensione ci furono più occasioni di incontrarci e di conoscerci. Giorno dopo giorno, la nostra amicizia divenne sempre più intima, fino al punto che, per anni, divenimmo inseparabili. Turi era un uomo generoso, che sapeva spendersi per gli amici; era anche un tipo orgoglioso e sicuro di sé, che non aveva paura di niente e di nessuno; era legatissimo al Circolo Artistico, di cui in passato era stato presidente, e che ancora chiamava „il mio circolo"; amava la giustizia sotto tutte le forme; sotto la sua scorza da samurai c'era però un animo gentile: lo capii – sembra strano, ma è così -

dal fatto che ogni giorno portava da mangiare. a un gatto che viveva nel cortile interno del circolo, calandoglielo da un balconcino con una cordicella. Le piccole cose sono spesso rivelatrici del carattere, più ancora delle imprese „importanti". Era un bravissimo giocatore, capace di vincere o perdere senza mostrare la minima emozione. Ed infine era un uomo leale, incapace di fingere, niente affatto"diplomatico" , uno che non amava le mezze misure. Se era amico di qualcuno, lo era fino in fondo.

Più volte mi sollecitò a iscrivermi al Circolo, cercando di vincere la mia resistenza, dovuta al fatto che non vi conoscevo quasi nessuno e che perciò temevo di restare isolato e di sentirmi come un pesce fuor d'acqua.

Quando finalmente decisi di iscrivermi, di tutta la parte burocratica si occupò lui. Ma fece anche una cosa che a molti può sembrare di scarso rilievo, ma che io giudicai un segno grandissimo di amicizia.

Nel Circolo, un tempo promotore di grandi eventi culturali e ricreativi, ormai l'unica attività praticata era... il gioco del ramino. Chi non sapeva giocare non poteva neanche parlare, perché quel gioco impegna i giocatori alla massima concentrazione e quindi pretende il massimo silenzio degli eventuali spettatori. Ecco perché ritengo che questo gioco abbia anche grandi proprietà terapeutiche, perché è un vero e proprio scacciapensieri: chi gioca al ramino, non può pensare ad altro, pena la sconfitta. E anche se, per la sua distrazione fosse pronto a rischiare la sconfitta, non potrebbe farlo, perché trascinerebbe nella disfatta altri giocatori del gruppo, affatto disposti a perdere per causa altrui. Insomma, o giochi concentrato o non giochi. E se non giochi c'è poco altro da fare al Circolo. Turi sapeva bene tutto questo. E allora, per un paio d'ore al giorno, prese a insegnarmi il complicato gioco! Sembra una cosa da nulla, ma se ci riflettiamo un attimo lo vediamo come un segnale di grande generosità. Un giocatore di altissimo livello come lui insegnare, con tanta pazienza, a giocare ad uno completamente bianco che non distingueva le carte una dall'altra e non sapeva nemmeno come si tengono in mano è una cosa fuori del comune! Era come se un grande campione del ciclismo come Gino Bartali o Fausto Coppi perdesse ogni giorno mezza giornata per insegnare al figlio di un suo vicino ad andare in bicicletta!

Quando finii il „corso" mi disse: „Ora sai come si gioca. Cammin facendo imparerai i trucchi e le finezze del gioco". Mi presentò poi a un terzetto che si riuniva ogni sera dalle 18 alle 21, con puntualità svizzera, per giocare. Era forse l'unico gruppo a giocare senza una posta, ma solo per il piacere di farlo. Era composto dal prof. Lo Presti, un mio simpatico collega, insegnante di Francese, dal rag. Manoli e dal signor Brancato. Per anni costituimmo un quartetto inseparabile e affiatato. Il rapporto con Turi si fece ancora più intenso frequentando lo stesso circolo. Lunghe passeggiate, i suoi coloriti racconti, gli scherzi, le gioie, le vicissitudini della vita. Una volta che giocavo con un anziano socio quasi novantenne, vedendo che ormai avevo la vittoria in tasca, mi disse a un orecchio. „Non vincere, lascia vincere lui: ne sarà felice".

Non lo vedevo da tre giorni, a causa di fitti impegni di lavoro, quando una telefonata mi avvertì della sua morte per suicidio..Da un uomo della sua tempra non me lo sarei mai aspettato. La sua scomparsa lasciò in me un vuoto mai colmato. Nemmeno quando, quasi per evocarlo, gli dedicai il mio primo libro, *Una storia socialista*.

Io continuai a frequentare il circolo per molti anni ancora e mai l'avrei lasciato, in onore di Turi, se non ne fossi stato costretto dalla salute.

Ma quando qualche volta capitava che vincessi a ramino, c'era sempre una voce a levarsi, tra i soci presenti che diceva: „ Il professore è bravo perché è stato allievo di Martello".

Ma in realtà a Turi Martello io devo molto più dell'avermi insegnato il ramino: fu lui a farmi capire che cos'è la vera amicizia, che si può manifestare nelle grandi occasioni, ma anche nelle piccole vicende, con la stessa nobiltà, con la stessa sincerità, con la stessa lealtà, con lo stesso affetto.

Riposa in pace, Turi, e sappi che io non ti ho mai dimenticato.

61 – Un amico a destra

Le donne non ci vogliono più bene, perché portiamo la camicia nera...: così cantava fra sé e sé il rag. Salvatore Manoli mentre giocavamo a ramino, quando gli capitavano carte che non erano quelle sperate. Quando poi perdeva, soleva dire. „Non c'è fortuna per gli artisti!".

Quello che ho da subito apprezzato in lui è stata la coerenza: era un fascista che non negò mai di esserlo, a differenza di altri che preferivano mimetizzarsi in qualche partito di governo.

L'avevo conosciuto al *Circolo Artistico*, quando entrai a far parte del gruppo di giocatori che ogni sera si riuniva per la solita partita. Giocatori piuttosto anomali, dal momento che non si contendevano nessuna posta, raramente una bevanda.

Manoli era un po' il leader del gruppo. Raramente parlai con lui di politica, perché sapevamo entrambi che le nostre ideologie erano inconciliabili; come sapevamo entrambi che non eravamo degli opportunisti, ma persone che credevano in quello che dicevano e che dicevano quello che pensavano. Ci stimavamo e ci volevamo bene. Una volta il ragioniere mi regalò una cassetta di canzoni: da un lato tutte quelle del ventennio fascista, dall'altro quelle della Repubblica di Salò: una vera chicca che conservo ancora.

Il suo regalo più bello, fattomi in occasione non ricordo più di quale mia ricorrenza, fu anche il più spiritoso: una cravatta con sopra disegnate le facce di Marx e di Lenin. Mi disse poi mia moglie, quando la vide, che era di qualità assai pregiata.

A proposito di mia moglie, quando lo incontravamo fuori, egli soleva farle il baciamano. Roba dell'Ottocento, penserà qualcuno. Può darsi, ma certamente segnale sicuro della sua signorilità d'alta classe.

Quando, improvvisamente, si ammalò, il quartetto della sera si sciolse. Il ragioniere andò a curarsi a Reggio Emilia, dove vivevano i suoi tre figli: uno sottufficiale dei carabinieri, uno sindacalista della CISL, uno dipendente da una ditta di alimentari.

Quando una mattina, dopo molti mesi, lo rividi al Circolo, pallido, smagrito, ci abbracciammo. Ed egli ancora una volta mi disse: „Professore, facciamo una partita?".

Lo guardavo, seduto di fronte a me, con le carte in mano, ma senza più sorrisi e canti, né battute, e leggevo la morte nel suo volto. Non lo rividi più. Lasciò la vita con eleganza, in punta di piedi, così come l'aveva vissuta: da gentiluomo.

Un avversario politico generoso e cavalleresco. Fu lui a farmi capire che l'amicizia vera può accettare anche le diversità.

62 - Marilli e l'Aldilà

Otello Marilli, oltre ad essere stato un intellettuale di prim'ordine, un politico di alto livello, deputato nazionale e regionale, nonché ottimo amministratore comunale, era anche un toscanaccio burlone, capitato in Sicilia e poi a Lentini per una serie di vicende, di cui ho raccontato nel mio libro *13 storie leontine*. Ogni anno, il 6 gennaio, faceva un giro di telefonate alle mogli dei suoi amici. Diceva: „Ti telefono per farti i miei migliori auguri..." E quella, cascando dalle nuvole: „Ma... per che cosa..?". E lui assaporava il piacere della replica: „Ma perché oggi è la befana!".

Non ho mai conosciuto un uomo con la sua pazienza. Il suo partito, il PCI, sembrava sguazzare nella prolissità: chi riusciva ad afferrare la parola la tirava per le lunghe, magari ripetendo sempre le stesse cose, sicché le loro riunioni cominciavano nel primo pomeriggio e finivano alle ore piccole.

„Colui che potendo dire una cosa in dieci parole ne impiega dodici, io lo ritengo capace delle peggiori azioni", disse Carducci. Ed io mi permetto di aggiungere: „Guardatevi dagli oratori che esordiscono dicendo: „Sarò breve", perché sono i più pericolosi.

Marilli no, non aveva di questi problemi. Era capace di ascoltare per delle ore, senza interrompere nessuno e addirittura prendendo appunti con attenzione e meticolosità. Come facesse lo sapeva solo lui.

Era un uomo che tutti – amici e avversari –ammiravano per la sua preparazione. Quando fui eletto assessore nella Giunta Municipale da lui presieduta, mi fece venire a casa sua, in Via Garibaldi, dove mi tenne tre ore per spiegarmi tutte le pratiche della mia rubrica, tanto da lasciarmi a bocca aperta per la sua profonda conoscenza della macchina amministrativa.

Una sola volta vidi rimanere lui, Marilli, stupito e incapace di rispondere alla domanda che gli era stata rivolta.

Un tardo pomeriggio autunnale, in cui ero uscito senza ombrello, fui sorpreso da una pioggia leggera, ma seccante, per cui mi rifugiai in un bar, affollato da altri che mi avevano preceduto, per aspettare... tempi migliori. Dopo un po' arrivò Marilli, per lo stesso motivo.

Fu naturale che cominciassimo a parlare, per ammazzare il tempo. E siccome l'aria nel bar, per il gran numero di persone presenti, molte delle quali fumavano, si era fatta pesante, ci mettemmo davanti alla porta, sotto la tettoia che la ricopriva.

Ad un certo punto vedemmo dirigersi verso di noi un militante del PCI, un uomo di mezza età. Si presentò con grande cortesia ed educazione:

„Buonasera. Scusate se disturbo..."

„Ma no, rispose Marilli, stavamo parlando del più e del meno, in attesa che cessi questa fastidiosa pioggerellina...".

„Compagno Marilli, posso farti una domanda?"

„Dimmi, caro..."

„È vero che il compagno XX è cornuto?"

Ricordo ancora l'espressione di Marilli, che riuscì appena a dire: „E a me lo vieni a chiedere..?", rimanendo per lunghi istanti letteralmente... a bocca aperta.

Della sinistra lentinese faceva parte, a pieno titolo, un indipendente, Salvatore Formica, esponente della locale Chiesa Evangelica Battista. Formica godeva, meritatamente, della fama di uomo onesto e coerente. Era stato eletto più volte consigliere comunale e assessore, e nell'esercizio della sua funzione si era occupato prevalentemente di agricoltura. Era un tipo piuttosto taciturno, uno che parlava poco perché preferiva agire. Probabilmente non era facile per lui, sincero credente, barcamenarsi in quell'ambiente brulicante di atei e di agnostici. Ma con Marilli, professore universitario di Meccanica Agraria, qualche volta si intratteneva a parlare, non solo di agricoltura, ma anche della sua fede, della vita eterna. Dell'aldilà, insomma..

Una volta Marilli così gli disse, quasi riflettendo ad alta voce: „Sai, Salvatore, io ti invidio, perché vedo che la tua fede ti dà certezze e ti rende felice. Io, che non ho la tua fede, non potrò avere neanche la tua felicità...".

Chissà se nella mente di quell'arguto toscanaccio si era infiltrato il germe del dubbio...

63 - La notte di Losanna

Una mattina del 1975, mentre mi radevo, nel mio occhio sinistro apparvero della macchie rosse, come gocce di sangue che scendessero lungo un vetro. Era l'inizio di un'emorragia interna e di un calvario esistenziale.

Mi feci visitare dapprima dall'oculista della mutua, poi da altri specialisti di Lentini, e l'emorragia non si fermava. Quindi da vari professori di Catania e l'emorragia non si fermava; poi da un professorone di Roma, con lo stesso risultato. E intanto un drappo scarlatto era calato sull'occhio, simile a un sipario da palcoscenico di teatro! Mi indicarono poi uno specialista che aveva studiato all'estero, che volle subito ricoverarmi nelle sua clinica, perché l'occhio – mi disse - „poteva scoppiare" da un momento all'altro. Quando uscii, dopo una settimana, mi disse che il mio problema si poteva risolvere solo con un intervento. Un intervento oculistico era allora preceduto da un'autentica tortura: prima di farlo occorreva che il paziente stesse, per cinque giorni, completamente immobile. Credo che l'unico movimento ammesso fosse, per ovvi motivi, quello della respirazione. Invito ognuno a immaginarsi la situazione! Ma, alla fine, non avendo più alternative, mi decisi. Quando già avevo versato l'anticipo ed ero ormai disteso immobile sul lettino, pregai mia moglie di chiedere al dottore (per l'ennesima volta!) se con quell'intervento sarei guarito. „Ma che dice, signora? L'emorragia potrebbe tornare in qualunque momento, anche dopo l'operazione!". Mi rialzai di corsa, mi rivestii, pretesi e ottenni la restituzione del cospicuo acconto versato, e fuggii di corsa.

Rimasto senza cure e senza prospettive, tornai dal primo, il giovane medico della mutua, che riceveva una volta alla settimana. Un giorno mi disse: „Esiste un apparecchio chiamato laser, con cui si possono fare operazioni senza interventi chirurgici. La settimana prossima le saprò dire qualcosa di più". Un „apparecchio chiamato laser"! In altri Stati europei – lo seppi dopo – laser ce n'erano a centinaia in opera. E in Italia era semisconosciuto!

Una settimana dopo il giovane oculista mi disse: „Sono spiacente. Ho saputo che a Palermo ce n'è uno, ma l'unico professore che sapeva usarlo è andato in pensione e quindi l'apparecchio è stato messo in cantina".

Grazie a un amico avevo saputo di un ottimo ospedale oculistico di Losanna, in Svizzera. Quando telefonai mi chiesero le diagnosi e le terapie effettuate e dopo qualche giorno mi fissarono un appuntamento. Il viaggio in treno sarebbe durato 29 ore, mi avrebbe accompagnato mia moglie. Preparammo i bagagli per una permanenza che prevedevamo lunga, sistemammo il bambino presso i miei suoceri. Il mio padrigno, che aveva delle conoscenze e parlava discretamente il francese, mi prenotò una stanza in una pensione.

Era il settembre 1975. Arrivammo, il giorno prima della visita, che era già buio. Uno degli ultimi tram ci portò nella strada più vicina alla pensione. Carichi di bagagli e un po' disorientati, cercammo la stradina in cui era la pensione prenotata e il numero civico: „Ecco, è questa". Con l'ascensore arrivammo infine alla meta, stanchi per il lungo viaggio e per il peso dei bagagli; in più, io dovevo stare attento a come mi muovevo per non provocare nuove emorragie, sempre in agguato. Un po' in francese e un po' in italiano tra me e la proprietaria si svolse il seguente colloquio:

- Buonasera, signora. È permesso?

- Prego, accomodatevi. Desiderate?

- Signora, noi siamo gli italiani che hanno prenotato una camera. Un amico l'ha fatto per noi. Lei è mia moglie...

- Prenotato? Io non so di nessuna prenotazione...

- Ma signora, mi hanno detto di aver parlato personalmente con lei qualche giorno fa...

- Non è possibile, io sono stata dieci giorni a Zurigo da mia figlia e sono rientrata un'ora fa.

- Eppure l'indirizzo che mi hanno dato è questo! Ma questa è o non è una pensione?

- È una pensione, ma per ora non ci sono camere. Spiacente.

- Ma ora noi, che stiamo arrivando dall'Italia e non conosciamo nessuno, come faremo..?

L'amico che mi aveva indicato l'ospedale oculistico, mi aveva dato anche l'indirizzo dell'albergo, dove di solito alloggiava lui, quando si recava a Losanna: l'*Hotel de la gare*. La signora, vedendo mia moglie visibilmente spaventata, divenne ancora più gentile, facendoci telefonare da casa sua.

Quando scendemmo trovammo le strade completamente deserte e buie. Trovarsi in una città straniera, in mezzo a una strada isolata e appesantiti da molti bagagli non è una delle situazioni migliori in cui ci si possa trovare. Ma non mi persi d'animo. Afferrai l'ultimo tram della giornata e trovai l'albergo, nel quale sarei rimasto per tutta la durata della mia permanenza a Losanna.

Al ritorno protestai con mia madre, per la brutta sorpresa che avevamo trovato, a proposito della pensione. Mia madre non rispose, né allora, né dopo.

Il mistero della pensione prenotata, ma non prenotata, rimarrà tale per sempre.

64 - Il prof. Dufour

L' ospedale oculistico di Losanna costituiva per me l'ultima spiaggia per risolvere il problema della emorragia interna all'occhio sinistro che da alcuni mesi mi aveva sconvolto la vita e messo a rischio anche il lavoro. Ci arrivavo dopo una serie di visite e relative cure, che non avevano avuto alcun risultato. Avevamo con noi, io e mia moglie, 500.000 lire ciascuno, il massimo che la legge sull'esportazione di capitali allora consentisse.

In un giorno di settembre del 1975, entrammo nella grande sala di attesa dell'ospedale, dove avevo un appuntamento per le ore 14. Quando vidi le circa cinquanta persone che erano in attesa, non potei fare a meno di dire a mia moglie: „Altro che alle due; qui è una fortuna se mi riceveranno alle 10 di stasera". Fui smentito un minuto dopo da una voce proveniente da un altoparlante: „Monsieur Ferdinando Leonzio". A ricevermi c'era il prof. Dufour, il primario a capo di un centinaio di oculisti che lavoravano nell'ospedale. Mi fece subito esaminare da quattro o cinque dei suoi collaboratori, ognuno dei quali era specializzato in una particolare branca dell'oculistica, i quali riferivano a lui il risultato della visita.

Non mi fece ricoverare, come io avevo pensato. Mi diede invece appuntamento ogni giorno, mattina e pomeriggio, per due o tre ore per volta.

Durante le „visite" sedeva di fronte a me, guardava attentamente dentro l'occhio con un suo strumento e copiava quello che vedeva, con delle normali matite colorate, in un comune album da disegno, come quelli in uso nelle nostre scuole medie. Ne venne fuori una specie di pianta topografica del mio occhio, in cui le vene sembravano fiumi e l'emorragia un laghetto.

Qualche volta interrompeva questo lavoro per farmi fare vari esami: radiografia, filmato all'interno dell'occhio, ecc.

Un giorno volle sapere se ero un diabetico: gli dissi di no e gli mostrai un risultato di analisi fatte a Lentini poco prima di partire. „Non basta", mi disse, „potrebbe essere prediabetico. Deve fare altre analisi. In che albergo abita? ". Quando sentii questa strana domanda, pensai subito con malizia: „Questo vuol sapere se vivo in un albergo di lusso o in uno alla buona, per vedere quanto può spillarmi". Mi vergognai subito dopo di averlo pensato, quando lui, dopo aver cercato nell'elenco telefonico, mi disse: „Vada in questo laboratorio di analisi: è il più vicino al suo albergo". Quel grande professorone, di altissimo livello internazionale, si preoccupava di non farmi strapazzare!

Mi presentai, il giorno dopo, al laboratorio, da cui ricevetti una doccia fredda:

- Spiacenti, siamo occupati per una settimana, torni dopo.

- Ma guardi, io sono italiano, vivo in albergo, ogni giorno che passa devo pagare vitto e alloggio... Non può farmi questo favore?.

- No, guardi, non posso proprio, è tutto pieno, gliel'ho detto.

- Mi manda il prof. Dufour....

A sentire quel nome cambiò subito musica, chiamò un suo collaboratore e gli ordinò di preparare, per il giorno dopo, la stanza del Direttore: l'analisi me l'avrebbero fatta lì. Tale era il prestigio di quello scienziato!

Un altro giorno il professore, sempre gentile con mia moglie, a differenza dei burberi e pomposi cattedratici che avevo incontrato in Italia, mi disse, con dolcezza: „Venga con me, che le tiro qualche colpo di laser". Avevo letto, in qualche giornale, che il laser era anche detto „il raggio della morte", capace di perforare anche l'acciaio. Un piccolo errore, pensai, e addio Ferdinando!

Arrivati in una grande sala, vidi che apparecchi laser ce n'erano una ventina. Mi fece sedere in uno di essi, lui si mise dal lato opposto e mi "tirò" circa 270 colpi, una sventagliata di mitra. Manovrava il laser con la stessa sicurezza con cui una sarta maneggia la macchina da cucire: mi ricordai che il mio primo oculista non ne aveva mai visto uno, né gli altri me ne avevano mai parlato. L'operazione fu ripetuta alcuni giorni dopo, con circa 170 colpi.

Un giorno infine mi disse: „Venga domani mattina, che le darò la ricetta e poi potrà ripartire. È guarito".

Invece di essere contento fui preso dal panico. Dovevo ancora pagare l'albergo, una parte di soldi l'avevamo spesa per mangiare e per l'analisi. Non avrei mai avuto i soldi per pagare per tutto quello che mi aveva fatto: infinite visite, due volte al giorno, due o tre analisi nell'ospedale, due interventi al laser. E ancora dovevo pagare i biglietti per il ritorno. Temevo di essere arrestato per truffa, poiché certamente non avrei potuto pagare tutto ciò.

Il giorno dopo si ritirò nel suo studio per completare la ricetta. La „ricetta" era lunga sei pagine scritte a macchina, in francese, la lingua del

Cantone di Vaud, di cui Losanna era il capoluogo! Mi portò poi in un altro locale in cui c'era un grande schedario in cui erano catalogati tutti i migliori oculisti d'Europa. Cercò e poi mi porse un biglietto con su scritto un nome: „Lei è guarito, ma se dovesse sorgere qualche problema non c'è bisogno che lei venga qui. Vada piuttosto da questo oculista di Siracusa, che è il più idoneo per il suo caso. Qui invece verrà per la visita di controllo fra un anno preciso"; e mi indicò giorno e ora. E infine venne il momento cruciale: „Ecco la fattura". Appena 150 mila lire (equivalenti a circa 76,00 euro)! Nessuna speculazione sul paziente, nessuna „corsa all'oro"! Mi rimasero perfino dei soldi di quanto avevamo portato dall'Italia.

Meglio di così non poteva andare. In più, nel tempo libero, avevamo potuto visitare la bella città: il Lago di Ginevra, il Museo di storia naturale, il giardino botanico, la sede del Partito Socialista Svizzero...

Quando arrivai a Lentini feci vedere la ricetta al giovane oculista della mutua, che ne volle subito una copia, come fecero poi altri tre o quattro oculisti di Lentini: più che una ricetta era, infatti, un saggio di medicina.

Non ebbi motivo di ricorrere all'oculista di Siracusa, ma l'anno successivo mi organizzai per la visita di controllo. Mia moglie non poté accompagnarmi per via del secondo parto, troppo vicino alla data fissata. Con me venne mia madre, che per tutto il tempo si mostrò interessata solo ai regali che io „dovevo" portare a suo marito e a mio fratello.

Il giorno stabilito, alle 10 in punto, mi presentai alla segreteria dell'ospedale:

- Buongiorno signore. Desidera?

- Ho un appuntamento col prof. Dufour...

- Spiacente, il professore già da alcuni mesi è in pensione...

- Cosa? Ed ora come faccio, sono venuto apposta dall'Italia...

- Vediamo che cosa consigliano alla Direzione.

Quando chiuse il telefono, la segretaria rimase per alcuni istanti letteralmente a bocca aperta: „Il professore è di sopra che l'aspetta!"

Il grande scienziato, per onorare l'impegno preso, pur essendo in pensione, era venuto appositamente per me!

Fu allora che capii che cosa è la vera medicina, quella che tutti noi vorremmo, ma che purtroppo troviamo assai raramente: un misto di scienza e di umanità. Una scienza messa al servizio dell'umanità da uomini, che dopo essersi sacrificati sui libri, mettano la loro sapienza al servizio della sofferenza.

Dufour era certamente uno di loro, il migliore che io abbia mai conosciuto: se c'è un paradiso, lui è certamente lì.

65 - Turi Mangiameli

Se c'è qualcuno che pensa che la cultura di una persona sia proporzionale ai libri che ha letto, ebbene, mi sento di dirgli che si sbaglia di grosso. Certo, la lettura è una fonte primaria per la propria formazione, ma non meno importante è vita, l'esperienza degli altri di cui sappiamo far tesoro: Ad esempio, quando io mi iscrissi, nel 1957, al partito socialista, nella sezione c'erano appena tre laureati e qualche diplomato; tutti gli altri, quasi 200, erano artigiani, contadini o braccianti, e qualche operaio. Nel 1959 entrai nel Comitato Direttivo della sezione: Ero allora studente universitario, compravo spesso l'Avanti e leggevo varie riviste socialiste. Tuttavia per quasi un anno rimasi zitto, senza mai intervenire, timoroso di dire qualche sciocchezza. In compenso ero un ascoltatore attento e bevevo avidamente alla fonte della profonda cultura popolare che scaturiva dalle corpose esperienze di quegli incolti portatori del messaggio socialista, che sempre più avevo preso a frequentare.

Di quegli uomini che stavo ad ascoltare, Nino Giudice, Turi Sorbello, Ciccio Freni, Vinci il Sellaio, Alfio Ferrauto, Alfio Floridia, Andrea Risuglia, Giacomo Palazzo, 'Nzulu Garrasi, Luigi Di Pietro e tanti altri non è rimasto più nessuno.

Io che, per la mia giovane età, ero chiamato „il figlio caro della sezione", ormai sono il decano dei socialisti lentinesi, fra i pochi rimasti.

Uno a cui mi legai, diversi anni dopo, di sincera amicizia fu Turi Mangiameli, di 14 anni più anziano di me, morto a quasi 90 anni nel 2015. Lui era uno di quelli che allora si chiamavano i „compagni di base", cioè un semplice militante senza incarichi particolari.

Mi legai a lui, soprattutto quando ero in età avanzata, per vari motivi: perché ero sempre psicologicamente attratto dalle persone più anziane di me, che in qualche modo surrogavano la figura paterna che mi era mancata; ma anche perché era il solo con cui potevo scambiare commenti e suscitare ricordi di un passato che non sarebbe mai più tornato ; perché lui era vera una miniera di notizie, che, per uno con la vocazione dello storico come me, rappresentavano una fonte preziosa di informazioni; perché egli era portatore di una saggezza antica, che non si impara dai libri, e infine perché sentivo che mi voleva bene. Ricordo che una volta mi feci fare da lui una completa classificazione del frutto per cui Lentini è nota: l'arancia. Conosceva, inoltre, una quantità di aneddotica locale veramente preziosa, era dotato di senso dell'ironia e anche di psicologia nel trattare con le persone.

Di politica si interessava soprattutto in occasione di competizioni elettorali, quando era candidato il figlio Alfio, noto esponente della politica locale.

Quando voleva sapere qualcosa delle vicende politiche comunali però chiedeva a me. „Ma come, Turi, tu hai un figlio che è molto bene addentrato in quelle vicende, e chiedi a me, che mi sono ritirato da tempo?" „Mio figlio mi dice ben poco. Quando gli chiedo qualcosa bisbiglia due parole e scappa via". Negli ultimi anni usciva sempre in macchina e quando mi incontrava mi invitava a salire e assieme andavamo a passare qualche ora in un bar di via Etnea gestito da un suo cugino. Al ritorno andavamo spesso a comprare la frutta e poi mi riaccompagnava a casa.

Nell'acquisto dei meloni estivi dimostrava una solida astuzia contadina per aggirare l'ostacolo dei venditori che vendevano il grosso frutto „al buio", col rischio, non infrequente, che, una volta aperto, esso risultasse, come si dice dalle nostre parti, una „saponata", cioè senza colore e senza sapore.

Dunque si presentava al venditore e, con l'aria di esperto, acquistava un melone e pagava. Ma, prima di andare, diceva al venditore: „Per favore lo tagli in due e metta le due metà in due borse diverse. Sa, io per rientrare debbo salire molte scale e se il melone è messo in una sola borsa, col peso potrei cadere tutto da una parte. Il fruttivendolo ci cascava e tagliava. Se il melone era una „saponata", Turi gli diceva: „lo butti pure via, non posso presentarmi a casa con una cosa così", salutava e faceva finta di andarsene. Il venditore, timoroso che gli facesse una brutta pubblicità, lo richiamava subito: „Ma no, aspetti, che gliene prendo un altro", che veniva sempre tagliato. Una volta, con questo trucco, gliene fece buttare tre, finché non ebbe trovato quello buono.

Anche da lontano, negli ultimi anni gli telefonavo per il suo compleanno, che ricordavo bene, perché era nato il 31 agosto, lo stesso giorno della mia nipotina, che egli superava di 81 anni. Quando seppi della sua morte ne fui fortemente turbato: con lui se ne andava un altro pezzo della mia vita. C'erano cose di cui potevo parlare solo con lui. Ed ora non potrò mai più parlarne, perché nessuno mi capirebbe.

Anch'io ti ho voluto bene, amico mio.

66 – L'eredità del nonno

Ero tornato da qualche mese da Losanna, contento per la guarigione dell'emorragia oculare, ma ancora un po' impacciato nei movimenti per via dei residui del sangue fuoruscito che – così mi avevano detto – sarebbero stati assorbiti assai lentamente. Avevo anche ripreso il mio lavoro di professore ed ero anche stato eletto assessore comunale. Quella mattina mi trovavo nei pressi del municipio, quando fui raggiunto da due preoccupati vicini di casa di mio nonno, vedovo da qualche anno: „Venga, presto, suo nonno sta male...". Non pensai più a nulla e corsi verso la casa in cui ero nato e in cui ero vissuto fino al giorno del mio matrimonio. Volai, mi ricordo, per le ripide scale: il nonno, accasciato su una sedia e attorniato da alcuni vicini, non parlava, ma respirava, o piuttosto ansimava, affannosamente. Mi resi conto che c'era qualcosa di grave: sapevo che soffriva di cuore...Lo studio medico più vicino era quello del dott. Ciancio, in via Conte Alaimo. La sala d'aspetto era affollata, ma non me ne curai...Non ricordo se bussai o meno, ma feci irruzione nello studio, proprio mentre il dottore visitava un suo paziente: „Venga dottore, presto, mio nonno sta molto male..." Nuova corsa verso Via Lazio, io avanti e il dottore appresso. Al bravo professionista bastarono pochi minuti per fare la sua diagnosi: „Presto, immediatamente all'ospedale!". Nuova corsa verso la piazza, al posteggio dei taxi. Mentre correvo incrociai un compagno di partito che passava in macchina: „Delfo, per favore, vai a casa di mia madre, in via Etnea, e dille che suo padre è all'ospedale".

Alcuni vicini mi aiutarono a mettere il nonno sul taxi e poi di corsa all'ospedale. I portantini del pronto soccorso velocemente lo portarono all'interno e lo affidarono ai medici. Il tutto si era svolto al massimo in mezz'ora.

Quando, uno o due giorni dopo, andai a trovarlo, era a letto, abbastanza lucido: „Ho la pancia tesa, come un tamburino", mi disse e si scoprì. Era vero. Egli soffriva di pigrizia intestinale e stitichezza: da anni si faceva un clistere ogni mattina, per stare bene tutto il giorno. Ma lì, all'ospedale, non se n'erano curati: quello era un altro reparto, per cui...

Mi venne in mente un episodio avvenuto tempo prima e che mi avevano raccontato. Una signora, scivolando, aveva sbattuto la testa e un po' sanguinava. Era andata al bar interno, dove tutti le dicevano: „Signora, può darsi che occorra qualche punto di sutura, faccia vedere la ferita ad un medico". Prima ancora che la signora potesse rispondere entrarono due medici, diretti al banco. La signora si fece coraggio: „Dottore, mi scusi, ho sbattuto la testa, mi fa male ed ho un po' di sangue. Può vedere se...". Non poté finire, perché uno dei due subito la interruppe: „Spiacente, signora, noi siamo pediatri!".

Prima di lasciare il nonno, volli parlare con un medico del reparto, che conoscevo. „Ferdinando", mi disse, „la situazione di tuo nonno è molto grave. Il suo cuore non ce la fa più. Non c'è niente da fare, gli rimangono pochi giorni...".

Mi avevano detto che i vecchi amano essere ricordati. Oggi, che anch'io sono vecchio, posso affermare che le cose stanno proprio così. Mio nonno era stato uno dei fondatori del locale forte partito comunista, oltre che antifascista coerente, mai inchinatosi al regime, né venuto a compromessi con esso. Cercai il mio caro amico Carmelo Baudo, allora segretario del locale PCI e lo pregai di andare a trovare il nonno.

„Ignazio", gli disse Baudo, ti porto i saluti di tutti i compagni di Lentini, insieme agli auguri di pronta guarigione, perché tu possa tornare presto fra noi". Il nonno fu felice di queste parole.

Dopo qualche giorno, di pomeriggio, andai a trovarlo assieme a mia moglie. Con lui era mia madre, sua figlia. Mai al mondo avrei potuto immaginare quello che accadde: „Vattene via", mi sputò in faccia mia madre, non hai il diritto di stare qui. Ti dovresti vergognare del tuo comportamento, dopo quello che quell'uomo, che ti ha allevato come un figlio, ha fatto per te!" . Non credevo alle mie orecchie: „Ma... che cosa ho fatto?... Non capisco... „.

„Non hai fatto neppure una nottata con tuo nonno! Le ha dovuto fare mio marito!".

C'era allora in uso l'abitudine che, durante la notte, accanto ad ogni ricoverato, stesse un parente, per eventuali bisogni del malato. Gli infermieri di turno potevano così dormire tranquilli. Questa cosa io allora non la sapevo, né qualcuno mi aveva chiesto di farla. In più, ero allora molto cauto per il fatto dell'occhio, per cui cercavo di evitare ogni sforzo, tanto più che dovevo sbrigare gli affari di famiglia, tenere le lezioni ai miei alunni, e fare il mio dovere di pubblico amministratore.

Rimanemmo un po' e poi ce ne andammo, io e mia moglie, costernati e stupefatti per quanto era accaduto. Non contava nulla quello che io avevo fatto per il nonno! Ogni scusa era buona per darmi addosso. Dopo qualche giorno il nonno morì. Non aveva fatto testamento e dunque tutto andò, com'era giusto, alla sua unica erede, mia madre.

Di tre cose, però egli volle disporre personalmente, di tre cose che gli erano molto care. Si vede che sentiva la morte arrivare, altrimenti mai se ne sarebbe privato in vita:

la sua pistola da militare, che l'esercito gli aveva lasciato al momento del congedo e che egli aveva tenuto, rischiando molto, durante il ventennio fascista e nel dopoguerra, perché...non si sa mai...; la medaglia d'oro, allegata alla nomina a Cavaliere di Vittorio Veneto, che lo Stato aveva rilasciato a tutti gli ex combattenti della prima guerra mondiale, quasi cinquant'anni dopo la fine della guerra; il suo orologio da tasca *Longines*, di cui egli andava molto orgoglioso e che aveva anche un notevole valore economico. Tutte e tre le sue cose più preziose le regalò al suo secondo genero, benché non l'avesse mai stimato molto. Il quale, con notevole rapidità, le vendette, non so a chi.

Per me, invece...

Così va il mondo.

67 – Un politico di razza

Allo studio delle dottrine del socialismo fui avviato dall'ing. Carlo Cicero, vecchio turatiano che aveva studiato a Torino, dove aveva conosciuto Gobetti. Ma fu l'avv. Filadelfo Pupillo a insegnarmi tutto quello che c'è da sapere nella politica attiva: nomi, organismi, organizzazione degli iscritti, collocazioni correntizie, strategie congressuali, campagne elettorali, comizi, documenti politici, alchimie nella ripartizione delle cariche, psicologia del militante, trattative con altre forze politiche. Era un uomo di grande esperienza, da sempre addentrato nella politica, grazie all'onorevole Francesco Marino, suo zio materno. Conosceva tutto e tutti nell'ambiente politico locale, in cui sapeva districarsi con grande maestria. Era quello che viene detto un politico di razza. Io lo frequentai da quando mi iscrissi al PSI (1957) alla sua morte (1999).

Era dotato di grande passionalità e di grande disinvoltura. Nel 1959, in occasione delle elezioni regionali, mi chiese di accompagnarlo in un quartiere cittadino, dove intendeva tenere un comizio rionale. Assistei allora a una cosa che mai avrei immaginato potesse esistere: un comizio senza nessuno, dico nessuno, ad ascoltare! Io gli consigliai di lasciar perdere, ma lui mi disse che i braccianti, tornati da poco dal lavoro, avrebbero ascoltato comunque, mentre cenavano. E parlò lo stesso!

Era anche un uomo buono e non sapeva portare rancore a nessuno. Se gli capitava, nel rissoso ambiente politico lentinese, e socialista in particolare, di contrapporsi a qualcuno, anche in maniera veemente, non vedeva l'ora di rappacificarsi con lui. Appena lo incontrava, lo guardava con un sorriso, gli prendeva un braccio e gli diceva: „Finemula ccù sta farsa" (finiamola con questa farsa), come dire: „siamo seri; non vale la pena litigare per queste sciocchezze".

Aveva anche un suo proprio vocabolario: ad esempio, di qualcuno che faceva finta di non capire, egli diceva che faceva „il pesce in barile"; se una situazione era ormai chiarita, concludeva con un „nun c'è né ossa, né spini" (non ci sono né ossa né spine), cioè non ci sono ostacoli, è tutto chiaro. Se riusciva a farla a un avversario, diceva: „Si suca ddu ova" (si beva due uova), cioè si nutra con qualcos'altro, perché per questa volta per lui non ci sarà niente.

Ma una volta superò se stesso, sorprendendo persino me, che lo conoscevo meglio di tutti.

In una riunione di corrente si era deciso di preparare al più presto non ricordo più che documento e lui si incaricò della cosa. Passavano i giorni e non se ne sapeva nulla. Eravamo tutti ansiosi di pubblicare quel documento e gli altri incaricarono me, il più vicino a lui non solo politicamente, ma anche umanamente, di contattarlo, eventualmente di sollecitarlo.

Gli parlai più volte per telefono:

- „Delfino, il documento..?

- „Ah sì, avete ragione, ma sai, ho avuto un fastidioso raffreddore...Ma ora è passato".

- „Delfino, hai fatto il..."

- „In questi ultimi giorni ho avuto importanti impegni di lavoro. Lo faccio subito".

- „Delfino, e allora?"

- „Hai ragion. Ci metto mano subito".

Aveva una straordinaria fantasia nel dire la stessa cosa, cioè che non aveva scritto il documento, ma sempre con parole diverse, senza ripetersi mai. Ma l'ultima volta fu veramente geniale:

- „Delfino, ma insomma..."

- „Tranquillo. è quasi iniziato!".

68 – I dati catastali

Negli anni '60 mia madre dimostrò un insospettato senso degli affari. Con un piccolo acconto, e grazie a un mutuo bancario a rimborso rateale, acquistò un appartamento condominiale, che subito diede in affitto. Con il ricavato dell'affitto pagò parte del mutuo. Rivendette poi quell'appartamento e col ricavato diede un acconto ad un costruttore, acquistando così tre appartamenti in via Zenone, da scomputare poi con un altro mutuo bancario ventennale, che cominciò a pagare col ricavato degli affitti.

Un giorno mi disse di voler così disporre dei suoi tre appartamenti: „Uno lo voglio dare a te (io ero allora in affitto), uno ad Alfio (che era ancora minorenne) ed uno lo terrò per me. Il mutuo residuo del tuo, però, lo dovrai pagare tu". Pagando il mutuo con i proventi dell'affitto mi rimaneva in più l'equivalente di una trentina di euro di oggi. Un guadagno piccolo, ma pur sempre un guadagno. Ma, soprattutto, mi rimaneva un appartamento in proprietà: le cose per me, dopo tante guerre, cominciavano a sistemarsi. Il giorno, anzi la sera convenuta mi recai da un notaio di Carlentini, nel cui studio mi aspettavano mia madre e i suoi e mia moglie. Ricordo che quella sera avevo un'importante seduta del Consiglio Comunale, per cui mi feci accompagnare, in macchina dai miei due colleghi di partito, Sebastiano Centamore e Saro Chiarenza e che perciò mi trattenni appena il tempo necessario per firmare l'atto di donazione, per poter ritornare assieme a loro a Lentini.

La „cerimonia" sarebbe continuata con l'altro atto, quello a favore di mio fratello. Ma non fu così. Si era fatto tardi – così si disse – e dunque la cosa fu rinviata al giorno dopo. Naturalmente né io né mia moglie avevamo motivo di presenziare alla seconda cerimonia.

Quando fu applicata la riforma delle imposte dirette, dell'IRPEF in particolare, fu introdotto il principio della dichiarazione dei redditi da parte di ogni contribuente. Chi possedeva un fabbricato doveva dichiararne anche la rendita catastale, che io non avevo. Ma per fortuna (allora) a Lentini c'era l'Ufficio del Catasto, in via Regina Margherita, che quei dati li aveva.

L'impiegato mi chiese qualche informazione per potersi orientare nella ricerca, sfogliò un pesante registro e, poco dopo, esclamò: „Ah, ecco: qui c'è l'atto di donazione con cui la signora... cede al figlio Ferdinando... un appartamento... e poi, ancora, l'atto con cui la stessa signora cede all'altro suo figlio... due appartamenti situati nello stesso stabile...".

„Come, come?", lo interruppi, „rilegga per piacere...". Fu così che seppi dell'enorme discriminazione effettuata da mia madre a mio danno. Se non ci fosse stata la riforma fiscale, non l'avrei mai saputo, se non alla sua morte!

Quando ne parlai a mia madre, dapprima cercò di negare, ma barcollò quando le dissi che gli atti notarili sono pubblici e che la sera dopo sarei andato a visionare il tutto. C'era poco da controllare: la grave ingiustizia era stata davvero messa in atto, cercando anche di occultarla con qualche miserabile sotterfugio.

So bene che nessuno mai mi crederà se dico che il fatto economico ebbe uno scarso peso nella frattura che allora si verificò tra me e mia madre. Eppure è così. Certo la cosa appariva più odiosa di quanto fosse, se si tiene conto del fatto che io non avevo padre, che con un solo stipendio dovevo mantenere tre persone, ecc. Ma la cosa che mi causava maggior dolore era l'essere stato considerato come un figlio di serie B, un mezzo estraneo. Infatti, in seguito, proposi più volte, espressamente, a mia madre che io e mio fratello restituissimo a lei i tre appartamenti donati. Ma non volle saperne. Anzi, tempo dopo, ripeté l'operazione (questa volta in maniera anche più grave) a favore di mio fratello.

69 – Medicina e chirurgia

La professione di medico è diversa da qualunque altra. Se ciò giustifica, in una certa misura, i maggiori guadagni di chi la pratica, impone però un impegno molto serio, quale , ad esempio, il dovere del continuo aggiornamento.

La sinistra ha interpretato male il concetto di scuola aperta a tutti, come se esso consistesse, in pratica, nel fare tutti promossi. La selezione, invece, è necessaria, ma non come selezione economica e dunque di classe, come era stata sostanzialmente nel passato, sia remoto che prossimo; ma come selezione di merito sì. La stessa Costituzione (art. 34) dice che *i capaci e meritevoli, anche se privi di mezzi, hanno diritto di raggiungere i gradi più alti dell'istruzione.*

Qual è stato il risultato, prevedibile ma imprevisto, delle varie riforme? Che la scuola di base sforna alunni sostanzialmente impreparati, alcuni addirittura in difficoltà con la scrittura e la lettura. La facile promozione incoraggia le famiglie a far intraprendere ai figli, anche se inidonei o privi delle nozioni di base, gli studi superiori, con risultati a volte disastrosi.

Mi ricordo di quando, spiegando qualche lezione di economia, per esemplificare chiedevo alla classe: „Qual è il 10 % di 100? E tutti prendevano le calcolatrici!

E siccome l'appetito viene mangiando, elementi che magari avrebbero svolto egregiamente un'altra attività lavorativa, sbarcano del tutto impreparati nelle aule universitarie, dove spesso viene abbandonato il controllo della cultura generale e ci si limita alla sola verifica di quella specialistica. Ne vengono fuori professionisti di pessimo livello: chi ha imparato a parlare bene in una lingua, ma non conosce la tabellina; chi si atteggia a principe del foro e fa quattro errori ogni tre parole, ecc. ecc.

Ora io penso che quando un professionista, con certi limiti culturali, si inserisce nel mondo del lavoro, venendo perciò a contatto con la società, può fare danni, a volte anche gravi.

Ma il danno più grave può farlo il medico incapace, che gioca ogni giorno con la vita umana.

Almeno per la medicina, ci vorrebbe più rigore, più selezione negli studi.

Un giorno mi telefonò una signora che avevo conosciuto mesi prima, precisamente il 25 giugno 1977, giorno in cui era nato il mio secondogenito, Marco. Lei aveva partorito lo stesso giorno di mia moglie, anch'essa col parto cesareo; anch'essa aveva dato alla luce un maschio ed era stata la sua unica. compagna di stanza per tutta la degenza in ospedale. Naturalmente le due avevano fatto amicizia e si erano scambiate le proprie esperienze di vita. Anch'io, quando andavo a trovare mia moglie, avevo conosciuto sia lei che il marito. Poi più nulla; qualche telefonata, forse, fra le due.

Quel giorno, mentre rientravo – non c'era nessuno in casa - squillò il telefono. Era lei:

- Per favore, per pietà, mi dia l'indirizzo e il numero telefonico dell'ospedale svizzero in cui si è curato lei...

- Ma... certamente signora...

- Abbia pietà, la prego...

_ Ma che dice, signora? Certo che glieli dò. Non è mica un segreto. Li vado a prendere subito. Ma mi vuol dire che cosa è successo?

- Mio marito... è ancora giovane, non è giusto... Gli vogliono strappare un occhio...

- Ma perché? Che cos'ha?

- Ha subito un intervento in un occhio, una cosa semplice. Ma, dopo l'operazione, la ferita si è infettata e l'occhio ora rischia di andare in putrefazione. Se non vuole morire, glielo devono asportare.

- Signora, ecco telefono e indirizzo. Le posso assicurare che, per l'esperienza fatta, quello è un posto in cui, se c'è qualcosa che si può fare, la fanno. E se non c'è niente da fare glielo dicono.

La prego, al ritorno, di farmi sapere qualcosa. E tanti auguri.

Mi telefonò circa un mese dopo: - Che Dio vi benedica, lei e sua moglie. Se non vi avessimo conosciuti, chissà come sarebbe finita! L'occhio è stato salvato. Sa cos'era successo? Dopo l'intervento che gli avevano fatto, per ricucire la ferita, anziché usare il filo giusto, cioè quello tratto dall'intestino di gatto, ne hanno usato un altro, non idoneo, che è andato in putrefazione. A Losanna hanno tolto il filo infetto, hanno ricucito col filo giusto, ed hanno disinfettato la ferita. E mio marito è salvo. E grazie ancora.

Grazie, pensai, dovrebbe dirlo non a me, che non ho fatto proprio nulla, ma alla scienza medica. Quella vera, intendo.

70 – Il cerotto

Non ricordo in che anno conobbi Vitale Martello: forse nel 1958, poco dopo essermi iscritto al PSI, tramite il suo intimo amico Delfo Pupillo, che io pure frequentavo. Quello che, invece, ricordo bene, è di non aver mai avuto con lui il benché minimo dissenso, anzi potrei dire che tra noi ci fu sempre una sintonia intellettuale e un'amicizia sincera.

Lui era già un personaggio importante del firmamento politico locale, un personaggio storico direi, tanto che il suo nome figura nel sottotitolo del mio primo libro (*Una storia socialista – da Martello a Raiti*). Militante di spicco del PCI di Lentini, per conto del quale era stato sindaco della Città, se ne era successivamente distaccato in seguito alle aspre lotte correntizie che agitavano la sezione di quel partito, nei primi anni '60. Dopo una breve esperienza in una lista civica, egli infine aveva aderito al PSI, in cui rimase fino alla morte.

Fu allora che la nostra collaborazione si fece più fitta, raggiungendo la maggiore coesione nel periodo, ad inizio degli anni '80, in cui io fui leader del PSI di Lentini e lui capogruppo consiliare.

Vitale era anche un professionista serio e preparato, uno di quei ragionieri della vecchia scuola, capaci di districarsi agevolmente fra partite doppie e bilanci.

Tutti lo definivano – meritatamente – un galantuomo. E non è poco, se riferito ad un uomo politico, che visse sempre del suo lavoro.

Negli ultimi anni della sua vita, precedenti la sua malattia, si rese noto nella sua cerchia di amicizie per una sua curiosa espressione. Facendo intendere di essere a conoscenza di chissà quali segreti e di vari scheletri nell'armadio di noti personaggi, nei momenti di maggior tensione politica, esclamava, accompagnandosi con un gesto come di chi si strappa d'un colpo un forte adesivo dalle labbra: „Se mi tolgo il cerotto...".

Il simbolico cerotto stava a simboleggiare la prudenza e la diplomazia che comunemente si usano nei rapporti umani, politici e non, ma che si possono perdere quando non se ne può proprio più. Ma lui seppe sempre contenersi e morì da galantuomo, così com'era vissuto. Ed io non mancai di onorarne la memoria su un giornale cittadino.

71 – Gatto e caffé

Il mio medico di famiglia mi aveva avvertito da tempo: „Professore, lei ha la pressione troppo alta. È pericoloso. Riduca il caffé". Ma come si fa a dominare un vizio radicato da molti anni, da quando ero universitario? Bevevo quantità enormi di caffé, specialmente la mattina, quando volevo essere ben lucido per fare al meglio il mio lavoro.

Un giorno, però, mi presi un mal di gola, più brutto del solito e, per non disturbare il mio indaffaratissimo medico, sempre alle prese coi suoi tre affollatissimi studi, mi rivolsi ad un mio giovane amico, neolaureato, perché mi desse un antibiotico. „Assolutamente no", fu la sua

pronta risposta, „quello è un rimedio estremo". Stupidamente gli ubbidii e l'infezione si propagò a tutta la gola, arrivando fino all'orecchio sinistro, che rimarrà un po' lesionato. La febbre altissima mi procurò una specie di delirio, un mix di realtà e sogno, con immagini che andavano e venivano...

Fra l'altro mi tornarono alla mente i miei gatti e il nostro reciproco amore. Li avevo allevati, sempre in coppia, fin da quando, oltre vent'anni prima, la mia bisnonna Ciccia me ne aveva regalato una. Alla vigilia del mio matrimonio, ne avevo ancora due: la femmina, la più anziana dei due, Pina, era di pelo bianco e rosso, ed era dolcissima: morirà per prima, di vecchiaia, credo. Il maschio, Gino, di colore grigio tigrato, si era piuttosto inselvatichito negli ultimi tempi e si lasciava prendere solo da me.

I due, passando da una scala che conduceva in terrazza, godevano di una via d'uscita che gli permetteva di andare sui tetti del quartiere, salvo tornare immancabilmente a casa all'ora dei pasti.

Quando mi sposai, li affidai a mio nonno (la nonna era ormai paralitica e morirà per prima). Quando anche mio nonno morì, mia madre, sua unica erede, non riuscì né a vendere né ad affittare la casa e perciò i gatti rimasero al loro posto e a prendersi cura di loro tornai ancora io. Ma io abitavo lontano da quella casa ed ero impegnato con la famiglia, col lavoro, con la politica, ecc. Perciò portavo loro cibo abbondante per due giorni e gli davo l'acqua.

Era rimasto solo Gino, quando fui colto da quel terribile mal di gola, accompagnato per dieci giorni da febbre altissima, che alla fine riuscirò a superare solo grazie agli...antibiotici.

Quando finalmente riuscii a tornare alla vita normale, mi vennero alla mente due pensieri. „Se sono rimasto dieci giorni senza neanche una goccia di caffè e sono ancora vivo, vuol dire che non è come pensavo: si può vivere senza caffè. Quale migliore occasione di questa per eseguire la prescrizione del medico di famiglia?". E rinunciai al caffè, per sempre.

L'altro pensiero, probabilmente dettatomi da egoismo, riguardava il gatto: „Ormai è da dieci giorni che non ci vado: il gatto non avrà resistito e sicuramente sarà fuggito per i tetti a cercare il cibo. Non credo tornerà più". Ora che ci penso, credo che mi facesse comodo pensarla così, spossato com'ero e non propenso a compiere lunghi percorsi né a salire faticose scale. Passarono così altri cinque giorni. Il quinto giorno mi chiesi: „Ma non sarebbe meglio controllare? Non si sa mai...".

Gino era all'inizio della scala, dove solevo portargli il cibo. Si reggeva a malapena, anzi barcollava. Uscii di corsa, come avevo fatto anni prima per mio nonno, raggiunsi una vicina rivendita e comprai mezzo pollo arrosto. Quando glielo misi davanti, lo annusò appena, e non mangiò né bevve. Cinque giorni prima non sarebbe stata la stessa cosa. All'indomani lo trovai morto. La mia pigrizia e la mia leggerezza forse lo avevano ucciso. Non me ne sono mai dato pace, neppure adesso. Il mio amore per i gatti è cresciuto; quando ne vedo uno cerco di aiutarlo in qualche modo, come se volessi riscattare la morte di Gino, ma non riesco a cancellare il rimorso. Gli avevo fatta una foto quand'era piccolo, mentre giocava con una palla. Quando la guardo, non posso trattenere una lacrima.

72 – L'ultimo colloquio

Nel corso degli anni mi sono convinto che gli scritti migliori, quelli che sanno comunicare agli altri le proprie emozioni, sono quelli che escono fuori spontaneamente, senza sforzo alcuno, senza mediazioni intellettuali. Essi sono lo specchio del nostro animo, dei nostri sentimenti più profondi.

Il giorno in cui mio figlio, dopo molto tempo, forse involontariamente, mi affidò i suoi pensieri e mi fece sentire ancora padre, non potei fare a meno di rispondergli come il cuore mi dettava in quel momento. Fra l'altro gli parlai dell'ultimo intenso colloquio con mia madre.

Questa la e-mail che gli mandai:

Anch'io oggi sento il bisogno di confidarmi con te, anch'io in fondo ho le mie debolezze, i miei dolori, le mie disperazioni, a volte.

Io sento molto il peso del tempo volato via, delle occasioni sprecate, di una sorta di dolore cosmico che a volte sembra soffocarmi. Esco per andare in centro, il centro di una bella città del centro d'Europa, incontro centinaia di turisti, giapponesi con le loro immancabili macchine fotografiche, o americani che frugano nei negozi di souvenir, tedeschi, austriaci, russi...E tuttavia sono solo, al punto che finisco per credere di essere un fantasma trasparente...Potrei urlare e nessuno mi sentirebbe.

E allora mi ricordo la mia vita a Lentini, sempre uguale: uscivo solo la mattina, anche con la pioggia violenta. Percorrevo la Via Garibaldi e rispondevo ai saluti.

„Buongiorno, professore, ciao Ferdinando". Echi lontani di un passato che non tornerà mai più...Ho visto la desolazione della mia città morta. Sono stato a visitare i quartieri dove ho trascorso la mia infanzia e la mia adolescenza, ammutoliti e tristi.

Giocavamo a mille giochi in Via Conte Alaimo, mai un' auto a disturbarci. Ora, quando uscivo dalla pensione, dovevo stare attento a non essere investito dalle macchine che passavano. Non c'è futuro per me, lo so bene, né a Lentini né a Bratislava, nel cui immenso cimitero finirò sepolto, assieme alla mia solitudine. Ormai lo so: la maledizione della malinconia mi accompagnerà ovunque.

E mi viene in mente un giorno, quando andai a trovare mia madre nella sua casa di Via Etnea. Ormai vedova, vestita di un nero senza speranza, stava seduta in cucina con lo sguardo perso nel vuoto. Improvvisamente mi disse: „Desidero morire". Ma non era disperata. La vita, mi disse, le era venuta a noia. Non aveva che sessantasei anni, fra alcuni mesi sarebbe morta davvero. „I miei amici", mi disse, „il mio mondo sono morti. Io non ho più nulla da fare e da dire qui, mi sento inutile". Le parlai col cuore in mano: „Ma come, hai due figli, ambedue sistemati, due nipotini che ti vogliono bene, non hai alcun problema economico...". „Non è questo...", rispose, senza aggiungere altro. Allora non capii.

Improvvisamente mancò la luce, la piccola stufa si spense, la stanza piombò nel cupo grigiore dell'autunno ed io vidi, forse per la prima volta, non più l'acerrima avversaria che tanto mi aveva osteggiato, ma una povera vecchia indifesa, un passero solitario senza domani.

Non ebbi cuore di tornare a casa a riscaldarmi con la mia bella stufa nuova e a mangiare il mio pranzo fumante di aromi.

Rimasi con lei per altre quattro ore, in attesa dell'elettricista. Furono le ore più intense del nostro rapporto: mi raccontò di mio nonno, quello paterno, di cui non mi aveva mai parlato, di mio padre, del loro amore perduto, della sua infelicità. Mi disse cose che non mi aveva mai detto in tutta una vita.

Ne ebbi una gran pena. Ad un certo punto prese le lettere che mio padre le aveva inviato quasi 50 anni prima, divise in due gruppi ben distinti: quelle romantiche che le aveva inviato, quand'erano innamorati segreti, che avevano uno stile elevato e forse un po' ricercato, ben lontano dal mio ed anche dal tuo; e quelle altre, disperate e coraggiose, mandatele dall'ospedale, dove attendeva la morte: un vero capolavoro letterario. „Tieni", mi disse, „é giusto che le tenga tu". Credo che lei intuisse che la morte era dietro l'angolo.

Lessi quelle lettere una volta sola, le sigillai e mi riproposi di non leggerle mai più, tanto mi avevano straziato l'anima. L'ultimo rigo dell'ultima lettera era per me: „Ti raccomando nostro figlio Ferdinando". Ne feci un pacchettino e le conservai per sempre. Ora sono tue.

Vedi, figlio mio, quali pensieri può suscitare la febbre della solitudine? La maledetta malinconia è più violenta del pianto e della disperazione, è un deserto senza spazio e senza tempo in cui ci si sente perduti.

Per questo io voglio che tu, che sei la mia seconda vita, possa vivere meglio di me, senza le mie sventure, i miei errori, la mia maledetta solitudine, compagna inseparabile di un' intera vita che sembra non finire mai.

Ora ho capito tutto, mamma.

73 – Mia madre

Quando, in quella fredda notte di dicembre mi telefonò mio fratello, celibe e medico ospedaliero, io dormivo spossato da una fastidiosa febbre influenzale. Mi disse che nostra madre aveva avuto un ictus ed era stata ricoverata all'ospedale. Mi vestii in fretta, mi coprii alla buona, e mi avventurai, a piedi, per i circa due chilometri che separavano l'ospedale da casa mia.

La trovai distesa su un letto, quasi immobile e incapace di parlare, ma dal suo sguardo capii che era ancora lucida. E, infatti, qualche minuto dopo il mio arrivo, mentre mio fratello era andato nel suo reparto, mi fece cenno di portarle carta e penna.

Rimanendo distesa e usando solo la destra, scrisse, con grafia incerta, una sola parola: „Case", e poi si accasciò. Cadde in coma e non si risvegliò più. Dopo dieci giorni morì.

Che cosa volesse dire con quella parola, che per tanto tempo ci aveva divisi, non lo saprò mai.

Una promessa? Un impegno? Un rammarico? Un pentimento? Chissà!

Ricordo ancora quando la rividi sul letto di casa sua, distesa, immobile, vestita di nero, con attorno qualche raro parente. Improvvisamente mio fratello uscì, quasi di corsa, dalla stanza, per rifugiarsi in un angolo buio della casa e dare sfogo al suo dolore. Mentirei se dicessi che non mi commossi. Io sapevo che i suoi rapporti con nostra madre erano ben più intimi dei miei: loro pensavano all'unisono, io dissentivo su tutto. Il suo dolore in quel momento era più intenso del mio. Non piansi anch'io, ma lo confortai come potevo e gli promisi che non l'avrei mai lasciato solo e che io ci sarei stato sempre per lui. Non so se nel concreto ho mantenuto quella promessa, ma nel mio cuore certamente sì.

La mattina del funerale ce la fecero vedere per l'ultima volta, prima di inchiodare la bara. Mio fratello si chinò a baciarla sulla fronte, per un estremo saluto. Io non volli fare altrettanto. Io ho una fortissima memoria tattile: sento ancora, dopo oltre settant'anni, la guancia di mio padre che io un giorno accarezzai da bambino. È il più vivo ricordo che ho di lui, povero padre mio. Ma lui era vivo allora. Non volli portare per sempre con me la freddezza del cadavere di mia madre. Mi bastava ricordare le sue mani che tenevano la mia, quando ero costretto al riposo da qualche malore e lei si sedeva accanto al letto. Mi limitai, dunque, a fissarla intensamente un'ultima volta: fu come se la pellicola della nostra vita scorresse davanti ai miei occhi in pochi secondi e rividi solo le buone cose. Non piansi, neanche allora. Pensai che con la sua scomparsa si apriva un nuovo capitolo della mia vita, ma non avrei mai potuto immaginare quale.

Dopo il funerale tornai, da solo, nella sua casa. Le mute stanze in penombra, malinconiche e abbandonate, il suo letto vuoto con ancora l'impronta del suo corpo, la macchina da cucire, i suoi occhiali, la vestaglia, uno sportello aperto, i mille segni di una vita interrotta...Fu allora che il mio cuore si aprì, che si ruppero gli argini del mio dolore compresso da giorni e un fiume di lacrime mi travolse, nel chiuso di quelle mura materne...

Quando tornavo a casa, dopo essere andato a trovarla, ella di solito si affacciava, mettendosi all'angolo estremo del balcone e mi seguiva con lo sguardo fin quando arrivavo dove la via Etnea si tuffa nell'altra strada. Ed io ogni tanto mi giravo e vedevo quella figura nera che mi guardava e che diventava piccola piccola... Anche quel giorno mi girai. Ma non la vidi. Ed ebbi una stretta al cuore.

Negli ultimi anni aveva preso l'abitudine di telefonarmi ogni giorno, attorno alle 15, quando, tornato dal lavoro, avevo già terminato di pranzare. Non ricordo di che parlavamo: di tutto e di nulla. Capivo che voleva solo parlarmi. Nei giorni che seguirono la sua morte, mentre passeggiavo nel corridoio fumando la sigaretta del dopo pranzo, spesso, istintivamente tendevo la mano verso la cornetta, come per rispondere all'immancabile telefonata. Ma la sua voce non la sentirò mai più.

74 – Le sedie

Rimasto unico erede, dopo la rinuncia di mio fratello, qualche tempo dopo la morte di mia madre mi recai nella sua casa per cercare di programmare il suo sgombero, allo scopo di poter affittare l'appartamento.

La casa era mal tenuta e in pessime condizioni. Tutto era trascurato, anzi si può dire che un solo settore era stato curato: quello dell'abbigliamento. Mia madre non era un'avara come il padre, ma neanche una sprecona. Ma sull'abbigliamento non badava a spese: vestiti, scarpe, borse e quant'altro abbondavano e la loro ottima condizione faceva contrasto col resto della casa. Mia moglie non volle nulla per sé. Abiti e scarpe non erano della sua taglia. Ma le borse, o le cinture, peraltro nuovissime? Comunque tutto ebbe altrove una buona destinazione.

Mia madre teneva in terrazza quattro belle sedie in ferro, robuste ed eleganti, in cui faceva accomodare i suoi ospiti per offrir loro un rinfresco all'aria aperta nelle calde sere d'estate. Non le volli dar via, come molte altre cose, e pensai piuttosto di tenerle per me, che di sedie a casa mia ne avevo poche.

Quando le portai a casa mia ne ricavai una pessima sorpresa: mia moglie non le volle assolutamente e dovetti darle via. Mi colpì la motivazione del suo deciso rifiuto, che non riguardava ovviamente la grandezza, né l'utilità, né la loro bellezza. Mi disse invece che non voleva proprio nulla che fosse stato di mia madre. Certo, da quando ci eravamo conosciuti e poi sposati, mia madre gliene aveva fatte e dette tante. Ma lei, a differenza di molte altre nuore, si era scelto un ruolo di paciere. Aveva sempre cercato di mediare nel lungo conflitto sentimentale che mi aveva contrapposto a mia madre. Ogni lite si concludeva sempre con una pace, in cui c'era sempre il suo intervento pacificatore.

Ma ora, proprio ora che mia madre era morta, il suo atteggiamento astioso mi parve eccessivo, fuori le righe.

L'episodio, in sé non tanto importante, mi colpì dolorosamente, perché io pensavo che la morte chiude ogni polemica. Mi sembrò, invece, che tutto il „buonismo" dimostrato nei rapporti con la suocera quand'era in vita altro non fosse che un atteggiamento opportunistico, atto a coprire rancori profondi, anche se non immotivati.

Questa considerazione risvegliò in me il senso critico e cominciai a leggere in mia moglie cose che per tanti anni mi erano sfuggite. Ma il legame che mi univa a lei, sostenuto da molte e valide motivazioni, era ancora molto forte e ci vollero ancora molti anni prima che si spezzasse.

75 – Il perdono

Io amavo mia madre. Ormai ne sono certo: dopo la morte di mio padre, lei costituiva tutto il mio mondo, la persona che si prendeva cura di me. Rimase vedova a 27 anni e a carico del padre, fino a quando trovò lavoro, per cinque anni, nell'Asilo Comunale e, in seguito a un concorso, nelle scuole elementari, prima fuori Lentini e poi a Lentini, fino al pensionamento.

Per tutto il tempo non mancò mai di darmi la paghetta settimanale, che specie all'inizio era esigua, ma che fu sempre puntuale, fin quando non trovai lavoro.

Il nostro buon rapporto si interruppe quando lei, pur consapevole che io avevo perso mio padre in tenera età e che di ciò io avevo subito un forte trauma, di cui però sembrava non accorgersi, mi tolse anche la madre, cioè se stessa. Tutto cessò quando – avevo appena compiuto 21 anni – le espressi la mia volontà di fidanzarmi con quella che diverrà mia moglie.

Il suo intervento era indispensabile per dare, secondo la radicata usanza di allora, ufficialità alla cosa. Era stata la ragazza a scrivermi (ho oggi motivo di ritenere, d'intesa con la madre) che, se volevamo rivederci ancora, era necessario il fidanzamento „ufficiale", che appunto comportava l'espressa richiesta della famiglia di „lui, che, secondo la tradizione, doveva essere materializzata con una visita alla famiglia di „lei".

Tutto preso da questo „amore", non mi accorsi che tale richiesta non stava né in cielo né in terra: avevo infatti sostenuto pochissimi esami all'università e prima di poter essere in grado di sostenere una famiglia ci sarebbero voluti almeno 7-8 anni, un tempo troppo lungo per un fidanzamento tradizionale. E, senza rendermene conto, andai incontro alla mia rovina.

Nonostante tutto mi presentai a mia madre con la quasi certezza di un sì. Certezza basata sul fatto che ogni genitore mette al primo posto la felicità del figlio. Specialmente se si trattava di un figlio orfano di padre a 8 anni e rimasto anche senza madre a 13. Inoltre mia madre aveva sposato –almeno così credo – mio padre per amore. E quando aveva deciso di risposarsi non aveva trovato in me il minimo ostacolo. Insomma confidavo in un sì alla mia (assurda) richiesta. Abituato però al culto della libertà, che la mia adesione al socialismo aveva consolidato, avevo messo in conto anche la possibilità di un suo no.

Ma mai e poi mai – e qui sta il mio tragico errore – avrei pensato che il no di mia madre avrebbe comportato una rottura così profonda tra me e lei. Non si limitò a sputarmi in faccia il suo violento no, ma dal quel momento prese a umiliarmi in tutti i modi, senza esclusione di colpi, resi assai più duri dalla mia situazione di dipendenza economica nei suoi confronti. Mi mise anche contro („contro" è un eufemismo) i nonni che mi avevano cresciuto ed anche buona parte della parentela e dei conoscenti. Non sto qui a raccontare di tutte le vessazioni che dovetti subire fino ai 27 anni né dei veleni arrivati dopo il mio matrimonio, fino alla sua morte. Basterà dire che tutto ciò fu causa di una colite spastica mai più superata e che in parte mi diseredò favorendo sfacciatamente mio fratello. Ci metteva un impegno quasi scientifico quando, volendo fare un regalino ai nipotini, stava ben attenta a scegliere oggetti „usa e getta": mai qualcosa di utile che potesse farmi risparmiare qualche soldo da impiegare per un miglioramento della mia vita quotidiana. Giorno dopo giorno, i nostri rapporti si incancrenirono e, dietro, la normale vita di relazione, prese corpo una diffidenza reciproca che dilagò in ogni aspetto della vita.

Ed anche oggi che mia madre è morta da molti anni, quando ripenso a certe cose, le vecchie ferite riprendono a sanguinare. Insomma, credo di non essere riuscito a perdonarla, neppure dopo la morte. „Come mai questa durezza?", mi chiedo a volte con molta tristezza.

Si sente spesso dire che, secondo la fede cristiana, Dio, che è infinita bontà, perdona tutti, proprio tutti. Non è così, questo concetto è frutto di un grosso equivoco. Il pensiero correttamente riportato dice, invece, più o meno così: „Dio perdona tutti quelli che si pentono". A questo serve il sacramento della confessione (con relativa penitenza). E deve trattarsi di pentimento non semplicemente dichiarato, ma totalmente sincero, perché Dio legge nei cuori.

E, dove possibile, deve essere anche „operoso". Se un assassino si pente del suo delitto, il sacerdote – in nome di Dio - lo perdona, in quanto non può che prendere atto del pentimento dichiarato. E solo se il suo pentimento è sincero, anche Dio, che è perfettamente in grado di verificarlo, lo perdona.

Ma se a pentirsi è un ladro, anche il sacerdote può verificarne la sincerità: Come? Imponendogli di restituire (ove possibile), la refurtiva. Questo è il pentimento operoso, non sempre possibile. Sarebbe comodo per il ladro guadagnarsi il paradiso semplicemente dichiarando di pentirsi, mentre intanto si gode i vantaggi del suo furto!

Il ripristino, ove concretamente possibile, della situazione preesistente al fatto peccaminoso costituisce il presupposto essenziale per poter considerare sincero il pentimento e concedere di conseguenza il perdono.

Mia madre non dichiarò mai di pentirsi, né mai operò di conseguenza. Può darsi, anzi mi auguro, che l'abbia fatto nel suo pensiero, in punta di morte. Ma io questo non lo saprò mai.

76 - Alfio Mangiameli

La sera conclusiva della campagna elettorale amministrativa del giugno 1975, tutti i partiti, a turno, lanciavano il loro appello finale agli elettori per ottenerne il consenso. Gli oratori, mentre gli addetti si affannavano prima a montare, e a smontare poi bandiere, striscioni e manifesti, si avvicendavano sull'apposito palco predisposto dal Comune, per sfruttare al meglio la mezz'ora concessa ad ogni partito, declamando le loro promesse davanti all'immensa folla che gremiva piazza Umberto I e gran parte di piazza Duomo. Il nostro oratore ufficiale sarebbe stato l'avvocato Giuseppe Panico, prestigioso esponente della Federazione provinciale, e molti di noi, dirigenti, candidati e militanti socialisti, lo aspettavamo, consapevoli che la sua eccellente oratoria avrebbe certo contribuito ad accrescere i consensi per il nostro partito. Ma, venne il turno del PSI e

Peppino – così lo chiamavamo affettuosamente - non era ancora arrivato da Siracusa. I minuti scorrevano inesorabili, mentre il nervosismo si diffondeva tra i militanti. Un inconveniente di quel tipo avrebbe certo avuto forti ripercussioni negative in una piazza estremamente politicizzata com'era allora quella di Lentini. Il più nervoso di tutti era il leader della sezione, il vicesindaco uscente Sebastiano Centamore. E mentre un silenzio tombale gravava sulla piazza in attesa, di cui già si percepiva il critico mormorio, qualcosa scattò nella testa di Centamore. Improvvisamente mi sentii spingere alle spalle verso la piccola scalinata in legno che portava al palco, mentre la sua voce, con un tono che non ammetteva repliche, mi imponeva: „Parla tu!". Dopo qualche secondo mi ritrovai dunque con il microfono in mano, di fronte a migliaia di persone che mi fissavano, curiose di sentire una voce socialista. Non ero minimamente preparato per una simile evenienza, né mi ero mai sognato di sostituire un oratore del calibro di Peppino Panico (si seppe poi che era rimasto bloccato nell'autostrada, il cui traffico era stato interrotto per un incidente accaduto poco prima).

Quando cominciai a parlare a nome del partito, un fragoroso applauso liberatorio si levò dalla folla, replicato ancora durante il discorso ed alla fine di esso. Capii allora che un grande successo si preparava allora per il PSI, il primo veramente consistente, dopo la scissione socialdemocratica del 1947, che l'aveva quasi cancellato a Lentini.

E, infatti, il nostro gruppo consiliare passò da tre a otto membri e divenne centrale nella scena politica locale. Fra gli otto socialisti eletti, il più giovane, e più giovane in assoluto di tutti i 40 consiglieri comunali, era Alfio Mangiameli. Alfio, da poco diplomato geometra, era completamente digiuno di politica, ma ricco di buonsenso. Il padre, da sempre buon collettore di voti, l'aveva fatto mettere in lista probabilmente per soddisfare, attraverso di lui, un'aspirazione comune a molti dipendenti comunali: quella di poter influire un giorno sulle decisioni del loro datore di lavoro, il Comune.

In politica solo i migliori hanno coscienza dei propri limiti. Vi si incontrano spesso personaggi, anche titolari di una collaudata ignoranza, talmente ambiziosi che se gli offri la presidenza della Repubblica, ci credono e...accettano. Alfio non era e non è fra questi ultimi.

Il giovane consigliere si può dire che dai banchi di scuola era stato scaraventato sui banchi del Consiglio Comunale, assai più difficili da gestire. Si guardò attorno e prese la sua decisione, forse spinto dal fatto che io ero l'unico laureato del gruppo. Appena insediati, mi prese da parte e mi disse: „Ferdinando, ti dispiace se mi metto vicino a te per imparare qualcosa sulla macchina amministrativa e sulla politica in genere?". Mi colpì molto quella sua richiesta, intrisa di umiltà e di volontà. Imparava alla svelta il ragazzo e imparava bene. Nel corso degli anni la nostra collaborazione politica si colorì di simpatia umana e si stabilì fra noi una sincera amicizia che dal 1975 ad oggi non ha mai subito la minima incrinatura. Non fu sfiorata dalla minima crisi neanche quando, in seguito alle tumultuose vicende della sezione socialista, su cui ho scritto in altra sede, i nostri percorsi politici si separarono. Lui comunque rimase sempre nel filone della sinistra democratica ed io in quello della tradizione socialista, anche dopo la fine dei vecchi partiti, PSI compreso. Per cui non fu difficile ritrovarci, anni dopo, nell'area di centro-sinistra, di cui lui divenne un qualificato esponente Divenne anche il più autorevole consigliere comunale di Lentini (fino al 2016, quando decise di non ricandidarsi), perfetto conoscitore della macchina amministrativa, di cui ha anche diretto in passato diverse branche. È rimasto il tipo riservato che è sempre stato. Ricordo che la sera della prima elezione a sindaco di suo cugino, suo omonimo, mentre una gran folla di simpatizzanti e curiosi gremiva festosamente la piazza per ascoltare la parola del nuovo sindaco e per assistere ai fuochi artificiali che la suggellarono, io e suo padre lo ritrovammo solo soletto nella sede elettorale del suo partito, in paziente attesa che il clamore postelettorale si spegnesse. E non è venuta meno neanche la sua naturale modestia, se ancora, dopo tanti anni, sia pure tra il serio e il faceto, mi designa ancora come il suo „maestro"!

Alla fine dell'ultimo mio temporaneo ritorno dall'esilio (28-12-2015), è stato lui ad accompagnarmi all'aeroporto di Catania. Un gesto di pura amicizia, se si considera che io da tempo, non essendo a Lentini, non posso più votare per lui e forse non lo potrò mai più. Sarà che mi sono invecchiato, ma confesso che il suo gesto disinteressato mi ha commosso.

77 – Silenzio!

Secondo la legge allora in vigore gli studenti delle ultime classi dovevano sostenere gli esami di maturità davanti a una commissione composta da un presidente e da professori „esterni", provenienti cioè da altre scuole, con in più un „membro interno", in rappresentanza del „Consiglio di classe" di ciascuna delle classi di fine corso dell'Istituto che dovevano sostenere gli esami. Nello spirito della legge costui aveva una funzione di collegamento tra la scuola e la Commissione, di cui era egli stesso componente, con identiche funzioni degli altri. Nel corso del tempo questa figura era andata assumendo anche un'altra funzione di fatto, quella cioè di „protettore" degli esaminandi, che conosceva meglio per averli avuti come alunni nel corso dei loro studi. I ragazzi, emozionati come capita a tutti coloro – vecchi e giovani – che devono affrontare un esame, confidavano in lui, perché li sostenesse in qualche modo, specie in sede di giudizio finale.

Quell'anno il ruolo di „rappresentante di classe" o „membro interno" che dir si voglia, per le due classi di maturandi, fu affidato al prof. Pippo Cosentino, docente di lettere e vicepreside della scuola, nonché mio caro amico, e al sottoscritto.

I preliminari, gli scritti e la correzione dei compiti si erano svolti senza problemi.

Durante gli orali, che si tenevano in un'aula della scuola ed erano aperti al pubblico, gli esaminandi prendevano posto davanti all'insegnante della materia scelta, che conduceva l'interrogazione, fermo restante che l'esame era collegiale, per cui anche gli altri membri potevano fare domande. Era usanza che il professore rappresentante della sua classe si sedesse accanto allo studente di turno per sostenerlo anche con la sua sola presenza fisica e magari con qualche incoraggiamento. Cosa che facevo anch'io che amavo, ricambiato, i miei ragazzi. Quell'anno, fra le materie d'esame c'era una mia materia d'insegnamento, la Scienza delle Finanze. Il collega "esterno" di quella disciplina era probabilmente uno alle prime armi, visto lo scivolone comportamentale che prese quel giorno, nel corso di un esame. Il ragazzo che sedeva davanti a lui appariva piuttosto intimidito e teso; ad un certo punto esitò a rispondere ad una domanda del commissario esterno su un argomento che egli - io lo sapevo! - conosceva bene. Allora intervenni formulandogli la stessa domanda con termini a lui più accessibili, senza ovviamente suggerire la risposta. Apriti cielo! Il novellino ebbe uno scatto d'ira ed emise con forza un „Shh....", portandosi anche l'indice davanti al naso come per dire: „Silenzio!". Silenzio a me, più anziano di lui, già professore a 5 stelle (il livello, il massimo, dell'albergo a cui avevo diritto in caso di"trasferta" fuori sede). Di fronte a quell'umiliante richiamo, per giunta espresso davanti al numeroso pubblico costituto prevalentemente dagli altri studenti in trepidante attesa, se non avessi reagito avrei perso ogni prestigio professionale, allora e per sempre. E, soprattutto, avrei perso la stima dei miei studenti. Ma il pivellino aveva sbagliato strada. Dopo avergli fatto rilevare che egli, impedendo di intervenire in un esame „collegiale" a un membro della Commissione a tutti gli effetti, aveva violato la legge e che ci sarebbero state conseguenze sulla validità degli esami condotti in tal modo, indossai velocemente il soprabito ed abbandonai l'aula. Quasi alla fine della scalinata che portava all'uscita, mi raggiunse l'altro „membro interno" della scuola, Pippo Cosentino, seppi poi su richiesta del Presidente, che mi voleva parlare. Pippo mi chiese di tornare indietro con un argomento che egli sapeva bene avere per me un grande peso: „Ferdinando, fallo per me!". Il presidente mi chiese scusa per il comportamento irriguardoso del collega, e mi diede ragione su tutta la linea: „Professore, lei ha diritto di fare tutte le domande che vuole, e su qualunque materia". Mi riaccompagnò nell'aula degli esami, ripeté davanti a tutti, novellino compreso, i miei diritti, si intrattenne un po' ed alla fine della giornata, mi ringraziò ancora per essere tornato, nonostante l'incidente.

Il giorno dopo si presentò una nuova possibile occasione di conflitto con quel tale. I commissari erano tenuti, ad essere presenti ogni giorno alle ore 8,00 per la riunione preliminare, dovendo gli esami iniziare alle 8,30. Si fecero le 9,30 e quel tizio non si presentava. I ragazzi aspettavano trepidanti, il presidente si spazientiva sempre più, tanto che fece telefonare a casa sua, ma senza esito, ed anche gli altri colleghi mugugnavano, perché avrebbero dovuto ritardare notevolmente il loro pranzo.

La legge parlava chiaro: in caso di assenza di un commissario, il presidente poteva nominare per la conduzione di quel particolare esame un altro componente della Commissione, che ne avesse i titoli. Solamente se nessuno dei componenti rimasti conosceva la materia, poteva nominare un esterno. Io, e solo io, insegnavo la stessa materia dell'assente. Ad un certo punto il presidente, molto contrariato, mi disse (potrei dire: mi ordinò): „Professore, prenda il suo posto ed inizi gli esami di Scienza delle Finanze". Gli feci rilevare che un'ora di ritardo non era la fine del mondo e che non valeva la pena di creare dissidi nella Commissione. Quando però si fecero le 10,30 e ancora non si presentava, il presidente si fece più deciso: „Professore...". Mi appellai alla sua cortesia: „Presidente, se costui, appena arriva, non gradisce, specialmente dopo l'incidente di ieri, di essere stato sostituito da me, potrebbe travalicare i limiti e creare situazioni assai imbarazzanti per me e per tutti. Aspettiamo ancora un po', la prego".

Alle 11,30 il presidente, pur persona assai gentile e cordiale, fu perentorio: „Professore, inizi gli esami!". Era suo diritto ordinarlo e mio dovere eseguire la sua decisione. Ma, proprio mentre mi accingevo ad iniziare gli esami, giunse il ritardatario, adducendo... problemi di traffico, e tutto rientrò nella normalità.

Una sola considerazione: nel lavoro, in qualunque tipo di lavoro, il rispetto reciproco è essenziale.

Io in particolare – e non l'ho mai nascosto – la qualità che apprezzo di più in un uomo, fra le tante altre belle esistenti (la bontà, la generosità, la misericordia, l'altruismo, ecc.) quella che apprezzo di più è l'educazione.

78 – Il nono favore

Ho sempre sostenuto, nel corso della mia attività didattica, ma anche al di fuori di essa, che la cultura non è una cosa che si possa tagliare a fette:

di qua la storia, di là la geografia, più in là ancora la matematica... La cultura è un complesso unitario di conoscenze e di capacità che si muove compattamente nel corso della vicenda umana. Anzi, nell'antichità, molti sapienti coltivavano, e insegnavano, più discipline, che oggi ci appaiono ben distinte fra loro. Spesso erano contemporaneamente filosofi, matematici, fisici, medici, teologi, ecc. Ciò era possibile perché lo scibile umano non era poi tanto vasto e una vita di studio poteva percorrerlo tutto o quasi. Oggi l'enorme produzione culturale rende indispensabile la specializzazione e il conseguente sorgere delle professioni. E le stesse professioni tendono a ulteriori suddivisioni. Lo storico puro non esiste, talmente vasta è la storiografia mondiale: oggi abbiamo lo storico dell'epoca classica, il medievista, lo slavista, ecc. Nel campo della medicina le ripartizioni sono ancora più nette. Tende a scomparire la figura del generico di un tempo, capace di gestire qualunque problematica sanitaria, per lasciare il posto allo specialista: l'ortopedico, l'oncologo, il dentista, il cardiologo, il diabetologo, l'oculista. E anche quest'ultimo, ad esempio, tende a polverizzarsi in specialista della cornea, del vitreo, della pupilla, ecc.

Le suddivisioni sono imposte dall'immenso scibile esistente, amplificato dai mezzi di diffusione. Ma ciò non toglie che un buon cardiologo debba capire quanto basta delle altre branche mediche, come un buon penalista non può ignorare il diritto civile o un ingegnere navale cos'è il cemento armato, e così via.

Queste mie riflessioni, che molti probabilmente riterranno ovvie, riguardano però solo materie di studio, cioè roba scritta. Io credo, invece, che l'esperienza propria e l'altrui debba trovare degno posto nella cultura di un uomo, giacché a volte esse lasciano tracce profonde nella memoria e inducono a riflessioni su cose su cui non ci eravamo mai soffermati, e tuttavia meritevoli di riflessione. Ecco un esempio di „cultura" non libresca.

Nei due anni (1982-84) in cui fui segretario del PSI di Lentini, ebbi occasione di partecipare in prima persona alla formazione di due amministrazioni comunali. In un piccolo comune, quasi sempre la politica coincide con la politica amministrativa, quella che i cittadini possono controllare in modo diretto, senza la mediazione della stampa o d'altro. Una parte consistente della mia attività era dunque dedicata alla nostra rappresentanza consiliare (cinque consiglieri su quaranta) e a quella in Giunta tre assessori su nove).

Un giorno entrai nell'ufficio di uno tre assessori socialisti; costui era dotato di semplice cultura elementare, a differenza degli altri due, che erano diplomati, ma aveva la saggezza dell'esperienza.

Mentre discutevamo delle problematiche della sua rubrica, fummo interrotti dallo squillo del telefono. L'assessore parlò per circa 15 minuti: sembrava un po' in difficoltà. Quando ripose la cornetta mi sembrò piuttosto amareggiato e gli chiesi di spiegarmi il perché. „Vedi", mi rispose, „quella che mi ha appena chiamato è una signora che ha una famiglia assai numerosa e unita, che ha sempre votato in massa per me. Io, infatti, ho fatto alla signora, nel corso degli anni, ben otto favori. Di recente me ne ha chiesto un nono, ma non ho potuto proprio farglielo e poco fa gliel'ho detto. Per tutta risposta, mi ha investito aspramente, come uno che prima si prende i voti e poi se ne frega dei suoi elettori. Soprattutto mi ha detto che non voteranno mai più per me, né lei né la sua famiglia. Ho così perduto, d'un colpo, molti voti prima considerati „sicuri". Non contano gli otto favori che le avevo fatto. Conta solo il nono che non le ho potuto fare".

Già, è proprio così, anche nella vita, pensai. E mi ricordai di tutte le volte in cui non avevo potuto accontentare una persona in qualche cosa. Qualunque cosa avessi fatto per lei prima, quella che veramente contava era l'ultima, quella che non avevo potuto fare, che aveva la forza di cancellare ogni azione precedente!

79 –L'ernia

Ho riflettuto a lungo sulle mie manchevolezze da studente, ma anche su quelle dei miei insegnanti, specie di quelli del liceo, forse perché più vicini nella memoria, forse perché ero più grandicello. Fatto è che ho sviluppato un forte senso critico, che, a distanza di tempo, mi ha fatto vedere nella loro piena luce il loro operato. Professori di letteratura italiana che ci parlavano del Monti e del Foscolo, senza curarsi del fatto che nella „storia" eravamo ancora al medioevo e non sapevamo nulla dell'era napoleonica; insegnanti di letteratura classica che si rigiravano voluttuosamente fra le pieghe della grammatica latina e greca, senza spendere una parola sulla civiltà classica; „scienziati" fermi al nozionismo più spietato che faceva odiare specialmente la botanica e che non faceva mai cenno all'origine della vita o al darwinismo; o matematici che non spiegavano a quali grandi applicazioni pratiche potevano servire gli assi cartesiani; o professori di religione che si attardavano per mesi a parlare della grotta di Betlemme, senza mai affrontare i grandi interrogativi dell'umanità. Insomma, ho finito per dare di loro un giudizio professionalmente negativo, non per mancanza di valore degli insegnanti, spesso assai preparati nella loro disciplina, ma probabilmente per la loro carente capacità di insegnare.

Per questo, quando divenni insegnante a mia volta, ispirai la mia attività didattica ad un semplice principio: cosa avrei potuto dire di me stesso se io fossi stato al posto dei miei alunni? E quindi non ho mai dato da studiare più di due pagine di lezione, non ho mai assegnato nulla che non avessi spiegato e soprattutto che gli studenti non avessero capito: mi bastava, infatti, guardarli negli occhi per capire che non ero stato chiaro abbastanza. In tal modo li mettevo di fronte alle loro responsabilità: per essere promossi dovevano dimostrare di conoscere tutto il programma e di saper gestire il loro personale piano di studi. La loro conoscenza del programma sarebbe stata verificata periodicamente e volontariamente, con interrogazioni liberamente prenotate. Il professore, infatti, ho sempre pensato, non è un poliziotto alla ricerca del colpevole („l"impreparato"), ma è un educatore che deve formare i ragazzi ed educarli alla responsabilità, ma anche trasmettere i valori della scienza. Posso oggi dire di aver ottenuto due risultati: 1 – Col mio sistema veniva bocciato solo chi lo desiderava; 2 – Non ho mai adottato sanzioni disciplinari scritte, tranne il caso di una ragazza, peraltro ottima allieva, che un giorno, durante la ricreazione, si allontanò senza informare nessuno, dalla scuola, per andare a trovare un'amica malata che abitava a quasi un chilometro di distanza!.

Certo, per ottenere questi risultati dovevo lavorare sodo, per cui arrivavo a casa sempre stanco. Ma le soddisfazioni non mancarono né allora, né dopo. Allora molti studenti mi ritenevano „un duro", ma anche un insegnante impegnato ed umanamente legato a loro. Credo che pochi colleghi abbiano avuto la piacevole sorpresa, dopo circa vent'anni di pensionamento, di sapere, come è accaduto a me, che degli ex alunni, erano venuti da fuori città, per rivedermi durante la mia venuta a Lentini del dicembre 2015.

Per rendere più agevoli i percorsi didattici ed umani progettati, ritenevo necessario (come poi farò anche da conferenziere) stemperare il clima con qualche battuta scherzosa. Il diritto è una materia in buona parte basata sull'astrazione e comporta un notevole sforzo di concentrazione, per cui, per farlo meglio recepire, l'esempio pratico diventa di fondamentale importanza; e la stessa economia, al di là degli odiatissimi grafici, può essere assai attraente, se ne dimostrano gli effetti sulla busta paga del papà o sulla borsa della spesa della mamma.

Alieno dal fare paternali e dal dare ammonimenti agli studenti più pigri, a volte ricorrevo a un espediente.

Con fare un po' serioso, fingevo di cominciare una lezione, partendo, come a volte accadeva, piuttosto da lontano. „Sapete voi", domandavo agli alunni, „qual è la malattia del secolo?".

E loro si sbizzarrivano a ricordare i più terribili mali del '900: „La tubercolosi?". „No". „Il cancro?" No. „L'AIDS?". „No". „E allora qual è?? Ce la dica lei, professore...", imploravano infine.

„È l'ernia", rispondevo, „Essa viene con gli sforzi. Per cui, vi raccomando, non fate sforzi di alcun genere, non toccati i libri, non studiate nulla, perché altrimenti potrebbe venirvi l'ernia..."

E giù risate. E si ricominciava a lavorare...

80 – La pensione

Nella mia vita privata mi è sempre piaciuto frequentare diverse comitive, spesso assai diverse tra loro: gli amici d'infanzia, gli sportivi della *Leontina*, i compagni del PSI, quelli del PCI, i compagni di scuola, gli amici conosciuti per caso, i colleghi di lavoro. Quest'ultimo gruppo aveva un appuntamento fisso, ad un certo orario, in Via Garibaldi, che percorreva avanti e indietro per ore, mentre gli occhialuti componenti si raccontavano le loro cose e si scambiavano le loro opinioni. Benché fossero tutti ottime persone, preparate e accoglienti, non mi volli mai integrare con loro, per un particolare motivo: parlavano quasi esclusivamente delle loro esperienze di insegnanti, a volte perfino di quello che avevano fatto la mattina a scuola! Io invece ho sempre basato il mio lavoro, che ho fatto con amore e con impegno, su due punti fondamentali, da cui non mi sono mai discostato. Il primo consisteva nello svolgerlo al meglio: non mi sono mai presentato in classe impreparato. L'altro principio ispiratore consisteva nella voglia di estraniarmi, durante il tempo libero, da ogni cosa che fosse collegata al lavoro, per assecondare le altre mie diverse passioni: l'impegno nella società sportiva e nella politica, la voglia di tenermi aggiornato coi giornali e con i libri, il collezionismo dei fumetti, ecc.

Io consideravo la mia professione come un lavoro, da affrontare con una cura particolare e col giusto impegno, ma pur sempre un lavoro. A farmi decidere per la pensione, dopo 32 anni di insegnamento, fu un ragionamento molto semplice: la pensione che avrei preso lasciando il servizio, sarebbe stata più o meno uguale allo stipendio che prendevo in quel momento. Il che significava che, se avessi continuato a lavorare, lo avrei fatto gratis. Non sono portato per una simile situazione e non ho mai apprezzato il lavoro gratuito. Quando andavo a chiedere una qualunque prestazione professionale a qualche amico, lo facevo sempre coi soldi in mano, perché convinto che il lavoro vada sempre e comunque retribuito.

Per molti miei colleghi il ragionamento non era così semplice. Per ognuno di loro era prioritaria un'altra questione: „Che cosa farò una volta in pensione? Come impiegherò il mio tempo libero? Qualcuno era perfino terrorizzato dall'eventualità che, una volta in pensione, si potesse annoiare.

Io non ho mai avuto di questi problemi. Posso oggi affermare che nella vita ho attraversato vicende di ogni tipo, anche assai brutte. Ma non mi sono annoiato un solo giorno.

81 – La chiave della Storia

Quando si sciolse il PSI non ebbi molti rimpianti. Esso era divenuto assai diverso da quello cui avevo aderito, idealmente dal 1955 e organizzativamente dal 1957. Dei gruppi in cui si frantumò aderii alla Federazione Laburista, guidata da Valdo Spini: era la formazione più a sinistra ed aveva un leader di specchiata onestà. A Lentini avevo aderito ad un gruppo politico-culturale composto da elementi sparsi di sinistra di varia scuola, denominato „Movimento degli Indipendenti di sinistra" e poi dei „Progressisti", di cui fui eletto presidente. Nel frattempo i comunisti, separatisi dall'ala più intransigente, si erano trasformati in PDS (Partito Democratico della Sinistra). Sicché quando, sul piano nazionale, si fece strada l'idea della formazione di un nuovo partito unitario che raggruppasse le diverse anime della sinistra italiana, superando le storiche scissioni di Livorno (1921, PCI) e di Palazzo Barberini (1947, PSDI) fu naturale per noi „progressisti" lentinesi aderire a quel progetto, che si sarebbe lasciato alle spalle il nero periodo delle divisioni.

Il nuovo partito, denominato DS (Democratici di Sinistra) vide comunque la prevalenza, numerica e organizzativa degli ex comunisti.

Poco tempo dopo, sul piano personale, ormai in procinto di andare in pensione, mi trovai nella necessità di ben impiegare il tempo libero. Elaborai dunque un progetto articolato per la fondazione di un periodico locale di sinistra, cui mi proponevo di collaborare, che sottoposi ai vertici lentinesi dei DS.

Il progetto fu approvato con notevole entusiasmo; ma quando si arrivò al primo passo da compiere, cioè la nomina del direttore, la scelta cadde su di me. Io, piuttosto esitante, per il notevole impegno che l'incarico avrebbe comportato, volli fare una precisazione: „ Se sarò il direttore, io lo farò davvero. Il che significa che le scelte del giornale non potranno essere in nessun modo pilotate, né influenzate da esponenti del partito. Il quale, però, in qualunque momento, se insoddisfatto, potrà sostituirmi". Ebbi le massime assicurazioni in proposito. Ma, proprio la sera dell'insediamento della prestigiosa redazione (formata interamente da volontari!) che avevo da poco costituito, cominciò a farsi sentire la mano pesante del partito: questo non si deve fare, quell'altro invece sì; ciò fece esplodere tutta la mia collera, per essere stato beffato da elementi comunisti ancora legati a schemi da „centralismo democratico". Mi allontanai furioso: „tanto lavoro per nulla", mi dicevo, „questi mi vogliono ridurre a un giullare di corte". Era già tardi e dunque mi avviai verso casa, in preda ad un notevole stato di agitazione.

Ma quando infilai la chiave nel portone del condominio, ebbi l'amara sorpresa di constatare che esso non si apriva, nonostante tutti i miei tentativi. Ci vollero dieci minuti perché capissi il perché di quest'altro incidente in quella turbolenta serata: quello era il portone del condominio in cui avevo avevo abitato fino a una decina di anni prima, mentre la mia chiave era del condominio in cui abitavo allora. Accecato dall'ira, avevo sbagliato casa, come un ubriaco! Era la prima volta che mi accadeva una cosa simile!

L'episodio era però stato illuminante e mi ricordai una frase di Matteotti, poi fatta propria da Nenni: „I socialisti coi socialisti, i comunisti coi comunisti!". La mattina successiva consegnai le mie irrevocabili dimissioni al presidente della cooperativa che giuridicamente fungeva da editore del giornale, e non rinnovai più la tessera dei DS, rimasta perciò unica e sola. Da allora sono rimasto un socialista indipendente.

Tuttavia, dal giorno dopo, si ripropose il problema di come impiegare il mio tempo libero.

Da molti anni rimuginavo l'idea di scrivere una storia del partito socialista di Lentini, ma sempre mi ero tirato indietro per le difficoltà di reperimento delle fonti, che allora mi parevano insormontabili, specialmente per uno che avrebbe dovuto lavorare da solo. Ci fu un momento, però, in cui mi stavo per accingere a superare le mie forti riserve, quando cioè potei contare sulla disponibilità ad aiutarmi di un giovane intellettuale comunista, poi divenuto scrittore di notevole spessore, Fino Giuliano. Ma, prima ancora di iniziare, Fino ebbe la chiamata per l'insegnamento in una scuola del Nord e il progetto fu di nuovo accantonato per diversi anni.

Qualche giorno dopo il fallimento dell'ipotizzato giornale (i DS non trovarono nessuno disposto a sostituirmi!), una mattina, proprio mentre mi stavo svegliando, ebbi l'illuminazione.

„Perché", mi dissi, „devo avventurarmi a scrivere di cose di cui non so? Io debbo scrivere le cose che so, per evitare che se ne perda la memoria!". Cominciai così a mettere su carta la mia lunga vicenda nel partito socialista, collegandola sempre con la scena politica locale e nazionale, confortato dall'aiuto affettuoso di molti ex compagni socialisti, che mi fornirono documenti e testimonianze utilissimi. Il titolo che volli dare al mio lavoro, compresa la sua ambiguità, ne rispecchia in pieno il contenuto: *Una storia socialista*. Infatti esso poteva essere interpretato come la storia di *un socialista*, ma anche come la storia *del socialismo* locale.

In realtà nel libro si mescolavano le due cose, poiché erano strettamente intrecciate la mia autobiografia politica, ma anche le vicende della città, senza perdere d'occhio quelle nazionali.

Oggi io riconosco che quel lavoro era piuttosto acerbo, risentiva della mancanza di una cosa che allora non potevo avere: l'esperienza. Ma ritengo che si tratti di un documento unico per la storia di Lentini, avendo potuto consultare documenti originali rarissimi e intervistare persone non più viventi.

Una cosa che ho imparato dalle mie esperienze di storico è che quando si scrive di vicende contemporanee, i cui protagonisti sono ancora vivi, si suscitano aspettative particolari. Ognuno pensa di trovarvi una serie di male parole per quelli che furono i suoi avversari politici di un tempo, esterni e, più ancora, interni. Molti scambiano un libro di storia per un *pamphlet*, in cui il *gossip* la faccia da padrone, naturalmente solo contro gli avversari personali del lettore di turno, i quali però si aspettano la stessa cosa. In questi casi ogni proposito di obiettività è inutile.

Avevo pensato quel libro come opera unica, come una memoria da conservare, ma ben presto una nuova domanda si fece pressante in me: „Che cosa era accaduto prima della mia iscrizione al PSI (1957)"? E ne venne fuori un nuovo libro, *Lentini 1892-1956 –Vicende politiche*. Un capitolo di esso era dedicato alla situazione degli evangelici lentinesi durante il fascismo. Esso attirò la curiosità del lentinese prof. Rosario Mangiameli, docente di storia contemporanea all'Università di Catania, il quale mi esortò e mi incoraggiò ad approfondire l'argomento. Da quel nuovo e appassionante lavoro venne fuori *Il culto e la memoria - I cristiani acattolici a Lentini*, con prefazione dello stesso prof. Mangiameli..

Da allora non mi sono fermato più ed ho dedicato gran parte del mio tempo libero alla storia.

Se dovessi fare un bilancio provvisorio della mia attività di storico, direi che non mi attribuisco nessun merito, tranne uno. Se i miei scritti sono ben fatti o meno, interessanti o noiosi, accettabili o mediocri, lo diranno i lettori, veri giudici in questi casi. L'unica cosa che rivendico è quella di aver percorso sentieri storici quasi sempre inesplorati, di aver raccontato vicende fino ad allora sconosciute, di aver fatto ricerche „sul campo" per scrivere di cose di cui prima nessuno si era mai occupato.

82 – Chiudete le finestre!

Avevo molti amici fra i comunisti di Lentini. Ce n'era un gruppo dal quale, quando mi vedeva arrivare, si levava scherzosa una voce: „Chiudete le finestre!", sottintendendo „perché c'è corrente". La battuta umoristica alludeva alle correnti politiche che da sempre agitavano il PSI, in cui io militavo, sia nazionalmente che a Lentini. Essi erano orgogliosi del loro forte partito, con centinaia di iscritti, che a Lentini controllava il sindacato CGIL, l'Alleanza Contadina, l'Amministrazione Comunale, con tutti gli annessi e connessi. C'era stato anche un tempo in cui aveva avuto ben tre sezioni; aveva una forte componente giovanile guidata da Alfio La Ferla, una ancor più forte componente femminile. Più volte ho fatto parte della delegazione socialista per le trattative sulla formazione di varie amministrazioni comunali, durante le quali l'erculeo gigante comunista esibiva i muscoli di fronte al mingherlino partito socialista.

Due volte portai il saluto dei socialisti al loro congresso: una volta mi ebbi un caloroso applauso „a scena aperta", quando accennai al *filo rosso* che per tanto tempo aveva unito i due partiti nella collaborazione per il governo del Comune; un'altra volta, invece, accennai alla necessità per il PCI, che aveva già ripudiato tante cose, a partire dalla guida sovietica, di cambiare la denominazione del partito, in quanto la parola „comunista" non evocava più il *Manifesto* di Marx ed Engels, o una società di eguali, ma piuttosto la dittatura staliniana, negatrice della democrazia. In quell'occasione mi ebbi una replica personalmente dal Segretario Regionale, presente ai lavori del Congresso, il quale liquidò la mia osservazione giudicandola fuori da ogni realtà. Si vide, anni dopo, come andò a finire.

Sono tanti i ricordi che affiorano alla mia mente: penso a quando mio nonno mi portava, io ancora bambino, alla sezione del PCI di Via Roma, dove i militanti, entusiasti delle vittorie dell'Armata Rossa sui nazisti, ascoltavano trepidanti Radio Mosca. Rivedo la scena di un loro affollato e agitato congresso, che all'improvviso esplose in un lungo, commosso e caloroso applauso all' ingresso di Filadelfo Santocono, vecchio e claudicante, uno dei fondatori del partito nel 1921. E tante altre cose ancora conservo nella memoria e tanti amici: da Nello Arena a Fortunato Mastrogiacomo, da Mario Strano a Carmelo Baudo, da Giovanni Pupillo a Guido Grande, da Cassarino a Paolo Innocenti, da Elio Magnano a Riccardo Insolia... Quanti eroici militanti che spesso pagarono di persona per la dedizione alla loro causa!

C'era, comunque, anche qualcuno che la sparava grossa: „A me, se mi tagliate una vena, il sangue zampillerà rosso, e sempre così sarà. Voi socialisti, invece, il sangue l'avete rosa...".

Il PCI dapprima divenne PDS, poi DS e i militanti si chiamarono Democratici di sinistra. C'era in questa scelta di non fare riferimento alle loro ascendenze socialiste, una sorta di mancanza di umiltà. I comunisti, che avevano dato un contributo decisivo alla rottura dell'unità del movimento operaio internazionale, ora avevano voglia di dimenticare e di far dimenticare quello che era successo nei Paesi in cui erano stati al potere. „Democratici", dunque, solo per poco ancora „di sinistra", ma senza riferimento alcuno al socialismo.

Per questo, quando assistetti, fra il pubblico, all'ultimo congresso dei DS (a Lentini formati quasi esclusivamente da ex comunisti) provai un sentimento di malinconico stupore nel vedere la disinvoltura con cui ammainarono la loro bandiera rossa, per confluire, assieme alla Margherita (ex democristiani ed altri) nel nuovo soggetto politico chiamato PD (Partito Democratico), senza ascendenza alcuna, come voleva il vago ed indefinito democraticismo in cui era stato battezzato.

Dalla sera alla mattina la loro bandiera rossa (ma non quella socialista!) fu ammainata per sempre; i militanti, dopo un periodo di transizione in cui l'oratore si rivolgeva agli iscritti con un ibrido „compagni e amici", non si chiamarono più compagni e tutto un mondo crollò.

Dei comunisti oggi non rimane a Lentini che qualche giovane che si richiama alle sigle di Rifondazione Comunista o del Partito Comunista d'Italia; dei socialisti non più di quattro-cinque persone, fra cui il sottoscritto. Fra i consiglieri comunali nessuno si definisce comunista o socialista. I due partiti sembra siano stati inghiottiti dalla Storia. Ma fuori dalle mura cittadine, nel mondo intero, il socialismo continua la sua battaglia per la giustizia e la libertà.

.

83 - Il prof. Pattavina

Di Giovanni Pattavina, uomo politico e pensatore di notevole spessore, ho scritto, a suo tempo, una biografia, pubblicata in tre puntate su un giornale locale di Lentini e qualche tempo dopo riproposta nel mio libro *13 storie leontine*.

Qui vorrei sottolinearne alcuni aspetti umani che mi sono tornati alla mente durante la mia venuta a Lentini del dicembre 2015, guardando il sedile (vuoto) della villa comunale in cui soleva, negli ultimi anni, sedersi.

Tanti anni fa l'avevo notato proprio seduto in quel posto, a prendere il sole, come una lucertola .

Sapevo di lui molte cose, soprattutto sapevo che era stato intimo di mio padre (seppi dopo che gli aveva dedicato un suo libro!), e avevo sentito dire, da qualche parte, che al suo funerale era stato uno dei due oratori a pronunciarne il necrologio (l'altro era stato l'avv. Alessandro Tribulato).

Personalmente l'avevo conosciuto nel 1954, quando ero stato, per un mese, a lezioni private dal lui.

Sapevo anche che era stato sindaco della Città per il PCI, oratore e polemista eccezionale, che aveva fatto il manovale prima di laurearsi. Mi intenerii a vedere quell'uomo che aveva saputo scuotere le folle, con la sua vibrante oratoria e con la sua acuta intelligenza, tutto solo ad aspettare il figlio che ogni giorno lo veniva a prendere alle 12 precise per riportarlo a casa con la macchina, per evitargli la fatica di un lungo cammino, tutto in salita. In più, come spesso mi accadeva con i suoi amici, cercavo anche in lui qualcosa di mio padre.

Mi avvicinai dunque a lui, che mi riconobbe e subito mi disse: „Siediti", e, com'era d'uso tra militanti della sinistra, mi chiese di chiamarlo Giovanni. Non mi sentii di prendermi una simile confidenza. L'incontro, non più fortuito, si ripeté molte volte, giacché la mia compagnia gli era gradita, e la sua ancor di più a me.

Per me fu come scoprire una miniera storica. Lo interrogavo su molti punti che non mi erano noti, e le sue risposte erano illuminanti: non c'era dubbio, quell'uomo apparteneva alla storia, aveva fatto la Storia!

Aveva due figli maschi, di cui uno cardiologo e non perdeva occasione per convincermi a farmi visitare da lui, anche se non avevo nessun disturbo: „Stai tranquillo, te la faccio fare gratis". „Ma, professore, io non ho nulla...". Si vedeva che ne era orgoglioso. Un giorno mi raccontò un aneddoto. La moglie di uno dei figli (non ricordo quale dei due) aspettava un bambino, un maschio, e il figlio volle chiedergli: „Papà, mia moglie ed io vorremo pensarci da ora al nome del nascituro. Tu ci tieni a che noi seguiamo la tradizione, imponendogli il tuo nome?". „Ma che dici", rispose il vecchio rivoluzionario, „come puoi pensare che io sia attaccato a simili usanze retrograde? Questi sono retaggi del passato, che non meritano alcuna considerazione! Io poi credo di essere un uomo moderno e progressista: figuriamoci se penso a queste cose...". E il figlio, incoraggiato: "Allora possiamo scegliere quello che vogliamo? Per te va bene così?". „Ma certo, mettetegli il nome che volete. Ma sappi che, se non gli metti Giovanni, non dovrai mai più farti vedere da me"!

Stava bene con me, perché spezzavo quella sua solitudine che doveva pesargli molto da quando era rimasto vedovo. Se gli chiedevo come trascorresse il suo tempo, da solo in casa, fino al giorno dopo alle 10, quando il figlio veniva a prenderlo per portarlo alla villa, egli mi rispondeva un po' malinconico: „Ho due computer...".

Quando rivedo quella panchina vuota non posso fare a meno di pensare a quell'uomo, dall'intelligenza acuta, dalla vita intensa, lasciato nel dimenticatoio anche dal Comune che lui aveva diretto nel 1947- 48, che non gli ha dedicato una via, sono preso da un senso di nostalgica malinconia.

84 – Il fiore di Castiglia

Nel corso della mia vita ho conosciuto, anche perché inconsciamente li cercavo per trovare nelle loro parole un pezzetto di mio padre, vari alunni ed amici di lui.

Fra i primi mi piace menzionare padre Castro, il parroco cattolico della Chiesa Madre. Come insegnante di religione fu per vari anni mio compagno di banco durante le riunioni dei docenti. Era nipote del famoso ex sindaco socialista, poi socialdemocratico della Città. La nostra amicizia, pur nel rispetto delle reciproche convinzioni, divenne tanto salda che, quando lui, andato in pensione come parroco, era in procinto di partire per Ostia per andare a vivere con una sua sorella, io fui l'unico laico a partecipare alla festa d'addio parrocchiale. Ci scrivemmo per un po', gli mandai il mio primo libro „Una storia socialista" ed egli mi scrisse le sue considerazioni in merito. Di questo prezioso documento ho dato copia ad un suo biografo.

L'altro è il sig. Ventura, noto commerciante di agrumi, figlio di un ex consigliere comunale socialdemocratico, eletto nel 1946. Fu lui a dirmi di essere stato alunno di mio padre, di cui elogiava la figura. Mi raccontò anche un piccolo aneddoto. Un giorno, nel corso di una gita in campagna di tutta la scolaresca, egli si allontanò, senza permesso, dal gruppo, per andarsi a sdraiare sotto un albero, a prendere il fresco. Dopo un po' vide arrivare mio padre, suo professore, e temette di essere rimproverato. Invece era venuto solo per dirgli: „Ventura, il tuo ultimo compito è andato molto bene, è stato il migliore della classe!".

Fra i suoi amici sono stato molto vicino al prof. Giovanni Pattavina, a cui dedicò la sua unica poesia *Il diavolo in sagrestia* e al prof. Salvatore Messina, che fece da padrino di battesimo a mio figlio maggiore. Da ultimo, già ultranovantenne, quasi cieco, ma dall'udito finissimo, ho conosciuto il sig. Ares, suo compagno di banco alle elementari, dotato di un'invidiabile memoria, che me lo ricordava spesso come alunno bravissimo.

Ma quello che più mi colpì fu un signore anziano che camminava stentatamente aiutandosi con un bastone, che poi seppi essere il sig.

Castiglia, il quale un giorno mi fermò per strada (evidentemente mi conosceva) e mi disse: „Io ero un grande amico di suo padre. Sa quante passeggiate notturne abbiamo fatto, parlando di tante cose..La prego, mi faccia una cortesia: quando si recherà al cimitero a visitare suo padre, metta un fiore sulla sua tomba. A nome del suo amico Castiglia...". Mi commosse quell'uomo, che dopo quasi quarant'anni ancora si ricordava del suo amico, verso il quale aveva avuto un pensiero così delicato. Io non mancai di esaudire il desiderio del sig. Castiglia. Ma non potevo prevedere che un giorno non sarei più stato in condizioni di mettere un fiore sulla tomba di mio padre neanche per me!

85 – La nipotina

Non ho mai interferito nella vita sentimentale dei miei figli. In parte per la mia formazione libertaria, ma soprattutto come reazione al fatto che a interferire nella mia c'è sempre stata una piccola folla di personaggi di incerta saggezza.

Sono intervenuto solo tre o quattro volte, ma sempre in maniera discreta e risolutiva , in questioni che altrimenti avrebbero potuto turbare la loro serenità.

Ho sempre trattato mia nuora con affetto e con rispetto, ho sempre tenuto un buon rapporto anche con i genitori di lei.

Ho amato la mia unica nipotina come più non si potrebbe, le ho anche dedicato il mio libro *Lentini vota*. Insomma, credo di aver fatto, con amore e fino in fondo, il mio dovere di padre, di suocero, di nonno.

Non vedo il mio figlio maggiore e sua moglie ormai da cinque anni. Nemmeno la piccola. Non ho nemmeno una sua foto. Mi ritrovo spesso, nei supermarket di Bratislava, a fissare qualche bambina che somiglia alla mia nipotina. Ma, dopo un po', lo sguardo un po' allarmato e sospettoso dei genitori mi scuote e mi consiglia di girare al largo.

A nulla è valsa una vita vissuta all'insegna del lavoro e dell'onestà: *Carthago delenda est!*

Un detto, forse un po' banale, ci ricorda che gli amici si vedono nel momento del bisogno, che diventa veramente rivelatore. In quei momenti, persone su cui si credeva di poter puntare con assoluta certezza, rivelano indifferenza ed egoismo, mentre altre che si ritenevano superficiali, distratte e dedite solo al proprio io, si rivelano generose e umane. Così va il mondo.

86 – Pippo, amico mio...

Ci eravamo conosciuti, Pippo Centamore ed io, alla IV classe della scuola elementare *Vittorio Veneto*, entrambi alunni della maestra Vacirca. Ci eravamo poi ritrovati al liceo, in classi parallele, ma diverse: corso A io, corso B lui. E fu proprio a pochi mesi dal diploma che avvenne il nostro primo contatto politico. Sul finire del 1956, quando lui era direttore del giornale d'istituto *Il Gorgia*, mi chiese di scrivere un articolo sulla brutale repressione, da parte delle truppe del Patto di Varsavia, della rivoluzione ungherese. Proprio a me che, in un ambiente studentesco allora dominato dai clericali e con una corposa presenza di monarchici e neofascisti, ero forse l'unico studente di sinistra, una „mosca bianca", anzi rossa, dal momento che già da allora mi dichiaravo „stranamente" (per alcuni) e "impudicamente" (per altri) socialista! Quell'articolo (*Perché sono insorti*) fu l'unico mio nel giornale scolastico, ma il primo di una lunga serie di scritti, che usciranno dalla mia penna nel corso di tutta una vita.

Mi iscrissi al PSI nel settembre 1957 e l'anno successivo mi fu dato l'incarico di responsabile giovanile, cioè di un'organizzazione tutta da creare. Il primo che contattai fu lui, Pippo, che non ebbe problemi ad aderire. Dopo di lui altre decine di giovani scelsero di militare nelle file socialiste; ma di tutti solo noi due restammo nel partito fino alla fine (1994). Anzi, anni dopo, lui aderì allo SDI (Socialisti Democratici Italiani), di cui fu anche nominato coordinatore. Iscritti ambedue in giurisprudenza, studiammo assieme due o tre materie, fino a quando egli fu costretto a rallentare gli studi. Era successo che, essendosi presentata la possibilità di un lavoro straordinario al Comune per tre mesi, io ero stato avvicinato per una mia eventuale candidatura ad essere assunto. Io rifiutai, temendo che, per un periodo così breve di lavoro, avrei ritardato gli studi universitari, che invece avevo fretta di completare, per via delle mie vicende sentimentali e familiari. Richiesto di un altro nominativo, segnalai il suo.

Egli fu nominato e accettò e, in seguito a varie disposizioni, rimase per sempre al Comune, dove fece una brillante carriera, arrivando, dopo la laurea, al grado di vicesegretario generale. Nel corso della nostra lunga militanza socialista fummo quasi sempre sulle stesse posizioni. Lui fu un mio valido sostenitore nelle due votazioni in cui fui eletto consigliere comunale (1970 e 1975) e, in seguito, fu ancora lui a volere, più di ogni altro, la mia elezione a segretario del partito. Scrisse la prefazione al mio secondo libro, *Lentini 1892-1956 – Vicende politiche"* e fu anche mio testimone di nozze. Quando lasciò il Comune per andare in pensione e si diede alla libera professione come avvocato amministrativista, gli affidai mio figlio, che doveva fare il tirocinio necessario per il conseguimento della procura. Io andavo a trovarlo spesso, per anni e anni, prima al suo ufficio al Comune, poi allo studio legale. C'erano periodi in cui ci telefonavamo ogni giorno. Quando parve profilarsi la sua candidatura a sindaco, fui al suo fianco, come suo strettissimo collaboratore e consigliere, fino all'ultimo, cioè fino a quando rinunciò a presentarsi.

E poi venne quel maledetto giorno. Era in corso una conferenza dei partiti del centro-sinistra, quando lui, arrivato con un certo ritardo, fu chiamato al tavolo della presidenza, in rappresentanza dello SDI. Dopo alcuni minuti lo vidi accasciarsi di fianco: *E caddi, come corpo morto cade*, scrive il Poeta. Sarebbe caduto a terra se il vicino di sedia non l'avesse afferrato al volo. I tre medici presenti, subito accorsi, ordinarono l'immediato ricovero all'ospedale. Lo vidi portare sull'ambulanza, che partì lasciando sgomenti tutti i presenti. A qualcuno allora venne l'idea: „Bisogna avvertire la famiglia!". Ma chi doveva essere ambasciatore di una così triste notizia?. „Tu, mi fu detto, sei il suo amico più intimo. Tu dunque devi farlo". E mi misero in mano un cellulare:

„Buonasera, signora. Sono Leonzio..." Non mi diede il tempo di continuare, tanto la moglie era abituata alle nostre frequenti telefonate: „Pippo non c'è, è andato a Francofonte...".

„No, signora, è già tornato, è stato qui, nella sala delle conferenze...". Divenne ansiosa: „E allora...". „Signora, ha avuto un capogiro ed è stato portato all'ospedale. Avverta suo genero, che ha lo studio qui vicino...". Chiuse subito: aveva capito. La rividi davanti alla porta del pronto soccorso, assieme alla figlia e alla cognata. Tre donne disperate, travolte da un dolore infinito, che esplose violento, quando uno dei medici comunicò la morte del mio amico.

La mattina dopo mi recai nella loro abitazione, all'estrema periferia del paese. Lui era immobile sul letto e accanto a lui, come se non lo volesse lasciare andare, stava sdraiata la povera signora, affranta dal dolore, semisvenuta. Eppure mi riconobbe e, con un filo di voce, mi sussurrò.

„Ferdinando... mi parlava sempre di te, ti voleva bene...". Aveva scordato che ci eravamo dati sempre del lei.

Il giorno del funerale fui avvicinato da uno degli organizzatori: „Lei era il suo migliore amico. Le chiediamo di tenere uno dei quattro cordoni del carro funebre..." (Gli altri designati furono l'avv. Giacomo Capizzi, suo collega di studio, il presidente dell'ordine degli avvocati e un altro che non ricordo).

Quando il corteo giunse all'ultima fermata l'emittente televisiva presente mi chiese un'intervista sulla personalità dell'illustre scomparso. Poi venne verso di me l'avv. Capizzi, visibilmente scosso, mi abbracciò in silenzio, e si sciolse in un pianto dirotto.

Ancora oggi, quando ripenso a quei giorni, mi chiedo: „Perché mi hai lasciato, Pippo, amico mio? Quanti amici dovrò ancora piangere? E chi piangerà per me?".

87 – L'ultima sigaretta

È notorio che i bambini sono portati all'emulazione e che, di conseguenza, bisogna stare attenti all'esempio che si dà loro. Era diffusa nel dopoguerra – tra i poveracci, s'intende – l'abitudine di raccogliere da terra i mozziconi di sigaretta (*scammuzzuna*), per ricavarne il poco tabacco rimasto, raccoglierlo, avvolgerlo in una *cartina* molto sottile, da arrotolare e incollare, fino a ricavarne una rozza sigaretta. Fu così, a tredici anni, che cominciai a fumare. Quando mi feci più grandetto, essendo ormai diventato disdicevole raccogliere mozziconi, cominciai a comprare tre sigarette al giorno (allora potevano vendersi sfuse), di marca *Tre Stelle*; poi passai alle *Aurora*, quindi alle *Nazionali* con filtro, per assestarmi infine, per quasi un ventennio, sulle forti *N 80*.

Molto è stato scritto sulla psicologia del fumatore. Ma le spiegazioni più attendibili mi sono sembrate le seguenti: una puramente psicologica, secondo cui il fumo sarebbe un ricordo atavico, dai fumatori non archiviato, del succhiare il seno materno, delizia dei neonati; l'altra, che chiamerei biologica, per la quale la nicotina contenuta nelle sigarette, essendo nient'altro che una droga, crea assuefazione e riproduce all'infinito il desiderio di sé.

Il consumo, quand'ero ormai adulto, si stabilizzò su un pacchetto al giorno, che io acquistavo principalmente in una tabaccheria di piazza Umberto, gestita da una mia ex alunna e da suo marito.

Un giorno in cui stavo per esaurire la scorta e non potendo rinnovarla essendo impegnato col lavoro, preso dal panico del fumatore che teme sempre di rimanere sprovvisto, incaricai mia moglie di comprarle per me. La tabaccaia la riconobbe e le confidò: „Signora, sta per esplodere uno sciopero dei produttori che si prevede lungo e difficile e che ci lascerà sprovvisti per diverso tempo; è meglio che gliene prenda una stecca (una confezione da venti pacchetti) al professore, che così non ne soffrirà. Io gliel'ho messa da parte". E gliela passò, nascosta in mezzo a un giornale. La brava ragazza aveva ragione: il giorno dopo iniziò lo sciopero e ben presto i tabaccai esaurirono le scorte di tutte le marche. La disperazione dei fumatori arrivò alle stelle: delusi da un difficilissimo ed esorbitante mercato nero, molti furono presi da crisi di astinenza, malamente combattuta con caramelle e *chewing-gum*.

Io, invece, fumavo. Anche a scuola (allora si poteva), mentre alcuni colleghi mi guardavano con invidia e desiderio. Le donne erano le più audaci: „Caro collega, che cosa fumi? Posso averne una?", mi dicevano languidamente. Vedere certe donne sofisticate, profumate e chic, abituate a fumare le lunghe *Pall Mall* o le magrissime sigarette alla menta, accontentarsi delle rudi *N 80*, la cui N io spacciavo per

„norvegesi", era uno spettacolo. Fui oggetto di riconoscenza e di affetto come non mai.

Ma quando tutto finì e la situazione si „normalizzò", alcuni insegnanti si fecero alfieri della lotta, o piuttosto di una crociata, contro il fumo. Ciò mi fece ricordare l'arguta battuta di Sandro Pertini, accanito fumatore di pipa: *Dai fumatori si può imparare la tolleranza. Mai un fumatore si è lamentato di un non fumatore.* Ma la marea saliva, finché un giorno, a furor di popolo, fu deciso di affiggere nei locali della scuola il fatidico avviso: VIETATO FUMARE, scritto a caratteri cubitali. Se ne incaricò il professore di matematica, esperto di computer e mio caro amico. Lo seguii in silenzio, e quando ebbe compiuto l'opera sua, lo pregai di aggiungere, sotto la grande scritta, tra parentesi e a caratteri molto piccoli la frase „(Per quasi tutti)". Quando il manifesto fu affisso, l'attenzione dei compiaciuti censori si accentrò sulla piccola scritta: „Che significa ciò?". „Significa che voi potete affiggere tutti gli avvisi che volete; ma, siccome la legge non lo vieta, io continuerò a fumare". E giù risate: ci divertivamo con poco, noi insegnanti di provincia. Ma avevano ragione loro, „i crociati".

Lo avrei capito molti anni più tardi, quando ero già in pensione.

Avevo 64 anni quel giorno in cui, incamminandomi verso casa, abbandonato alle mie riflessioni, improvvisamente mi chiesi: „Ma perché io debbo fumare?". Non trovai una risposta soddisfacente, anzi non trovai nessuna risposta. E decisi di smettere, così improvvisamente, su due piedi, dopo 51 anni di fumo. Ma ad una condizione, però: avevo a casa ancora tre pacchetti intonsi, e li dovevo consumare. Dopo avrei smesso per sempre. Una stupida condizione, lo so, forse un retaggio dell'avarizia del nonno, chissà. Ma mi accordai così con me stesso.

Ma il bello, anzi il brutto, venne una sera, quando ormai mi erano rimaste le ultime tre sigarette, oltre quella che stavo fumando. Stavo parlando con due amici, quando improvvisamente ne sopraggiunse un terzo, che subito, senza tanti complimenti, mi disse: „Offrimi una sigaretta!". Se mi avesse dato una pugnalata mi avrebbe fatto meno male. Proprio alla fine! Proprio quando ne avevo appena tre, che avevo riservato per il giorno dopo. A malincuore gliela diedi, ma la sofferenza fu acuta, psicologicamente assai pesante. Comunque seppi resistere e, dopo l'ultima (che, in realtà, doveva essere la penultima!), smisi di fumare. Mi aiutai anch'io, per qualche giorno, con le caramelle, ma senza successo. Un successo, anzi due, però li riscontrai già nella prima settimana: mi scomparve completamente la tosse catarrale, che da qualche mese mi dava non pochi fastidi; inoltre, quando mettevo le mani in tasca, dicevo, tra me e me:"Ma quanti soldi ho! Non finiscono mai?". Mi sentivo come un ricco, ma si trattava solo della cessazione degli infiniti miei viaggi nella tabaccheria per acquistare quello stupido veleno. Resistetti e non ci caddi più. Ogni tanto, due o tre volte l'anno, il sangue, anche nel sonno, sembra ricordarsi dell'antico nutrimento e chiedere soddisfazione. Ma si tratta solo di un momento: sono ormai arrivato al punto che mi dà fastidio il fumo degli altri, anche all'aperto.

Oggi posso dire, con orgoglio, di avere smesso di fumare grazie solamente alla mia volontà, alle mie forze, cioè senza il ricatto di un'incombente malattia o l'imposizione di uno stanco portafogli.

88 – Una strana amicizia

Non so se fui io a prendere una cantonata o se fu lui a cambiare nel corso degli anni, ma è certo che l'impressione che mi ero fatta inizialmente dell'avv. Bombaci era completamente sbagliata. Da adolescente lo avevo percepito come il rappresentante più autentico del conservatorismo locale, del clericalismo soffocante, dell'avversione al proletariato e alle sue organizzazioni. I suoi discorsi erano – pensavo – l' espressione più arrogante del potere democristiano, quello dello scelbismo, della censura, dell'indice dei film e dei libri proibiti.

Erano gli anni bigotti del centrismo, puntellato da una socialdemocrazia imbevuta di anticomunismo viscerale e da un liberalismo tutto proteso alla difesa dei privilegi della proprietà terriera.

Molti anni dopo, nel decennio1970-1980, ebbi l'opportunità di conoscerlo più da vicino, essendogli divenuto collega nel Consiglio Comunale, dove comunque non ebbi mai un rapporto particolare con lui, se non quello di una reciproca cortesia. Ebbi tuttavia modo di apprezzare la sua non comune preparazione nel campo giuridico-amministrativo e in particolare in quello urbanistico. Era l'unico capace di tener testa all'on. Marilli. Ed è tutto dire.

Alla fine della mia seconda legislatura, nel 1980, ci ritirammo entrambi (ma per me si tratterà solo di una pausa), per motivi diversi, dalla politica attiva, e fra noi rimase solo un cordiale saluto.

In seguito mi trovai ad entrare un paio di volte in un bar, con mia moglie, ed ambedue le volte sentii una voce robusta proveniente da uno dei tavoli, indirizzata alla cassiera: „È tutto pagato. Metta tutto sul mio conto!".

La cosa si ripeté ancora per due volte, quando, da solo, mi trovai ad entrare in un bar vicino al fabbricato in cui entrambi abitavamo. Ma la seconda volta le cose andarono in modo diverso, perché volli essere io a pagare. E poiché ambedue eravamo ghiotti dell'amata granita di mandorla e caffé, presi posto al suo tavolo, per meglio gustarla in compagnia. La cosa andò avanti nei giorni successivi e presto si aggiunse a noi un altro "commensale": il sig. Cirmi, simpaticissima persona, ex impiegato dell'esattoria comunale.

La piccola comitiva (pagavamo a turno) che inevitabilmente si ritrovava ogni mattina a quel bar durò un paio d'anni, un tempo più che sufficiente perché si creasse tra noi una solida amicizia.

La mia amicizia per l'avvocato cresceva di giorno in giorno, man mano che mi accorgevo di che gran gentiluomo fosse, dei suoi modi raffinati, della sua cordialità e della sua bontà d'animo. E inoltre, data la mia nuova attività, egli rappresentava per me una fonte inesauribile di storia locale, e non solo.

La sua presenza nella politica lentinese era stata così incisiva che mi spinse a chiedergli il permesso di scrivere la sua biografia politica e dunque la sua disponibilità a farsi intervistare. La pubblicai sulla stampa locale, in tre puntate. Letta la prima puntata, il curiosone mi chiese di fargli conoscere in anticipo le altre due, ma preferii tenerlo sulle corde. Alla fine ne fu entusiasta e mi mandò un affettuoso biglietto di ringraziamento, che io in seguito pubblicai, assieme alla sua biografia, in un mio libro intitolato *13 storie leontine*.

Nel corso dell'intervista gli avevo fatto una domanda un po' impertinente: „Avvocato, c'è una cosa che non ho capito della sua biografia. Come mai lei che era laureato, durante il servizio militare, era un sottufficiale (sergente) e suo fratello minore, che era solo diplomato geometra, era invece ufficiale (tenente)?". Mi meravigliai dell'imbarazzo di quell'uomo che aveva arringato le folle, che era stato un protagonista nel Consiglio Comunale, che era stato in confidenza con politici del calibro di Scelba. Dopo alcuni lunghi attimi di esitazione, come se mi facesse un'intima confidenza, mi sussurrò: „Sa, per via dell'altezza". Sì, non era molto alto l'avv. Bombaci, anche se era un gigante dal punto di vista culturale e politico.

Un giorno, quasi vantandomi, gli dissi: „Avvocato, ormai di lei io ne so quasi quanto i suoi figli". Credevo di aver detto un'ovvietà, ma egli mi interruppe subito."Ma che dice? Lei ne sa molto di più. I miei figli di quelle cose ne sanno assai poco, non ne vogliono sentire". È vero, lo capii dopo: in quest'epoca senza radici, in cui i valori antichi sono travolti e sostituiti dalla pizza e dalla motocicletta, dal computer e dal cellulare, ai figli non interessa molto sapere le loro radici. Io posso dire che i miei figli, almeno uno certamente, non hanno mai letto neppure una pagina dei miei scritti. Questa riflessione mi ha fatto capire l'importanza dello storico, che oggi magari scrive per quattro o cinque appassionati, ma lascia alle generazioni future la possibilità di risalire alle proprie radici.

La comitiva dei tre inseparabili si sciolse bruscamente, quando il medico suo genero vietò all'avvocato di uscire per misura precauzionale, a causa della sua fibrillazione al cuore.

Le visite che di tanto in tanto gli facevo erano per lui (ma anche per me!) motivo di grande soddisfazione: „Lei non sa che gioia mi ha dato oggi", mi diceva quando mi accomiatavo. Non era uomo da vivere lontano dal mondo; mi chiedeva avidamente notizie della politica locale, di cui voleva conoscere i minimi dettagli. E solo io potevo darglieli, visto che gli altri suoi amici erano lontani da quel mondo.

Io sentivo con chiarezza che quell'uomo mi voleva bene, nonostante le profonde differenze della nostra formazione, sia in campo politico che religioso. E posso dire che lo ricambiavo.

Fui molto colpito dalla sua morte, che mi privò di un vero amico e lasciò un vuoto incolmabile nel mio cuore.

Voglio chiudere questa *goccia* con questo ricordo: ero stato invitato a tenere una conferenza al Rotary Club, di cui lui era ormai l'unico vivente fra i fondatori. Rammaricato di non poter partecipare chiese che in sua rappresentanza fosse invitato il figlio.

Nel corso della conferenza, parlando anche del ruolo dell'avvocato nella politica cittadina, mi venne il ghiribizzo di imitarne la voce, per come echeggiava nei comizi. Questo fu il commento della nipotina che era venuta assieme al padre, primogenito dell'avvocato: „Papà, l'ha fatta precisa la voce del nonno...".

89 – Il cuore

Al matrimonio di mio figlio avevo incontrato Nuccio Sgalambro, cugino del mio consuocero, ma soprattutto mio carissimo compagno di scuola, che non vedevo da oltre vent'anni, essendo da anni egli emigrato in Lombardia, dov'era diventato un affermato cardiologo, ormai in pensione. Ci facemmo una gran festa e rinverdimmo la nostra amicizia, facilitati dalla sua decisione di venire, all'incirca una volta al mese, a Lentini. Mai avrei potuto però immaginare il ruolo decisivo che qualche tempo dopo egli avrebbe giocato nella mia vita..

Nell'estate 2008 cominciai ad avvertire un malessere nuovo, consistente in un'accelerazione del battito cardiaco e nella difficoltà a respirare. Un pomeriggio inoltrato mi prese un attacco più forte del solito, i miei si spaventarono e chiamarono un medico. Questi mi visitò scrupolosamente, mi auscultò il cuore, e alla fine ci rincuorò con un „Non ha proprio nulla, forse un po' di stanchezza o un momento di ansia".

Il giorno dopo – mi ero appena messo a letto per la solita siesta pomeridiana – fui colto da un attacco ancora più violento del precedente, tanto che mia moglie si sentì in dovere di chiamare il figlio maggiore, quello sposato. Vedendo che il malore persisteva, tutta la famiglia – moglie e due figli – cominciò a insistere perché chiamassi il mio amico cardiologo, Nuccio cioè, che in quel momento si trovava a Lentini. „Dacci il numero di telefono, che lo chiamiamo noi", dicevano tutti. Ma io esitavo. Il mio amico era un cardiologo ed il mio cuore era a posto, lo aveva dichiarato la sera prima un altro medico. Non mi è mai piaciuto approfittare dell'amicizia: il fatto che Nuccio fosse un mio amico fraterno, non mi autorizzava affatto a chiamarlo per qualunque malore, anche al di fuori della sua specializzazione.

Batti e ribatti, però, fui costretto a darglielo, quel numero telefonico.

La visita durò una ventina di minuti, durante i quali pensai a quando eravamo studenti, a quante ne avevamo passate insieme. Il risultato fu inesorabile: „Devi subito ricoverarti all'ospedale!". Cercai di resistere; non ero mai stato ricoverato in un ospedale e non volevo andarci: „Non esageriamo, dammi qualcosa tu...". Si avvicinò, mi guardò fisso negli occhi e seccamente mi disse: „Vai subito o morirai!".

I miei figli di colpo mi tolsero il pigiama e mi vestirono, con una certa affettuosa violenza. Erano veramente in ansia, poverini. Non volevano perdere il loro padre. Come sono cambiate le cose, da allora!

Nell'altra stanza Nuccio gli aveva posto una drammatica alternativa: „O chiamate l'ambulanza, e in questo caso vostro padre sarà più al sicuro perché affidato a personale specializzato; ma ci vorrà un po' prima che arrivi, e nell'attesa potrebbe morire; oppure lo accompagnate voi stessi in macchina: farete assai prima, ma se sarà colto da una crisi, in assenza di immediate contromisure, potrebbe non farcela. Decidete voi. Decisero di portarmi in macchina.

I medici del „Pronto Soccorso" presero le misure urgenti del caso e mi spedirono al reparto cardiologico. Vi rimasi una settimana e fui curato bene, in particolare dal dott. Enzo Crisci, figlio di un mio amico e politico locale.

Ancora oggi, nel 2016, sono curato da un ottimo cardiologo slovacco, e non ho più avuto ricadute. Ho imparato a mie spese, però, che le cure mediche e farmacologiche in un caso come il mio („fibrillazione cronica") non bastano. Occorre anche – anzi è fondamentale – molta serenità nella vita, che onestamente non sempre ho, per una serie di problemi che sembrano non finire mai. Tuttavia non ho mai minimamente pensato che il mio „mal di cuore" possa avere le sue radici in tutte, o in qualcuna, delle vicende che mi hanno attraversato la vita: la morte di mio padre quando ero ancora piccolo, lo stress di oltre 25 anni di conflittualità con mia madre, il doloroso fallimento del mio matrimonio. È accaduto perché doveva accadere.

Un fatto è però certo: se sono ancora qui, nel 2016, a scrivere queste note, lo devo al mio caro amico Nuccio Sgalambro. Se quel matrimonio non ci fosse stato, se Nuccio non ci fosse venuto, se quel giorno non si fosse trovato a Lentini... A quanti „se" è appeso il destino dell'uomo! Il mio ha preferito trattenermi in questo mondo, forse per farmi assistere „dal vivo" alla perdita di tanti miei buoni amici.

90 – Il diritto di amare

Le varie forme di esseri viventi, anche se diversissime tra loro, hanno una caratteristica che le accomuna tutte: è innato in loro l'istinto alla sopravvivenza propria e a quella della specie. La quale ultima si realizza attraverso la riproduzione di sempre nuovi esseri, che prendono il posto di quelli che concludono il loro ciclo vitale. Per realizzare questo suo grande e misterioso progetto, la provvida Natura si è ripartita in maschio e femmina, come due metà che tendono a fondersi in una nuova unità. Il maschio e la femmina sono – mi si passi il paragone - come una presa e una spina, le quali separatamente non fanno accendere la lampadina; ma quando si uniscono, e solo allora, fanno spuntare la luce, cioé una nuova vita. In parole povere condivido la posizione cattolica in merito all' „Amatevi e moltiplicatevi". Credo cioè che l'attività sessuale sia, per la sua natura intrinseca, finalizzata alla procreazione e quindi alla perpetuazione delle specie. Credo però che questa finalità alla procreazione sia da intendersi come riferita alla complessiva attività sessuale della coppia e non al singolo atto, che non diviene affatto peccaminoso, se non ne è esplicitamente e singolarmente stabilito il fine procreativo. La stanchezza, il languore o *relax*, che avvolge i due partner dopo ogni atto, sembra quasi un segnale che un poco della loro forza vitale è stata impiegata per dar vita ad un nuovo essere; è forse uno dei momenti di incontro tra Eros e Thanatos, tra Amore e Morte. Come dire che accoppiandoci viviamo morendo ogni volta e moriamo a poco a poco mentre amiamo e viviamo. Di fronte a questa eventualità gli esseri viventi potrebbero essere tentati di rallentare o anche di eliminare la loro attività sessuale-riproduttiva, per prolungare la loro propria esistenza. Ma l'astuzia della Natura ha creato qualcosa di assai efficace per superare l'ostacolo: ha inventato il piacere. Perché sì, almeno nelle specie più evolute, all'atto sessuale è accompagnato il piacere, in modo tale che, se si rinunciasse all'accoppiamento si rinuncerebbe nello stesso tempo al piacere, che è come dire *una proposta alla quale non si può dire di no*. Insomma, la presa e la spina raggiungono il loro massimo splendore (la luce) solo quando si fondono, quasi a formare una nuova e più completa entità. E di questo gioiscono.

Il piacere sessuale del mondo animale è puramente fisico, simile a quello che danno il mangiare o il dormire: consiste infatti nella soddisfazione di un bisogno che, col tempo o in particolari condizioni, se non soddisfatto, potrebbe provocare irrequietezze o anche sofferenze.

In cima alla scala dell'evoluzione troviamo l'uomo, a proposito del quale possiamo notare come, man mano che esso si eleva dalla condizione di bruto ed acquista coscienza di sé, che è poi la caratterista fondamentale che lo distingue da tutti gli altri esseri viventi, anche il suo piacere sessuale si va raffinando, diventando piuttosto un piacere psico-fisico, per cui la *coniunctio maris ac foeminae* (l'accoppiamento) non è più sollecitato solo dall'aspettativa di un irrinunciabile piacere fisico, potendo raggiungere anche vette di sublime voluttà psichica. Se ci riflettiamo un po', possiamo notare, ad esempio, che l'uomo è l'unico essere che può eccitarsi col solo pensiero e per esso, arrivare all'apice del piacere (orgasmo). E se è vero, come è vero, che l'uomo è un meraviglioso *mixage* psico-fisico, anche la sua sessualità lo é, è diventata quella che noi chiamiamo amore, cioè la fusione completa di due esseri in uno, anche se per pochi istanti.

Definire l'amore è impresa impossibile, in cui molti si sono cimentati, ed io dunque non lo farò, poiché infiniti, sottili e aggrovigliati sono i fili di istinti, sensazioni, pensieri che uniscono il maschio e la femmina. Disse un giorno un mio amico alla sua donna, con tutto il trasporto di cui era capace, un semplice, ma intenso „Ti amo". Lei ribatté con una spontanea, ma difficilissima domanda: „Perché?". La risposta non poteva essere che una, e quella fu. „Non lo so!".

Anche le leggi umane hanno riconosciuto il diritto all'amore come un diritto naturale, di cui nessuno può essere privato. Le carte bollate, le cerimonie, i rituali, i matrimoni, i divorzi, sono solo incrostazioni, sovrapposizioni, spuntate in seguito alle vicende della storia umana, che però non sono riuscite a travolgere un diritto che nasce con l'uomo stesso, come i diritti alla vita, alla libertà, alla nutrizione, all'istruzione.

Un giorno incontrai un mio vecchio e caro amico che non vedevo da tempo. Era piuttosto malmesso fisicamente, riusciva a malapena a stare in piedi. Eppure, quando mi vide da lontano, accelerò come poteva la sua marcia verso di me, felice come una pasqua: „Sai, ti debbo dare una bella notizia. Stamattina ho fatto l'amore, l'amore completo intendo, con mia moglie". Era così felice dell'impresa che non badò al mio cortese rimprovero: „Ma queste sono cose intime, non le devi raccontare né a me né ad altri". Mi interruppe, felice e strafottente: „Mi fido della tua discrezione!".

Lo incontrai qualche tempo dopo, quell'uomo, ormai carico di anni, così semplice, eppure così saggio, e mi intrattenni un po' con lui. „Dimmi", gli chiesi improvvisamente per non dargli tempo di riflettere, „se ti offrissero un miliardo di euro, in cambio del tuo impegno assoluto a non aver mai più rapporti di qualunque livello con una donna, cosa risponderesti?".

Non ebbe la minima esitazione: „No!". Egli realisticamente non avrebbe più avuto rapporti di nessun tipo con nessuna donna: questo poteva ben intuirlo anche lui, ma non si sentiva, a nessun prezzo, di tagliare, di sua volontà, le gambe alla speranza di poter amare.

Compresi che nessuno, nemmeno l'interessato, può reprimere l'istinto naturale alla felicità, che la natura ha inventato per le sue creature.

91 – L'umorismo

La festa che mi è sempre piaciuta meno di ogni altra, anzi che non mi è mai piaciuta, è quella di Carnevale. In realtà non ho mai avuto propensione per le feste in generale: non per quelle religiose, che mi lasciano indifferente, a causa del mio laicismo agnostico; ma neanche per quelle civili che, tutto sommato, si riducono alla cerimonia di rito.

Forse questo atteggiamento un po' „antipatico" ha origini nel fatto che a casa dei miei, quand'ero bambino, feste non ce n'erano. Anche allora ognuno mangiava per conto suo e qualche raro pranzo in comune finiva sempre con un litigio fra i nonni, ambedue vittime di un matrimonio senza amore. Un'altra causa di questa mia musoneria può individuarsi nella mia natura tendenzialmente malinconica. Ma la cosa principale era, ed é, soprattutto per il carnevale, che non mi è mai andata giù l'allegria a comando. Voglio dire a comando del calendario, come se esso fosse stato delegato a stabilire che in quel tale giorno bisogna stare allegri!

E se alcuni accettano supinamente questa prescrizione e si danno alla pazza gioia, io ci vedo il trionfo degli imbecilli. Sono quelli che, ad ogni evento tradizionalmente *festaiolo* si esaltano e danno il peggio di sé. Se c'è una festa da ballo, danzano in modo scomposto e vistoso, credendo con ciò di primeggiare; se c'è un pranzo s'inventano brindisi ridicoli o insensati; se c'è un raduno di amici si lanciano a mitraglia sugli astanti, sommergendoli di barzellette sconclusionate, per le quali immancabilmente ridono solo loro. Questi tipi briosi e ridanciani sono più numerosi di quanto si creda. Dice il proverbio. „La madre degli imbecilli è sempre incinta".

Insomma – l'avrete capito – sono un tipo piuttosto "chiuso" e magari poco socievole. Il fatto è che non amo cantare nei cori. Ciò mi è capitato una sola volta nella vita, quando il maestro Cultrera portò i suoi alunni di quinta maschile, fra cui il sottoscritto, in un'aula a parte, per insegnar loro l'inno nazionale, che avrebbero dovuto cantare in occasione della venuta a Lentini di non so quale autorità. Egli sicuramente capiva di musica e canto, tanto che alla propria figlia faceva studiare il pianoforte.

Appena dopo le prime battute, il maestro ci interruppe. „Alt! C'è uno che stona!. Daccapo!".Alla ripresa, rimasi zitto, ma senza farmene accorgere. E il maestro: „Ecco, così va bene!". Non cantai più, né allora né dopo.

Non mi piace nemmeno esibirmi nei vari tipi di assemblee, nelle presentazioni di libri e simili, se non ho nulla da dire. In compenso, ci sono tante rispettabili persone capaci di prendere trionfalmente la parola - con gli occhi che risplendono per la gioia di averla ottenuta - solo per dire: „Sono d'accordo col tale o col talaltro che mi ha preceduto".

Non mi è mai piaciuto, inoltre, attorcigliarmi in lungaggini verbali per ogni sciocchezza. Ma non la facevo tanto lunga neanche per una donna. Se una ragazza non gradiva un segnale di interesse – e si capiva bene! – io, senza più insistere, giravo i tacchi e andavo via.

Insomma, il mio accentuato senso critico mi impedisce di fare quello che altri, molti altri, fanno con disinvoltura: esso mi sospinge invece verso la riflessione e la contemplazione. Ho (troppa) paura del ridicolo. Ho sempre presente il senso della frase di Leopardi: „Sono ridicoli il buffone che vuol fare la persona seria e la persona seria che vuol fare il buffone"! Concludendo, ognuno deve fare ciò che gli è congeniale e deve essere accettato per quello che è.

Con tutto ciò, non mi ritengo un uomo cupo. Mi piace la battuta comica o sarcastica, ma detesto i raccontatori professionali di barzellette. Rifuggo dalla risata sguaiata e inconcludente, artificialmente preparata ed esibita, perché sono convinto che la vera comicità scaturisca dalla vita reale. Mi piacciono il doppiosenso, il paradosso, l'allusione, l'umorismo, specie quello nero.

Che risate quella sera d'inverno, quando un mio amico andò a svuotare l'impaziente vescica sotto una specie di vecchia galleria dall'oscurità fitta e spettrale. Al ritorno, col sorriso un po' ebete dell'uomo soddisfatto e rilassato, mi disse: „Sai, è accaduta una cosa un po' strana. Hai presente il rumore che fa, sbattendo a terra, il getto di urina? Ebbene, io non l'ho sentito per niente!". E mentre mi trasmetteva questa sua curiosa notizia, un grosso canelupo usciva dalla galleria, scrollandosi di dosso, il caldo liquido, da cui si era lasciato amabilmente accarezzare in quella fredda notte invernale. „Meno male che non te l'ha staccato con un morso!", fu il mio commento.

E ricordo ancora quando la nonna, litigando col marito, tra il serio e il faceto, gli gridava: „Ti taglio i coglioni e te li appiccico in fronte!".

92 – Anche Enzo se ne va

Non ricordo quando conobbi Enzo Tondo. Forse la nostra conoscenza risaliva alla nostra lontana parentela: suo nonno (don Gaetano Russo) era fratello minore della mia bisnonna (Maria Russo). Quando egli aderì alla Federazione Giovanile Socialista, i nostri rapporti si fecero più intensi e ben presto si estesero anche alla sfera personale. Ad un certo punto la politica ci divise: io rimasi nell'area socialista, mentre lui scelse il partito comunista, per poi aderire al PDUP, fino a quando quest'ultimo confluì nel PCI. Nonostante ciò la comune formazione iniziale aveva messo radici profonde, sicché, al di là delle tessere, ogni confronto fra di noi si concludeva con un accordo, con un comune sentire. Ma la nostra amicizia andava ben oltre la politica.

Nell'ultimo decennio avevamo adottato un particolare rituale: io lo chiamavo al telefono, lui si prendeva un po' di tempo per prepararsi e mi raggiungeva. Faceva una piccola spesa per sé e la moglie, comprava le immancabili sigarette, e poi andavamo a sederci in un bar, preferibilmente uno lontano dal centro. Un paio d'ore di chiacchiere, una consumazione, poi di nuovo a casa a riprendere il solito tran tran. C'era una cosa che non ci eravamo mai detta, ma che ambedue sapevamo: di poter contare, in qualsiasi momento, in qualsiasi circostanza, l'uno nell'altro.

Fu l'unico a cui confidai – prima che egli si ammalasse - il fallimento del mio matrimonio, perché era l'unico a cui mi sentivo di poterlo dire. Non feci in tempo però a comunicargli gli imprevedibili sviluppi che quella constatazione avrebbe impresso nella mia vita. Gli avevo solo confidato il mio rammarico, anzi il mio dolore, per aver interrotto, quarant'anni prima, unilateralmente e improvvisamente, la corrispondenza con la ragazza cecoslovacca.

Mentre il mio dramma si sviluppava sempre più dentro e fuori di me, egli improvvisamente si aggravò e non poté più uscire di casa. Ora che ci penso, mi sembra molto strano il fatto che, nonostante la fraterna amicizia che ci legava, egli non fosse mai venuto a casa mia, né io alla sua. Non potevo certo immaginare che ci sarei venuto una volta sola, a salutare il suo cadavere.

Morì il 3 giugno 2011. Lo ricordo così bene perché era il giorno precedente alla mia fatale partenza per Bratislava, da cui la mia vita sarebbe stata completamente travolta.

Giaceva, nella immobile serenità della morte, attorniato dalla moglie, dalla sorella, da una cognata. Rimasi assorto, accanto a lui, per una decina di minuti, sommerso dall'onda dei ricordi: quante ne avevamo passate insieme! Egli portava via una parte importante di me.

Quando nella stanza entrò il figlio, non potei fare a meno di dirgli: „Angelo, se dovessi avere avere bisogno di me, sappi che io per te ci sarò sempre, che puoi chiamarmi a qualunque ora del giorno e della notte..."

Ma non feci in tempo a terminare la frase, perché il nodo che mi attanagliava la gola e che faceva da argine al mio dolore, improvvisamente si sciolse, lasciando spazio ad un pianto dirotto, irrefrenabile, senza pudore. Non volendo far vedere il mio pianto a quelle donne contrite per la perdita del loro caro, di colpo mi alzai e mi rifugiai in un'altra stanza, in un angolo, a piangere, a piangere senza freni il mio amico Enzo che se n'era andato. E qui avvenne l'incredibile: la moglie e il figlio mi raggiunsero e presero a consolarmi, con parole e con carezze, fino a quando riacquistai il controllo di me stesso. Che grandezza quella donna! Rimasta sola col figlio ad affrontare una vita ancora piena di incognite , aveva trovato la forza di contenere il suo dolore, certo ben più grave, per confortare il mio! Non lo dimenticherò mai.

Come non dimenticherò mai il mio amico, da cui non ebbi mai un No. Sempre disponibile, buono e generoso: all'estremismo del suo linguaggio, però sempre espresso a bassa voce, come se non volesse disturbare, corrispondeva una grande dolcezza di carattere, che io conoscevo più di ogni altro.

93 – Il primo aereo

Avevo 72 anni e mi sentivo un uomo finito. Avevo investito tutto nel matrimonio, per esso avevo sacrificato salute, affetti familiari, possibilità di avere una vita più agiata, come tanti altri miei amici, per avere la cosa che più mi era mancata: un po' d'amore. Ed ora, alla fine del 2010, a 72 anni, mi ritrovavo solo, vecchio e afflitto da vecchi (colite, prostatite) e nuovi (cardiopatia) mali. Mi sentivo, soprattutto, senza speranza. Mi ricordavo di quella volta in cui, essendo entrato a curiosare in una sala da gioco, avevo notato in una stanza semibuia un uomo che girava ininterrottamente attorno ad essa, ripetendo sempre la stessa frase: „Chi me l'ha fatto fare, chi me l'ha fatto fare...". Il sig. L.R., ricco possidente, era entrato in quel luogo da orgoglioso benestante e in qualche ora si era ritrovato disperato nullatenente, avendo perso al gioco ogni suo avere. Mi sentivo, come lui, rovinato per sempre. Ma con una fondamentale differenza: quando si è stati travolti da un'avversità economica, è possibile, almeno teoricamente, sperare in un colpo di fortuna, in qualcosa che possa ripristinare la situazione precedente la disfatta. Ma la giovinezza no, quella non si potrà mai avere indietro.

E non c'è nulla di più disperato di quelle contrarietà della vita che sono per loro natura irreparabili.

Non sarò così banale da dire che tutto era colpa di mia moglie. Non c'è colpa in queste cose: è proprio vero, invece, che al cuore non si comanda. In realtà troppe cose ci dividevano fin dall'inizio e alla fine si era dissolto, se mai c'era stato, anche l'amore, il cemento che avrebbe dovuto tenerci assieme, me e mia moglie. Una colpa, però, che non posso dividere con nessuno, perché è soltanto mia, è quella di essermene accorto solo in età così avanzata. Posso solo invocare qualche attenuante: l'aver sempre considerato del tutto assurda ogni ipotesi di estinzione del rapporto sentimentale, per il quale tanto avevo lottato e sofferto; la lotta per difendere la mia famiglia dagli incessanti attacchi di mia madre; il lavoro; l'impegno politico; le incombenze della vita. Tutte queste cose mi avevano impedito una seria riflessione. Finiti, per vari motivi, questi "impedimenti", il quadro, giorno dopo giorno, mi era apparso sempre più chiaro. Alla fine mi accorsi che del progetto iniziale non era rimasto più nulla. I miei sogni erano come evaporati. E con essi la mia vita.

I primi mesi del 2011 furono segnati da una crescente depressione, finché, senza uno scopo preciso, non ripresi in mano le lettere e le foto della ragazza slovacca. Ripercorrendole con l'esperienza dell'età, mi accorsi che in effetti il Destino mi aveva offerto un'opportunità di vita alternativa, ma io non l'avevo saputo cogliere. Questa constatazione non fece che accrescere la mia disperazione. Intrapresi allora due attività parallele: scrivere una lettera, quasi un memoriale, per spiegare alla ragazza di Bratislava qual'era stata la mia vita dopo la fine della nostra corrispondenza e cercare il suo indirizzo che immaginavo diverso da quello di una volta, per potergliela spedire..Ero convinto che, visti gli anni che erano passati, esso era stato cambiato e che lei si fosse sposata, forse era anche nonna, come me. Mi sbagliavo.

Quando, due mesi dopo, ricevetti la sua prima mail, mi sciolsi in un pianto di gioia, come di chi, ormai rassegnato alla morte, ritorna miracolosamente a vivere: l'avevo trovata, era nubile, non aveva dimenticato il sentimento che ci aveva unito in passato. L'intensa corrispondenza che seguì presto si arenò allo stesso punto di quella di 40 anni prima: occorreva conoscerci di persona, troppo tempo era passato, molte cose potevano essere cambiate. Ma non c'era nessun patto tra noi, nessun accordo, tanto meno nessuna „tresca".

Uno dei miei figli un giorno mi dirà: „Non saresti partito, se non ci fosse stata una donna".

Aveva ragione. Dove sarei potuto andare altrimenti, vecchio com'ero e sofferente nel corpo e nell'anima? Perché mai avrei dovuto lasciare la casa che era solo mia? In fondo alla mia strada io non vedevo allora che un solo possibile sbocco: avevo già lasciato ogni mia attività, compravo il giornale, come sempre, ma nemmeno lo aprivo, la comunicazione con mia moglie era ormai ridotta a poche sillabe al giorno, il mio cuore non avrebbe retto a lungo allo strazio che mi divorava di fronte ad un fallimento così grande, così imprevedibile, così insanabile. Il dovere dei vecchi forse è solo quello di morire ed io, spinto dal bestiale istinto alla sopravvivenza, mi ero sottratto a quel "dovere".

La prima volta che salii su un aereo non provai emozione, ma solo curiosità nel vedere le nuvole da sopra anziché da sotto. Respiravo a pieni polmoni cercando di immaginare quale futuro poteva esserci per me, che comunque nelle mie intenzioni non doveva ferire nessuno.

Non avevo previsto l'ondata di odio da cui sarei stato presto sommerso, la perdita della mia casa e dei miei ricordi, i lunghi processi, il dolore di un esilio non previsto e non voluto.

La domanda mi sorge spontanea: „Ma la felicità, da tutti tanto agognata, esiste?". A vedere quanto dolore c'è nel mondo, sembra proprio di no.

94 – Come sopravvivere

Le religioni il problema lo hanno risolto. A modo loro, naturalmente. Gli esseri viventi hanno tutti un innato istinto di sopravvivenza, anche se tutti sono destinati a morire. Ma solo l'uomo ha coscienza di ciò, il che lo rende assai più vulnerabile degli altri. Infatti, il pensiero dell'ineluttabilità della morte lo avrebbe fatto impazzire di terrore, se non si fosse trovato un qualche rimedio a questa tragica situazione. Le religioni lo hanno trovato tale rimedio, offrendo, a certe condizioni, la possibilità di accedere a un altro luogo (non necessariamente un luogo fisico), in cui l'uomo potrà vivere, questa volta in eterno. Che si tratti di una dimensione spirituale in cui la felicità eterna è data dalla comunione con Dio, o di un giardino ricco di verde e di fontane, popolato di belle donne, o delle celesti praterie di caccia che il gran dio Manitù offre ai suoi fedeli, o della trasmigrazione delle anime da un corpo all'altro, la sostanza non muta: l'uomo ha la possibilità di sopravvivere alla morte, prolungando nell'Aldilà la sua esistenza, per sempre.

Basta crederci, ma crederci veramente, per essere felici. C'é gente che addirittura si suicida, per accelerare i tempi. Beati loro, è proprio il caso di dirlo. Infatti quasi sempre il principale requisito richiesto per ottenere la vita eterna è la fede. I rappresentanti religiosi ripetono sempre: „Occorre aver fede". Ma la fede è come il coraggio di don Abbondio: se uno non ce l'ha, non se la può dare. È qualcosa, la fede, che non dipende dalla volontà; si può fingere di averla, ma ciò non servirebbe a niente perché Dio legge nei cuori. Nessuna persona ha la possibilità di provocare i propri sentimenti, nessuno può imporre, neanche a se stesso, di amare o odiare quell'altro; antipatia e simpatia non possono essere pilotati. Neanche uno schiavo può essere costretto ad avere sentimenti: il suo padrone, ad esempio, può imporgli prestazioni sessuali di ogni genere, può possedere a suo piacimento tutte le donne (o gli uomini) del suo harem, ma non potrebbe mai imporre a nessuno di loro di amarlo. Per la fede il discorso è lo stesso. Essa è considerata la chiave principale per aprire le porte dell'eterna felicità, ma nessuno sa come concretamente procurarsela. Io personalmente l'ho chiesto a diversi religiosi, ma nessuno ha saputo darmi una risposta soddisfacente. La più concreta è stata quella secondo cui si arriva alla fede attraverso la lettura dei testi sacri. Ma può bastare ciò? Non sarebbe una forma di autosuggestione o un modo per affezionarsi a qualcosa che piace, per desiderare poi approfondirla sempre più, come avviene ad esempio ai collezionisti, che partono da un'inattesa scintilla, si mettono poi a studiare l'oggetto del loro desiderio, e gli si affezionano, fino a commettere piccole stravaganze. Io stesso una volta mi inerpicai a piedi per una salita di diversi chilometri, per procurarmi un fumetto che desideravo molto avere. Ma qui scivoliamo su un altro terreno. Il problema vero rimane quello di avere la fede, ma la sua soluzione si presenta alquanto difficile, tanto che qualche religione, per tagliare la testa al toro, cioè all'illogicità, sostiene che sì, per salvarsi occorre la fede;

ma precisa che essa non la si trova nella lettura degli scritti sacri, né per altri canali, ma che è una cosa elargita da Dio secondo i suoi imperscrutabili disegni. Chi ce l'ha, ce l'ha perché Dio ha deciso così. Rimane da capire perché uno debba essere predestinato al paradiso e un altro no, fin dalla nascita e senza rimedio.

Comunque un fatto è sotto gli occhi di tutti: chi ha fede, nel senso di intima e profonda convinzione, in realtà, riesce a sopravvivere, in quanto evita il terrore della morte, avendo il conforto della certezza interiore che un'altra vita, assai migliore della terrena, e soprattutto eterna, l'attende, quando si sarà liberato dell'inutile fardello di carne che lo opprime in questo mondo.

Il problema si fa invece drammatico per quei poveretti che la fede non ce l'hanno, atei o agnostici che siano. Essi sanno (credono, d'accordo), che quella composizione di molecole che casualmente si sono messe assieme dando origine alla loro persona e alla loro personalità., una volta sciolta la „riunione", andranno ognuna per la sua strada: nella pancia di un verme o di un pesce, nell'acqua o nell'aria, vagando senza meta per l'universo infinito. Dal punto di vista matematico non esiste che una possibilità remotissima che possa di nuovo verificarsi lo stesso assembramento di quei miliardi di miliardi di molecole che avevano formato il Tizio o il Caio.

E allora che fare per costoro? Beh, un qualche rimedio l'hanno pure loro, precisamente due.

Il primo è comune agli altri: procreare una discendenza che abbia in sé i caratteri dei genitori. In tal senso i figli costituiscono una specie di prolungamento, almeno dal punto di vista fisico, dei genitori. Ciò spiega la cura che tutti gli animali hanno per i loro piccoli, l'amore, non per nulla chiamato „viscerale" degli umani per i loro figli. I figli in certo qual modo sono la nostra proiezione nel futuro e dunque, specialmente per i non credenti, rappresentano la principale possibilità di sopravvivere alla morte del proprio corpo. Purché di tratti di figli effettivamente nati da sé (per gli altri si può nutrire un grandissimo amore, ma essi non possono costituire un prolungamento di vita per i genitori non naturali).

Da questo bisogno della prole, nasce anche l'esigenza della certezza della prole. Da questa semplice constatazione sono derivate conseguenze storiche e sociali di grande rilevanza, tra cui il matrimonio e l'assoggettamento della donna all'uomo, per avere la certezza che la prole da essa partorita sia anche del marito o compagno. Ma non divaghiamo.

Neanche la procreazione di figli risolve però del tutto il problema cui abbiamo accennato all'inizio di questa „goccia". Infatti esistono quelli che figli non ne hanno o, pur avendoli avuti, li hanno perduti, o fisicamente o, a volte, anche spiritualmente.

Che cosa rimane a costoro, se non la disperata certezza che la loro esistenza, così miserabile rispetto all'infinitezza dell'universo, dopo il piccolo alito di vento, che è la vita umana,. svanirà per sempre? È triste tutto ciò, ma è purtroppo inevitabile. A meno che non si ricorra ad un altro"rimedio": le opere. Sì, perché grazie ai risultati del proprio agire l'uomo ha la possibilità di rivivere attraverso l'ammirazione o anche il semplice ricordo che saprà suscitare negli altri con le proprie opere.

Non è una tesi nuova, né originale, lo so. C'è pure una scritta all'ingresso del cimitero di Lentini: *al di là della virtù operosa/ null'altro rimane di noi.* Questo forse spiega perché schiere sempre più ampie di autori (romanzieri, architetti, scultori, storici, poeti, ecc.) si affannino, in maniera spesso convulsa, a scrivere, a costruire, a creare insomma.

Per vivere, per vivere ancora, in qualche modo.

95 – Bratislava

Quando, oramai avanti negli anni, mi sollecitavano a fare un viaggio in aereo, così, tanto per provare, io rispondevo che, alla mia età, era ormai inutile rischiare, tanto più che non avevo dove andare. Immaginate il mio sbigottimento quando mi ritrovai, solo e un pò spaurito, nel grande aeroporto di Vienna. Era iniziato, anche se ancora non lo sapevo, un nuovo periodo della mia vita, che assai probabilmente si sarebbe concluso solo con la mia morte.

La bella città dell'Europa centrale, meta ultima del mio viaggio, Bratislava intendo, sarebbe diventata, da lì a poco, il luogo del mio esilio. Essa era da un ventennio la capitale della Slovacchia indipendente, dopo la separazione consensuale dalla Cechia. Tale separazione, avvenuta pochi anni dopo la fine del regime comunista, crollato in seguito alla *rivoluzione di velluto*, da molti ritenuta innaturale, era stata voluta dai gruppi dirigenti dei due Paesi, soprattutto da quello slovacco, senza nessuna verifica della volontà popolare.

Credo che la grande borghesia slovacca, sbucata fuori in seguito alle privatizzazioni che accompagnarono lo smantellamento dello statalismo comunista, abbia intravisto nuove possibilità di espansione grazie all'indipendenza; sarebbero, infatti, sorti nuovi vertici della rappresentanza statale, con la creazione *ex novo*, ad esempio, di una diplomazia slovacca e con una forte dilatazione dell'alta burocrazia ministeriale.

Mi accorsi quasi subito del fossato che si era creato tra i nuovi ricchi che percorrevano con le loro auto scintillanti le strade della capitale e la massa della popolazione, costretta a pagare quei lussi con stipendi e pensioni più o meno corrispondenti ad un terzo di quelli italiani. Gli slovacchi riescono, tuttavia, a vivere dignitosamente, grazie al fatto che quasi sempre le donne ed anche i figli lavorano, contribuendo quindi al bilancio familiare. Il quale, comunque, non permette nessuna spesa pazza.

La grande massa della media e piccola borghesia professionale e artigianale si concede però il „lusso" di compiere, almeno una volta all'anno, un viaggio all'estero. Ma ho notato con stupore che quasi per tutti il divertimento vero e proprio non è dato dal viaggio in sé, ma dalla possibilità di poterlo raccontare, al ritorno, a parenti e amici: personalmente, per telefono, per mail, con valanghe di fotografie, con ogni mezzo. Conosco una signora che, avendo numerose amiche e non potendo contattarle tutte singolarmente, decise addirittura di indire una specie di conferenza collettiva per poter raccontare a tutte loro che cosa si mangia in Grecia per merenda o come si dorme in un albergo italiano.

Questa circostanza dell'amore sfegatato per i viaggi, assieme alla posizione geografica della Slovacchia, nazione pacifica che non ha sbocchi al mare, ha probabilmente incrementato lo studio delle lingue: credo che in Slovacchia la laurea in lingue sia la più diffusa; ma molti studiano le lingue, gli adulti più dei giovani, anche al di fuori delle aule universitarie. Si può dire che non c'è slovacco che non conosca almeno una lingua straniera: tutti capiscono il ceco, molto simile allo slovacco e per molto tempo lingua letteraria della Cecoslovacchia (da notare che le opere letterarie straniere sono state quasi tutte tradotte in ceco, poche in slovacco); tutti conoscono l'inglese; gli anziani, i cui genitori vivevano sotto il regno d'Ungheria, ricordano l'ungherese, del resto rinvigorito dalla minoranza magiara in Slovacchia; chi ha studiato sotto il regime comunista, conosce il russo, allora lingua obbligatoria nelle scuole; molti parlano il tedesco, sia per la potenza commerciale della Germania, che per la vicinanza dell'Austria, del cui impero il Regno d'Ungheria fu partecipe; gruppi più ristretti conoscono il francese, l'italiano, lo spagnolo.

Il proletariato, invece, che non sta malissimo, non potendo permettersi certi lussi, è tutto dedicato al cibo. Nei numerosi *supermarket* operanti in regime di oligopolio (i piccoli esercizi commerciali e le botteghe artigiane sono quasi del tutto scomparsi), si notano infatti lunghe e ordinate file di disciplinati clienti con i carrelli pieni davanti alle casse, a cui sono addetti, con ritmi di velocità massacrante, molti lavoratori, maschi e femmine, inchiodati per ore nelle loro sedie, a incassare i miliardi di euro che affluiranno nelle capienti casse di varie multinazionali.

Il pane non si tocca con le mani, ma con i guanti di plastica forniti dalla ditta. Una volta che presi un panino senza guanto, una signora, gentile sì, ma autorevole, mi si avvicinò e me ne porse uno, come a dirmi: „Questo non si fa". Si fa, invece, i furbetti che vogliono sbrigarsi ci sono anche qui: essi danno un rapido sguardo in giro e poi si tuffano fra i panini, rimestandoli tutti, fino a trovare quello giusto per loro. In effetti gli slovacchi sono degli abili compratori, a cui difficilmente la si fa: prima di acquistare un prodotto, lo girano e lo rigirano da tutte le angolazioni, controllano il prezzo, il peso, la provenienza, la composizione...e quando trovano un prodotto conveniente, quello sparisce rapidamente dagli scaffali, come spesso accade con le arance siciliane, rare per la verità.

Questa „passione" per il cibo, in una con una cucina nazionale ricca di grassi, ha determinato la presenza di un numero assai elevato di obesi di ambo i sessi, cosa da cui fui molto colpito, tanto da scriverci sopra una novella (*La guerra dei coccodrilli*).

Oltre a questa differenza tra grassi e magri e a quella tra biondi, bruni e rossi, ne esiste un'altra che mi incuriosì quasi subito: quella tra alti e bassi. Ci sono molte persone – uomini e donne - alte oltre 180 centimetri, alle quali si contrappongono tipi mingherlini, che superano di di poco il comune nanismo. Si tratta, con ogni probabilità, delle discendenze di due diverse etnie, confluite, nel corso dei secoli, in queste terre. Le donne sono in genere molto belle, anche se non sempre eleganti, a causa delle particolari condizioni economiche.

Credo che in Slovacchia ci sia anche una notevole propensione per l'alcool. Mi colpì il fatto che una signora, al momento di accomiatarmi da una cena a cui ero stato invitato, mi prese da parte e mi disse: „In una prossima occasione la pregherò di spiegarmi perché mai lei non beve". Io non sono astemio, ma l'alcool non mi attira: la signora l'aveva notato e ne era rimasta meravigliata, come di cosa alquanto inconsueta!

Questa sonnacchiosa realtà sociale è completata da sindacati quasi invisibili e da una socialdemocrazia non sempre incisiva, il che ha fatto guadagnare spazi non solo al conservatorismo rampante ed egoista, ma anche a forme di nazionalismo estremo.

La città, molto estesa orizzontalmente, è servita da un'ottima rete di trasporti urbani: tram e bus percorrono di continuo e con grande puntualità le vie cittadine, gareggiando con i taxi e con le numerose auto private, e tutti rispettano la segnaletica, con una precisione direi „germanica".

Essa è composta di tre cerchi concentrici: al centro sono situati, in un territorio paragonabile a quello di un paese siciliano come Lentini, gli edifici pubblici, le numerose ambasciate, gli alberghi e ristoranti, le pizzerie; è lì che si trova il cuore pulsante di Bratislava, attraversato da nugoli di turisti di varie nazionalità, con accanto sempre l'immancabile guida che ripete in tutte le lingue le storie dei monumenti locali. È questo, comunque, un turismo di transito che attira turisti, le cui mete principali sono le vicine città di Vienna, Praga e Budapest. Ciò spiega il gran numero di bar, ristoranti e pizzerie, spesso gestiti da piccoli imprenditori italiani.

La fascia urbana intermedia è costituita dalla più antica zona residenziale slovacca, risalente ai tempo dell'impero austro-ungarico. In essa, ricca di verde, sono collocati i migliori e più spaziosi appartamenti, da sempre appartenuti alla classe dirigente di turno.

La zona più esterna rispetto al centro cittadino comprende vaste zone periferiche, veri e propri paesini del circondario che man mano si sono aggregati alla città vecchia. In essi risiede la maggior parte della popolazione, che vive in appartamenti puliti e ben tenuti, ma piuttosto piccoli e senza doppi servizi, situazione questa probabilmente ereditata dalle scelte urbanistiche del passato regime comunista che privilegiava il numero piuttosto che la spaziosità nella costruzione di abitazioni.

Gli abitanti amano tenersi in forma, soprattutto praticando la corsa podistica nelle vie cittadine o lungo il Danubio o facendo escursioni con la diffusissima bicicletta con cui famiglie intere percorrono instancabili le strade. Anzi, i marciapiedi cittadini. Perché a Bratislava le biciclette non devono muoversi nelle strade, ma solo sui marciapiedi. Questi diffusi esercizi ginnici sono effettuati sopratutto il sabato, giornata di riposo „sacra" per gli slovacchi. Mi diceva un milanese, proprietario di un grande bar-ristorante, che aveva difficoltà a trovare lavoranti slovacchi disposti a fare servizio di sabato che, com'è noto, è il giorno più redditizio per tali esercizi commerciali.

Una cosa che moltissimi slovacchi fanno ogni giorno è quella di portare a spasso il loro cane, con tutta evidenza l'animale da loro più amato.

Mi ha un po' sorpreso il fatto che, nonostante le chiare direttive del papa, molte chiese sono chiuse durante la settimana, limitandosi alla sola apertura domenicale. La motivazione ufficiale pare che sia la paura per i furti. Un osservatore malizioso potrebbe pensare che si tratta solo di pigrizia.

Per quanto riguarda l'emancipazione sessuale, credo che essa sia abbastanza avanzata, anche se non raggiunge i livelli dell'Europa settentrionale; le donne in particolare non hanno la propensione a dissimulare le loro scappatelle, anzi spesso amano vantarsene per sottolineare la loro personalità e il loro fascino.

Bratislava, dicono gli italiani che ci vivono, somiglia a una bella donna che ognuno vorrebbe abbracciare. È qui, sulle rive del Danubio, che forse si concluderà il mio cammino.

96 – Addio a Lentini?

Che cos'è la Patria? Il luogo dove si è nati e cresciuti, la lingua, la cultura, le persone, la mentalità, i ricordi? O forse tutte queste cose assieme. Io ricordo che mio nonno, da buon internazionalista, soleva dire:"La patria è dove si sta bene!". Io sto bene a Bratislava, amo questa città, ma so che non è la mia patria. E penso al luogo in cui ho vissuto (o forse sognato?) l'altra mia vita, a Lentini, la Città di Gorgia e di Jacopo. Cerco, a volte, di immaginare come sarebbe la mia vita se tornassi a viverci e mi ritraggo dalla visione tetra di un vecchio che si trascina stancamente nelle vie deserte che tante volte aveva alacremente percorso. Lì non c'è più spazio per la mia vita di un tempo. Ma ci sono gli amici, mi direte. Quanti ne avevo, e di intimi! Molti di loro mi aspettano non so dove. Dove sono Lorenzo Giudice, Totò Cicero, Saro Zacco, Nino Lanzafame, Carlo Cocilovo, Ciccio Vinci, Alfio Serratore, Alfio Giudice, Turi Saya, Delfo Pupillo, Pippo Centamore, Turi Martello, Enzo Tondo, Turi Mangiameli e tanti, troppi altri?

Quelli vivi sono irriconoscibili, nel corpo e a volte anche nell'anima.

Eppure penso alla mia Città e vorrei tornarci. Ma quando sono lì mi prende una grande malinconia, che sembra soffocarmi, come l'ultima volta che ci sono stato, nel dicembre 2015. E meno male che non ho mai tenuto alle feste religiose, perché un Natale più solo di così non l'ho mai passato. Ero tornato per la causa di divorzio, ma anche con un po' di speranza nel cuore, perché avevo ripreso i contatti, che dopo poco tempo si riveleranno effimeri, con uno dei miei figli.

Nel tempo libero andavo a trovare questo o quell'amico, veri fantasmi del passato.

Mezza giornata volli dedicarla ai luoghi della mia infanzia: Via Roma e Via Lisso, congiunte dal „vicolo" Lazio, in cui nacqui ed abitai, fino al giorno del mio sfortunato matrimonio.

Guardavo quelle case segnate dal tempo, mute e solitarie, mentre i miei ricordi riemergevano tumultuosi: qui c'era la piccola bottega di donna Natala, dove un giorno mia nonna mi mandò a comprare due „once" di formaggio; in quest'altra abitava donna Vincenzina, l'unica che avesse il telefono in casa, perché il marito era commerciante; più avanti abitava donna Aida coi suoi sei figli e il marito; e poi la famiglia Calabretta, il cavaliere S.Lio. Giravo l'angolo e rivedevo nonna Maruzza, abile narratrice di favole e la zia Alfia, che mi insegnò a giocare a briscola, e ancora la zia Vannina, moglie di Ignazio, cugino di mio nonno; e comare Maria col marito don Ciccio Aletta, che un giorno mi salvò da un cavallo imbizzarrito, e la loro figlia, mia coetanea, morta giovane; la famiglia Barretta; e la casa di Cirino Speranza e quella di don Peppino Giudice, e la scuola di avviamento... Dove sono, dove sono andati, mi dicevo, mentre spuntava una lacrima impudica...

Questa è Lentini: una città morta. Dove sono i lavoratori agrumicoli che andavano e venivano a centinaia dalla stazione, presso la quale si ergevano numerosi i magazzini? Dove sono gli affollati comizi, le sezioni di partito sempre aperte, le numerose associazioni sportive che si disputavano appassionatamente i trofei del campionato estivo di calcio? Dove sono gli uomini che hanno dominato la scena politica della Lentini del dopoguerra: i Castro, i Marino, gli Arena, i Bombaci, i Neri, i Marilli? E i bar aperti d'estate fino a tarda notte, con i loro tavoli all'aperto? Finito, tutto finito, mi dicevo.

E dopo un po' riprendevo il colloquio con me stesso: „Perché dunque vuoi tornare? Per morire di inedia, per essere ancora e sempre solo? Ma rimani a Bratislava, nel cuore dell'Europa, arricchisci la tua cultura, allarga il tuo respiro, fai nuove amicizie, guarda al futuro", mi dicevo.

Ma quando siedo nella bella terrazza di casa che si apre su una piccola vallata ricca di verde ed odo da lontano le grida dei bambini che giocano nel vicino parco e vedo lo scorrere inesorabile delle acque del Danubio, ripenso a Lentini, alla mia nipotina e il cuore si stringe e la nostalgia mi assale...

Ma che è questa Patria dunque?

97 – Le cose che ho amato

Arrivato a questo punto delle mie riflessioni, mi è sembrato opportuno, prima della conclusione della mia vicenda umana, fare un piccolo inventario delle cose che ho amato nel corso della mia prima vita, quella vissuta a Lentini. Eccolo, alla rinfusa, con molta sinteticità:

<u>Mio padre</u>. Il padre che non ho avuto, di cui mi è stata negata anche la memoria. Lo cercavo nel volto di suo fratello, nelle parole dei suoi amici, perfino nei suoi coetanei. Ma lui non c'era. Sbucava solo nei miei sogni.

<u>I gatti</u>. Li ho conosciuti a 10 anni e non ho più spesso di amarli. Era un amore liberamente scelto, di cui io e loro avevamo bisogno.

<u>La bicicletta</u>. Per me era come l'inseparabile cavallo dei mitici cow-boy; essa mi rendeva libero. Il vento che mi soffiava sul volto mi faceva sentire padrone di me. Mi consentiva di lasciarmi alle spalle, per un po', i dolori della mia solitaria adolescenza.

<u>I fumetti</u>. Erano il mio rifugio, ora lo so: Mi trasportavano nel mondo della fantasia, in un mondo di giustizia e di giustizieri; mi permettevano di vedere cose meravigliose e mi lasciavano riprendere respiro, quando una lacrima spuntava invereconda nei momenti disperati...

<u>Il socialismo</u>. Aderii giovanissimo al socialismo, prima ancora che al PSI, a 15 anni. Da allora non l'ho più lasciato. È stata questa, per me, una scelta di vita. Ho dato così sfogo al mio profondo bisogno di giustizia e di libertà.

<u>Enzo Tondo</u>. C'era una totale sintonia fra noi. Sentivo che potevo confidargli qualunque cosa. Rimpiango di non averlo frequentato di più.

<u>La moglie</u>. Per averla feci molti sacrifici e molte rinunce. Fu un amore sfortunato.

<u>L'insegnamento</u>. Non era solo un lavoro. Provavo la stessa sensazione che prova il coltivatore quando vede crescere l'albero che ha piantato. Lo facevo con passione, e i miei alunni lo percepivano. Ancora oggi alcuni di loro mi cercano e mi amano. E io amo loro. In particolare D.U., una ragazza sensibile e buona, che per me è quasi una figlia. Essa provvederà alla mia sepoltura.

<u>I miei figli</u>. Li ho amati profondamente. Vedevo, in loro, io laico, la mia proiezione nel futuro. Ora essa è affidata alla memoria che lascerò di me e alle mie opere.

<u>La storia</u>. Mi fa sentire vivo, in un mondo di morti. Conoscere il passato ci spinge ad amare la vita. Quella dello storico è una missione, simile a quella dell'archeologo. Ci aiuta a non dimenticare, a conoscere le nostre radici, e dunque noi stessi.

<u>Mia nipote</u>. Nessuno potrà toglierla dal mio cuore: io l'amerò sempre.

<u>Mio fratello</u>. Gli ho voluto bene soprattutto nei momenti di sua maggiore debolezza, ad esempio quando rimase orfano come me. Ha una personalità molto complessa ed anche molto interessante. Credo che gli dedicherò un saggio apposito.

98 - Esilio

È certo blasfemo il confronto. Ma mi viene di dire che il mio esilio ha delle analogie con quello del Sommo Poeta, almeno nella sua dinamica. Proprio mentre egli si trovava a Roma come ambasciatore della Repubblica, a Firenze un colpo di mano portò al potere i suoi avversari politici, i guelfi neri, che gli inflissero una dura condanna (il rogo) in contumacia. Da allora (1302) ebbe inizio l'esilio di Dante.

Anch'io mi trovavo all'estero per un periodo di due mesi, in seguito ad una forte crisi esistenziale, seguita al fallimento del mio matrimonio, quando un'ondata di rancori mi si rovesciò addosso. Al mio ritorno a Lentini dunque, dapprima per la traballante mia condizione di cardiopatico, poi anche per la decisione del giudice di assegnare la casa „matrimoniale", di mia esclusiva proprietà, a quella, che, da allora, sarà tecnicamente definita „la controparte", non potei più mettere piede nella mia casa.

Da allora ebbe inizio quello che io definisco il mio esilio, con l'aiuto dell'unica persona che credo mi abbia veramente amato. Mi resi conto da allora, a poco a poco, del significato della parola esilio che avevo appreso dagli studi storici a proposito dei patrioti del Risorgimento, costretti a lasciare la loro terra, tiranneggiata da governi oppressivi e illiberali. La stessa parola che era poi stata usata a proposito degli antifascisti costretti a riparare all'estero, in alternativa al carcere o al confino: Nenni in Francia, Saragat prima in Austria e poi in Francia, Silone in Svizzera, don Sturzo in America, Togliatti a Mosca, ecc.

Sapevo, ovviamente, cos'era l'esilio, ma non ne capivo l'intima essenza. Lo percepivo come un soggiorno all'estero, una gita temporanea che un giorno sarebbe finita, ma che nel frattempo poteva offrire tante cose.

Oggi, dopo circa cinque anni di esilio, posso dire che le cose non stanno proprio così. Mi sento libero, come potrebbe sentirsi libero uno che fosse stato nominato imperatore del Sahara, signore di un'immensa distesa di sabbia, ma senza neanche l'ombra di un essere vivente. Mi dà una strana sensazione girare per le strade della bella città centroeuropea, affollate di turisti che mi ignorano: i giapponesi con le loro immancabili macchine fotografiche, i tedeschi, gli austriaci o gli americani che guardano avidi i *souvenir* esposti nei negozi del centro. A volte mi credo invisibile, di fronte alla loro totale indifferenza...E non posso uscire da quell'impressione, poiché non conosco la lingua e del resto non conosco nessuno a cui potermi rivolgere. Sono un uomo solo, strappato dal destino alle sue radici.

È vero, sono accudito con affetto e generosità. Ma non basta, non può bastare: l'uccello in gabbia, pur se ripulito e ben nutrito, amato e coccolato, rimane un uccello in gabbia.

In questi anni sono tornato tre o quattro volte a Lentini, per brevi periodi e ne ho approfittato per trarne motivi di conforto per quando sarei tornato nel mio esilio.

Ho visto una realtà molto diversa da quella che si era insediata nella mia memoria. I miei amici quasi tutti morti o malati, la città senza vita, le strade del quartiere della mia infanzia deserte. Ho provato ad immaginare di vivere, come per magia, di nuovo a Lentini. Ma che cosa avrei fatto, dove sarei andato in mezzo a quello squallore? Come avrei potuto passare le giornate in mezzo a quell'evidente sfacelo sociale? Non luoghi di ritrovo, la politica ridotta alle meschine baruffe di gruppi ristretti, la cultura offesa da autoproclamatisi „autori", lo sport ridotto a fatto strettamente privato... E infatti a volte, quando ripenso alla mia patria, alla mia città, da cui sono stato strappato, mi conforto dicendomi: „Ma che cosa faresti lì? Per giunta senza nessuna persona che ti voglia veramente bene? Ti aspetterebbe la noia, nemica assai più pericolosa della sfortuna...

Ma, nonostante tutto, un'ondata di malinconia si impadronisce di me e qualche volta spunta anche una stupida lacrima. La malinconia pesa più del dolore: è più sinuosa, si infiltra dovunque, si annida nell'anima e ti distrugge moralmente. Il dolore è più leale: ti sfida e ti affronta a viso aperto, per vincere o per essere vinto. La malinconia, no. È viscida, furba, è capace di far soffrire senza sapere il perché, opprime il cuore, ti fa sentire perduto.

99 - ...e morte

Perché non ho (o credo di non avere) paura di morire? Sono così diverso dagli altri? La risposta che mi sono data è davvero singolare: „Per curiosità". Voglio sapere che cosa c'è dopo, che cosa ha portato milioni di individui a credere che „dopo" ci sia qualcosa. E che cosa?

Ho sempre detto ai miei alunni che la curiosità è la molla del sapere. Chi è curioso è (almeno potenzialmente) una persona colta. In questo caso però la curiosità funge un po' da anestesia per aggirare la naturale paura della morte.

Ci sono stati, e sempre ci saranno, atei incalliti che, presi dal panico quando capiscono che stanno per lasciare quella che Tex Willer chiama „questa valle di lacrime", si convertono e chiedono i sacramenti.

Ad un agnostico come me credo che ciò non accadrà. Mi spiego. Può benissimo accadere che, in punto di morte, io chieda perdono a Dio e così ne ammetta l'esistenza, che faccia cioè ciò che non mi sono sentito di fare prima. Ma quell'esistenza io non l'ho mai negata, semplicemente ho sostenuto che l'uomo non ha gli strumenti intellettivi adeguati per risolvere un simile problema. Nulla esclude, però, che una particolare sensibilità si sviluppi all'ultimo momento e mi faccia vedere ciò che prima non ho potuto vedere. Una cosa tuttavia, fin da ora, mi sento di escluderla completamente: l'adesione ad una qualunque delle religioni oggi in circolazione sul nostro pianeta. Pur con tante diversità, esse hanno in comune la loro genesi, la promessa di una seconda vita, un clero nel suo insieme imponente e una serie di rituali, utili a propiziare la divinità. In una realtà in cui il concetto di infinito e quello di eterno possono far scoppiare la testa a chiunque per la loro complessità, esse sostengono di avere, esse sole, la chiave per l'ingresso nell'altro mondo.

Io penso che le loro chiavi servono ad aprire altre porte meno spirituali, Credo proprio di poter escludere una conversione in tal senso.

La morte mi procura però due ordini di problemi. Il primo è quello dei ricordi. A chi lascerò i miei ricordi? Se è presumibile che le molecole che compongono il mio corpo si trasformino, dando origine ad altre, a loro volta mutevoli, forme di vita, il problema, ripeto, è: che fine faranno i miei ricordi?

Li ho classificati in tre gruppi: 1 – I ricordi personali. Essi riguardano me solo e periranno con me; 2 – I ricordi di famiglia. Se gli unici a cui potrebbero forse importare, cioè i miei figli, non hanno la minima voglia di ascoltarli e tramandarli, figuriamoci gli altri. Periranno anche quelli. 3 – I ricordi storici, quelli cioè che riguardano una particolare società, piccola o grande non importa. Essi - ritengo - devono essere assolutamente conservati, perché la conoscenza della storia è essenziale per la sopravvivenza della civiltà umana, che altrimenti diventerebbe roba da bruti. E non importa se la società attuale è dominata dall'individualismo, generato dal consumismo, a sua volta generato dal capitalismo.

Il sistema di produzione capitalistico, infatti, ha un solo assillante obiettivo: la realizzazione del profitto, per potersi procurare i mezzi per soddisfare ogni bisogno, anche artificialmente creato. I mezzi di informazioni, la televisione in particolare, così pieni di pubblicità che ci esorta a comprare, a comprare senza limiti, offre modelli di vita allucinanti: tutti sono molto belli e ricchi (i brutti e cattivi soccombono), tutti vivono in appartamenti di lusso, hanno auto, panfili, elicotteri, frequentano hotel a cinque stelle. I giovani d'oggi vengono adescati da questi modelli artificiali di vita e si pongono, sempre più frequentemente, lo stesso interrogativo:" Perché loro sì, ed io no? Perché gli attori, i calciatori, i politici, gli industriali, i finanzieri, i grossi professionisti, i grandi commercianti possono permettersi tutte queste delizie, ed io no?". Anche loro vogliono averle, e subito. Droga, delinquenza, corruzione, furberia sono da tanti ritenute le vie più brevi e veloci per arrivarci. In questo clima, contrastato dal socialismo e dal cristianesimo, per ora senza grandi successi, i giovani hanno altro a cui pensare che alla storia della loro cittadina. E tuttavia, ne sono convinto, verrà un giorno in cui qualcuno di loro aprirà gli occhi e guarderà indietro, per sapere com'è arrivato dove è arrivato. Allora egli vorrà sapere chi c'era prima di lui e cosa pensava. Ebbene, quel giorno io voglio esserci. Se non di persona, avendo intrapreso „il grande viaggio", almeno con le opere.

Lo storico è una grande riserva dell'umanità. Nella mia atomistica realtà, io so di essere rimasto l'unico umile testimone di persone, di pensieri, di avvenimenti di un certo rilievo e voglio che essi non siano cancellati, voglio che se domani un solo giovane desiderasse avere una certa informazione, abbia almeno dove cercarla, una traccia da seguire. Da qui il mio (lo so, molto presuntuoso) affanno a raccontare (quando qualcuno mi ascolta), ma soprattutto a scrivere. Scrivere ormai è diventato per me una specie di missione. Devo comunicare agli altri, prima che la morte mi colga, tutto ciò che ho appreso, almeno quello che solo io so. È un assillo, un affanno, per me la scrittura, ma è anche l'ormai unico veicolo di una testimonianza di vita, che mi fa dire cartesianamente: „Penso, dunque sono". In ogni caso, lo so con certezza, morirò col rammarico di non aver potuto comunicare tutto quello che sapevo e di cui l'umanità rimarrà priva per sempre. „Ma guarda questo vecchio ridicolo e presuntuoso! Ma chi si crede di essere?", penserà il lettore. Credo di essere un uomo curioso di sapere e generoso abbastanza da voler dividere con gli altri le mie modestissime conoscenze.

L'altro punto che mi preoccupava era la mia sepoltura. Strana preoccupazione per uno che non crede a certe cose, direte. Eppure ce l'ho. Avevo, tanti anni fa, promesso a mio padre, o meglio a quello che è rimasto di lui nella sua tomba a Lentini, che un giorno mi sarei fatto seppellire con lui. Lui era stato solo nella vita (storia familiare che morirà con me) ed io pure. La morte avrebbe unito le nostre solitudini e ci saremmo fatti compagnia per l'eternità.

Ma quando il capriccio del Destino mi condusse molto lontano da Lentini, nella bella Bratislava, divenne più che probabile che la mia morte sarebbe avvenuta in terra slovacca.

Ho visto un paio di volte il cimitero cittadino ed ho capito che ogni cosa di me sarebbe sprofondata, per sempre anonima, in quel grande giardino.

Ma quando incontrai D.U. e tra noi si creò un affetto filiale, chiesi ed ottenni da lei, la promessa che si sarebbe curata della sepoltura delle mie ceneri nella tomba di mio padre.

Ora sono sereno e so di non aver nulla da temere da quella che Francesco d'Assisi chiamò *nostra sora morte corporale*. Non la cerco, non l'ho mai cercata, anche quando ho potuto vederla da vicino. Ma quando verrà, non fuggirò attraverso la finestra del bagno come accade in certi film, ma le dirò: „Prego, signora, si accomodi un attimo. Il tempo di vestirmi e sono da lei".

100 - Solitudine

Alla fine di queste mie riflessioni mi sono posto una domanda: „Esiste un motivo conduttore, un filo che unisce le diverse fasi della mie esistenza, pur così diverse fra loro? E la risposta è balzata fuori, quasi con prepotenza: „Sì. Ciò che accomuna da sempre le varie vicende della mia vita è la solitudine.

Io sono stato sempre solo, almeno dalla morte di mio padre, che non rappresentò solo la perdita dolorosa di una figura maschile di riferimento, ma la causa scatenante di una lotta interiore contro il tentativo di cancellarne persino la memoria dalla mia testa, messo in atto dalla famiglia Magrì, con in testa mia madre, la quale forse voleva solo „dimenticare" un matrimonio che non era andato secondo le sue aspettative..

Solo una volta, quando ero già adulto e padre di famiglia, mi parlò ampiamente di mio padre: quasi tutto quello che già sapevo di lui l'avevo appreso da altre fonti.

Da piccolo, tenuto in casa, forse per sottrarmi ai pericoli derivanti dalla presenza di truppe straniere a Lentini (prima tedesche, poi inglesi), fui quasi costretto a giocare da solo, e quindi a lavorare di fantasia, divenendo a poco a poco un introverso, che rifuggiva dai clamori della folla. Supererò questa cosa in seguito, prima grazie alla mia militanza politica e poi con la mia attività di storico operante „sul campo", come suol dirsi. Intanto questo essere „costretto" a crearmi un mondo tutto mio mi spianò la strada del collezionismo fumettistico che non mi lascerà mai più. Il fumetto era per me un'oasi di pace che mi consentiva di evadere da una quotidianità appesantita da un assordante silenzio interiore.

Quando mia madre si risposò ed andò a vivere in un'altra città (Niscemi, poi Caltagirone), io rimasi con i nonni.

Lui, il nonno, si lasciò prendere dalla sua avarizia e cominciò a vedere in me un peso, una bocca in più da sfamare, di cui avrebbe fatto volentieri a meno, benché mia madre mandasse un contributo mensile. La nonna credo mi volesse bene, ma in un modo tutto suo, quasi carnale, che però non mi dava affetto.

Fu in questo stesso periodo che si sviluppò il mio dialogo con i gatti, muti compagni del mio deserto sentimentale

Cominciai allora, così almeno credevo, ad abituarmi alla solitudine. Non c'era nessuno cui potessi confidare i problemi di un'adolescenza vissuta male; nessuno che mi chiedesse: „Cosa avete fatto oggi a scuola?". Questa situazione mi spinse ancor di più verso l'introspezione, verso il dialogo con me stesso. Dai 13 ai 18 anni feci le mie scelte in tutti i campi: nelle amicizie, in cui mi dimostrai sempre incapace di discriminare in base alla posizione sociale o alla cultura: ragazzi che giravano scalzi e rampolli di famiglie nobili o ricche, io li consideravo alla pari .Allora non lo sapevo, ma cercavo sempre la stessa cosa, sotto varie forme, cioè un po' d'affetto; feci in solitudine anche le mie scelte politiche e non abbandonai mai più il socialismo: Mio nonno, comunista della vecchia guardia stalinista, credo ci sia rimasto male; comunque mai nessuno della mia famiglia mi ha mai seguito in questa scelta, nemmeno i miei figli.

Per quanto riguarda l'amore, propendevo per quello romantico e non ho mai considerato la donna un oggetto di piacere, come accadeva allora alla maggior parte dei miei amici, sessualmente educati alla scuola della pubblica prostituzione.

L'amore, cioè la cosa che mi era più di ogni altra mancata nella vita, fu il mio più grande nemico, poiché mi privò delle difese della razionalità, impedendomi cioè di valutare oggettivamente il peso e le conseguenze delle mie azioni.

Quando, quasi casualmente, la mia strada si incrociò con quella della mia futura moglie e credetti, o volli credere, che la mia simpatia fosse ricambiata, mi abbandonai a quel presunto amore con tutto me stesso, mettendo da parte ogni possibile riferimento ad ogni tipo di differenza, e men che meno agli aspetti economici. Ciò mi impedì di leggere certi segnali che pure c'erano e mi spinse a rivelare a mia madre i miei sentimenti, confidando ingenuamente nella sua comprensione e nel suo appoggio e commettendo con ciò forse il più grave dei miei errori. Il che, fra le altre cose, mi fece piombare, nel periodo della mia più cupa solitudine, in quanto per ben cinque anni non potei più incontrare quella che era la mia ragazza o fidanzata.

Fu in questi cinque anni di totale solitudine che intrecciai, con una ragazza slovacca, una relazione puramente epistolare, che mi consentiva, però, di coltivare una specie di sentimento sognato più che vissuto, visto l'abisso, che allora sembrava incolmabile, tra le nostre due realtà politico-sociali.

Quando finalmente mi sposai, dopo mille difficoltà, credetti finalmente di aver realizzato la mia aspirazione ad essere amato.

Ci metterò anni a capire che le cose stavano diversamente: mia moglie – era appena diciottenne quando ci eravamo conosciuti – mi aveva semplicemente accettato, nel senso che non le dispiacevo. Nulla di più. Col tempo i suoi sentimenti si evolsero in altra direzione…

Ma avevo sempre i miei figli, un baluardo affettivo che nessuno mai avrebbe potuto togliermi.

Ma anche qui ho dovuto ricredermi, benché con moltissimo comprensibile ritardo.

Quando finalmente uscii dalla mia incredulità e mi resi conto del sostanziale fallimento del mio matrimonio, mi sentii di colpo ripiombato in quella maledetta solitudine sentimentale che tanto aborrivo. Questa dolorosa e tardiva presa di coscienza, arrivata all'età di 72 anni e con vari malanni addosso, mi precipitò in un affanno psicologico aggravato dalla coscienza di non poter più rimediare, perché nessuno avrebbe più potuto ridarmi la mia giovinezza e con essa la possibilità di tentare strade diverse.

Ma quando la crisi si fece più acuta, mentre io mi spegnevo sempre più, accadde l'imponderabile.

Un inestricabile groviglio di pensieri, difficile da spiegare, mi portò a riprendere la corrispondenza con la ragazza slovacca e poi a recarmi a Bratislava. Quel viaggio decretò lo sgretolarsi della mia famiglia. Rimasi anche fuori della mia casa, dei ricordi che essa conteneva e mi si aprirono le porte dell'esilio.

Pur in mezzo ai gravi problemi familiari, giudiziari e di comunicazione, nei cinque anni che seguirono finalmente potei sentire il calore dell'affetto dell'unica persona che mi abbia veramente amato, una straniera conosciuta per caso quarant'anni prima attraverso l'inserzione di un giornale!

Ma il Destino, comico e tragico nello stesso tempo, aveva ancora qualcosa in serbo per me.

Quando la „ragazza" slovacca, nel luglio 2016, fu colta da un ictus che ne danneggiò la memoria, in quello stesso momento io fui ricacciato nella più tetra solitudine. E mi ritrovai, aggravato dal peso dell'età e dei miei malanni, a girare solitario in quella casa circondata da un piccolo giardino e con vista sul Danubio, così come solitario avevo girato prima per le strade della bella capitale slovacca.

Ancora una volta, dunque, con in più senza il conforto di tanti buoni amici ormai scomparsi, precipitai nel deserto sentimentale, da cui, nel corso di un'intera vita, avevo invano cercato di uscire.

Curriculum

Nato a Lentini (SR) il 2 gennaio 1939, alle ore 6,00 in via Lazio 10

Padre: Leonzio Evelino Giovanni (1916-1947), professore

Madre: Magrí Maria Anna (1920-1986), maestra elementare

Sposato (1967), ma separato; ha due figli: Giovanni (24-4-1968), dottore in giurisprudenza, funzionario ASL e Marco (25-6-1977), dottore in Scienze Politiche, ricercatore universitario

Ha un fratellastro (23-8-1953) per parte di madre: Alfio Barbagallo, ginecologo in pensione

Ha abitato a Lentini in:

Via Lazio 10

Via Capri 3

Via Zenone 26

A Bratislava:

Devínska cesta 20

Diplomato al Liceo classico „Gorgia" di Lentini

Laureato in Giurisprudenza all'Università di Catania

Abilitato all'insegnamento di „Materie giuridiche ed economiche" nelle scuole secondarie

Abilitato all'insegnamento di „Italiano, Storia e Geografia" nelle scuole secondarie

Ha insegnato all'Istituto Professionale di Stato per il Commercio di Lentini per 32 anni (1966/1998)

In pensione a 59 anni

Incarichi ricoperti nel mondo della scuola

Componente del Consiglio di Presidenza dell'Istituto Professionale per il Commercio di Lentini

Componente del Consiglio d'Istituto dello stesso

Incaricato per un mese della Presidenza del medesimo Istituto

Membro del Consiglio Scolastico Distrettuale del circondario di Lentini

Interventi culturali

Ha scritto 19 libri, 7 novelle, e numerosi articoli, recensioni, prefazioni

Libri:

Una storia socialista
Vicende politiche
Alchimie
Il culto e la memoria
Filadelfo Castro
Intervista ad Enzo Nicotra
Lentini vota
13 storie leontine
Socialismo-L'orgia delle scissioni
Segretari e leader del socialismo italiano
Breve storia della socialdemocrazia slovacca

La scommessa
Donne del socialismo
La diaspora del socialismo italiano
Cento gocce di vita
La diaspora del comunismo italiano
Sei parole sui fumetti
Otello Marilli
La diaspora democristiana

E' stato corrispondente dell'*Avanti!* per Lentini

E' corrispondente dell'*Avanti!* per la Slovacchia

E' stato corrispondente per Lentini del quotidiano *L'Ora* di Palermo

Ha rilasciato interviste a giornali ed emittenti televisive

Ha tenuto conferenze a Lentini per:

Rotary Club

Lyons Club

Kiwanis Club

Liceo Classico

Liceo Scientifico

Chiesa Cattolica (presentazione libro)

Chiesa Evangelica Battista (presentazione libro)

Premio Copertina alla Lentinitá 2011

Incarichi sportivi

E' stato socio fondatore e primo Presidente dell'Unione Sportiva Leontina

Incarichi politici

Segretario del Movimento Giovanile Socialista di Lentini

Vicesegretario Provinciale della Federazione Giovanile Socialista di Siracusa

Membro del Consiglio Federativo della Resistenza di Lentini

Membro del Comitato Direttivo della sezione del PSI di Lentini

Segretario Amministrativo della stessa

Vicesegretario politico della stessa

Segretario politico (1983-1985) della stessa

Membro del Comitato Direttivo della Federazione Provinciale Socialista di Siracusa

Membro della Commissione Provinciale di Garanzia del PSI di Siracusa

Presidente del Movimento degli Indipendenti di Sinistra di Lentini

Presidente del Movimento dei Progressisti Unitari di Lentini

Incarichi pubblici

Consigliere Comunale di Lentini (1970-1980)

Assessore Comunale di Lentini nelle Giunte presiedute dai sindaci on. Prof. Otello Marilli, prof. Michelangelo Cassarino, dott. Francesco Fisicaro

Membro della Commissione Elettorale Comunale di Lentini

Componente del Comitato Esecutivo dell'Ente Comunale di Assistenza di Lentini

Componente del Consiglio d'Amministrazione della Biblioteca Civica di Lentini

Componente del Comitato di Gestione del Comune di Lentini.

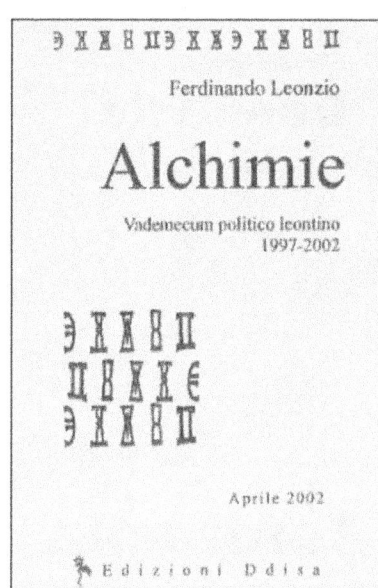

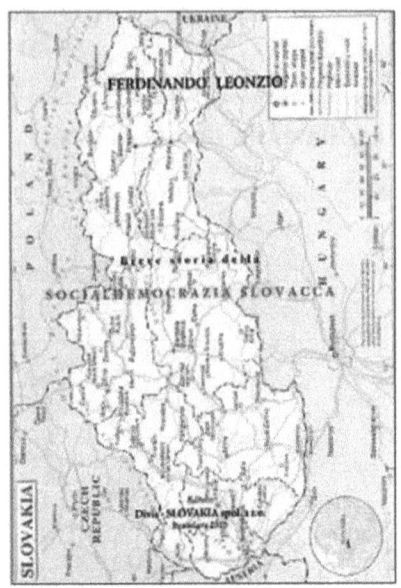

Nota di edizione

Cento gocce di vita è stato edito (in formato cartaceo) da Divis - SLOvAKIA spol. s r.o. nel 2016. Nel 2017 è uscita l'edizione ebook a cura di ZeroBook, nel 2019 la seconda edizione cartacea (per ZeroBook).

Questo libro

Un'originale opera autobiografica scandita in cento momenti della vita dell'autore, che illuminano pensieri, passioni, sentimenti, esperienze di vita vissuta in cui ciascuno può riconoscersi.

"Io so di essere rimasto l'unico umile testimone di persone, di pensieri, di avvenimenti di un certo rilievo e voglio che essi non siano cancellati, voglio che se domani un solo giovane desiderasse avere una certa informazione, abbia almeno dove cercarla, una traccia da seguire".

L'autore

Ferdinando Leonzio (nato nel 1939), appassionato cultore di storia e di ricerca storica, autore anche di articoli, recensioni e prefazioni, già corrispondente di Lentini dell'*Avanti!* e dell'*Ora*, ha pubblicato i seguenti libri:

Ed. in proprio: *Una storia socialista* ; per le ed. Ddisa: *Lentini 1892-1956, Alchimie, Il culto e la memoria, Socialismo-l'orgia delle scissioni*; ed. a cura del Kiwanis Club di Lentini: *Filadelfo Castro*; per le ed. Aped: *Intervista a Enzo Nicotra, Lentini vota, 13 storie leontine*; per le ed. Divis – SLOVAKIA- spol.sr.o.: *Segretari e leader del socialismo italiano, Breve storia della socialdemocrazia slovacca, La scommessa, Donne del socialismo, La diaspora del socialismo italiano, Cento gocce di vita*.

Per ZeroBook (2017): *Segretari e leader del socialismo italiano, Breve storia della Socialdemocrazia slovacca, Donne del socialismo, La diaspora del socialismo italiano, Cento gocce di vita, La diaspora del comunismo italiano, Sei parole sui fumetti, Otello Marilli, La diaspora democristiana*.

Le edizioni ZeroBook

Le edizioni ZeroBook nascono nel 2003 a fianco delle attività di www.girodivite.it. Il claim è: "un'altra editoria è possibile". ZeroBook è una piccola casa editrice attiva soprattutto (ma non solo) nel campo dell'editoriale digitale e nella libera circolazione dei saperi e delle conoscenze.

Quanti sono interessati, possono contattarci via email: zerobook@girodivite.it

O visitare le pagine su: http://www.girodivite.it/-ZeroBook-.html

Opere di Ferdinando Leonzio:

Una storia socialista : Lentini 1956-2000 / di Ferdinando Leonzio (ISBN 978-88-6711-125-1)

Lentini 1892-1956 : Vicende politiche / di Ferdinando Leonzio (ISBN 978-88-6711-138-1)

Segretari e leader del socialismo italiano / di Ferdinando Leonzio (ISBN 978-88-6711-113-8)

Breve storia della socialdemocrazia slovacca / di Ferdinando Leonzio (ISBN 978-88-6711-115-2)

Donne del socialismo / di Ferdinando Leonzio (ISBN 978-88-6711-117-6)

La diaspora del socialismo italiano / di Ferdinando Leonzio (ISBN 978-88-6711-119-0)

Cento gocce di vita / di Ferdinando Leonzio (ISBN 978-88-6711-121-3)

La diaspora del comunismo italiano / di Ferdinando Leonzio (ISBN 978-88-6711-127-5)

Sei parole sui fumetti / di Ferdinando Leonzio (ISBN 978-88-6711-139-8)

Otello Marilli / di Ferdinando Leonzio (ISBN 978-88-6711-155-8)

La diaspora democristiana / di Ferdinando Leonzio (ISBN 978-88-6711-157-2)

Ultimi volumi:

La diaspora democristiana / di Ferdinando Leonzio (ISBN 978-88-6711-157-2)

Emma Swan e l'eredità di Adele Filò / di Simona Urso (ISBN 978-88-6711-153-4)

Otello Marilli / di Ferdinando Leonzio (ISBN 978-88-6711-155-8)

Dizionario politico-sociale di Nova Milanese : Passato e presente / Adriano Todaro (ISBN 978-88-6711-151-0)

Autobianchi : vita e morte di una fabbrica / di Adriano Todaro

prefazione di Diego Novelli (ISBN 978-88-6711-141-1)

Sei parole sui fumetti / di Ferdinando Leonzio (ISBN 978-88-6711-139-8)

Sotto perlaceo cielo : mito e memoria nell'opera di Francesco Pennisi / di Luca Boggio (ISBN 978-88-6711-129-9)

Celluloide : storie personaggi recensioni e curiosità cinematografiche / a cura di Piero Buscemi (ISBN 978-88-6711-123-7)

Accanto ad un bicchiere di vino : antologia della poesia da Li Po a Rino Gaetano / a cura di Piero Buscemi (ISBN 978-88-6711-107-7, 978-88-6711-108-4)

Il cronoWeb / a cura di Sergio Failla (ISBN 978-88-6711-097-1)

L'isola dei cani / di Piero Buscemi (ISBN 978-88-6711-037-7)

Saggistica:

I Sessantotto di Sicilia / Pina La Villa, Sergio Failla (ISBN 978-88-6711-067-4)

Il Sessantotto dei giovani leoni / Sergio Failla (ISBN 978-88-6711-069-8)

Antenati: per una storia delle letterature europee: volume primo: dalle origini al Trecento / di Sandro Letta (ISBN 978-88-6711-101-5)

Antenati: per una storia delle letterature europee: volume secondo: dal Quattrocento all'Ottocento / di Sandro Letta (ISBN 978-88-6711-103-9)

Antenati: per una storia delle letterature europee: volume terzo: dal Novecento al Ventunesimo secolo / di Sandro Letta (ISBN 978-88-6711-105-3)

Il cronoWeb / a cura di Sergio Failla (ISBN 978-88-6711-097-1)

Il prima e il Mentre del Web / di Victor Kusak (ISBN 978-88-6711-098-8)

Col volto reclinato sulla sinistra / di Orazio Leotta (ISBN 978-88-6711-023-0)

Il torto del recensore / di Victor Kusak (ISBN 978-6711-051-3)

Elle come leggere / di Pina La Villa (ISBN 978-88-6711-029-2

Segnali di fumo / di Pina La Villa (ISBN 978-88-6711-035-3)

Musica rebelde / di Victor Kusak (ISBN 978-88-6711-025-4)

Il design negli anni Sessanta / di Barbara Failla

Maledetti toscani / di Sandro Letta (ISBN 978-88-6711-053-7)

Socrate al caffé / di Pina La Villa (ISBN 978-88-6711-027-8)

Le tre persone di Pier Vittorio Tondelli / di Alessandra L. Ximenes (ISBN 978-88-6711-047-6)

Del mondo come presenza / di Maria Carla Cunsolo (ISBN 978-88-6711-017-9)

Stanislavskij: il sistema della verità e della menzogna / di Barbara Failla (ISBN 978-88-6711-021-6)

Quando informazione è partecipazione? / di Lorenzo Misuraca (ISBN 978-88-6711-041-4)

L'isola che naviga: per una storia del web in Sicilia / di Sergio Failla

Lo snodo della rete / di Tano Rizza (ISBN 978-88-6711-033-9)

Comunicazioni sonore / di Tano Rizza (ISBN 978-88-6711-013-1)

Radio Alice, Bologna 1977 / di Lorenzo Misuraca (ISBN 978-88-6711-043-8)

L'intelligenza collettiva di Pierre Lévy / di Tano Rizza (ISBN 978-88-6711-031-5)

I ragazzi sono in giro / a cura di Sergio Failla (ISBN 978-88-6711-011-7)

Proverbi siciliani / a cura di Fabio Pulvirenti (ISBN 978-88-6711-015-5)

Parole rubate / redazione Girodivite-ZeroBook (ISBN 978-88-6711-109-1)

Accanto ad un bicchiere di vino : antologia della poesia da Li Po a Rino Gaetano / a cura di Piero Buscemi (ISBN 978-88-6711-107-7, 978-88-6711-108-4)

Neuroni in fuga / Adriano Todaro (ISBN 978-88-6711-111-4)

Celluloide : storie personaggi recensioni e curiosità cinematografiche / a cura di Piero Buscemi (ISBN 978-88-6711-123-7)

Sotto perlaceo cielo : mito e memoria nell'opera di Francesco Pennisi / di Luca Boggio (ISBN 978-88-6711-129-9)

Per una bibliografia sul Settantasette / Marta F. Di Stefano (ISBN 978-88-6711-131-2)

Iolanda Crimi : un libro, una storia, la Storia / di Pina La Villa (ISBN 978-88-6711-135-0)

Autobianchi : vita e morte di una fabbrica / di Adriano Todaro prefazione di Diego Novelli (ISBN 978-88-6711-141-1)

Dizionario politico-sociale di Nova Milanese : Passato e presente / Adriano Todaro (ISBN 978-88-6711-151-0)

Narrativa:

L'isola dei cani / di Piero Buscemi (ISBN 978-88-6711-037-7)

L'anno delle tredici lune / di Sandro Letta (ISBN 978-88-6711-019-3)

Emma Swan e l'eredità di Adele Filò / di Simona Urso (ISBN 978-88-6711-153-4)

Poesia:

Iridea / poesie di Alice Molino, foto di Piero Buscemi (ISBN 978-88-6711-159-6)

Il libro dei piccoli rifiuti molesti / di Victor Kusak (ISBN 978-88-6711-063-6)

L'isola ed altre catastrofi (2000-2010) di Sandro Letta (ISBN 978-88-6711-059-9)

La mancanza dei frigoriferi (1996-1997) / di Sergio Failla (ISBN 978-88-6711-057-5)

Stanze d'uomini e sole (1986-1996) / di Sergio Failla (ISBN 978-88-6711-039-1)

Fragma (1978-1983) / di Sergio Failla (ISBN 978-88-6711-093-3)

Raccolta differenziata n°5 : poesie 2016-2018 / di Victor Kusak (ISBN 978-88-6711-149-7)

Libri fotografici:

I ragni di Praha / di Sergio Failla (ISBN 978-88-6711-049-0)

Transiti / di Victor Kusak (ISBN 978-88-6711-055-1)

Ventimetri / di Victor Kusak (ISBN 978-88-6711-095-7)

Visioni d'Europa / di Benjamin Mino, 3 volumi (ISBN 978-88-6711-143_8)

Parole rubate:

Scritti per Gianni Giuffrida: La nuova gestione unitaria dell'attività ispettiva: L'Ispettorato Nazionale del Lavoro / di Cristina Giuffrida (ISBN 978-88-6711-133-6)

Cataloghi:

ZeroBook: catalogo dei libri e delle idee 2019

ZeroBook: catalogo dei libri e delle idee 2018

ZeroBook: catalogo dei libri e delle idee 2017

ZeroBook: catalogo dei libri e delle idee 2016

ZeroBook: catalogo dei libri e delle idee 2015

ZeroBook: catalogo dei libri e delle idee 2012

Catalogo ZeroBook 2007

Catalogo ZeroBook 2006

Riviste:

Post/teca, antologia del meglio e del peggio del web italiano

ISSN 2282-2437

https://www.girodivite.it/-Post-teca-.html

Girodivite, segnali dalle città invisibili

ISSN 1970-7061

https://www.girodivite.it

ZeroBook catalogo delle idee e dei libri

bimestrale

https://www.girodivite.it/-ZeroBook-free-catalogo-puoi-.html

www.ingramcontent.com/pod-product-compliance
Lightning Source LLC
Chambersburg PA
CBHW070726160426
43192CB00009B/1332